CÉLIA XAVIER DE CAMARGO
Espírito CÉSAR AUGUSTO

Um ANJO
em nossa VIDA

Av. Porto Ferreira, 1031 - Parque Iracema
CEP 15809-020 - Catanduva-SP
17 3531.4444

www.petit.com.br | petit@petit.com.br
www.boanova.net | boanova@boanova.net

Sumário

Palavras do autor, 7

1 Estudando sempre, 11

2 Atividades no Além, 23

3 Centro de Estudos da Individualidade, 41

4 Samuel, 51

5 Lembranças, 63

6 Novos relacionamentos, 73

7 Experiência nova, 83

8 Recordações, 95

9 Decisão, 109

10 Mudança, 121

11 Dúvidas, 133

12 Desprendimento noturno, 145

13 AMBIENTE CONTURBADO, 157

14 A VISITA, 171

15 NO CENTRO ESPÍRITA, 185

16 SONHO E CONFUSÃO, 197

17 BRIGA NO RESTAURANTE, 209

18 EXPERIÊNCIA NOTURNA, 221

19 A REUNIÃO, 233

20 DEPARTAMENTO DE REENCARNAÇÃO, 245

21 PEDIDO DE CASAMENTO, 257

22 DECEPÇÃO, 267

23 A VERDADE VEM À TONA, 277

24 COMPROMISSO NOTURNO, 289

25 REENCONTRO AMEAÇADOR, 301

26 O CASAMENTO, 311

27 SOCORRO DO ALTO, 325

28 REVELAÇÕES, 339

29 O RETORNO DE FRANCISCO, 351

30 REFAZENDO AFETOS, 363

31 NA FAVELA, 379

32 CONVERSANDO SOBRE REENCARNAÇÃO, 393

CONCLUSÃO, 407

Palavras do autor

Esta obra, que representa o esforço dos companheiros do Grupo de Jovens, aborda o tema da reencarnação junto com o problema das drogas e da obsessão, além de outros correlatos. Todos eles são assuntos de extrema relevância para nós, principalmente a reencarnação, um tabu a ser esclarecido, pois é algo que, inevitavelmente, enfrentaremos cedo ou tarde.

Com respeito à reencarnação, talvez o sentimento que nos domine, enquanto habitantes do mundo espiritual, seja o mesmo que envolva os irmãos encarnados quando pensam na morte física. É algo que sabemos que irá ocorrer, mas evitamos tocar no assunto. O medo do desconhecido e o problema ou sofrimento que nos levará à desencarnação nos atemorizam. Os espíritas, todavia, por tudo que aprenderam, sabem que a vida espiritual, a Verdadeira Vida, é bem melhor que a da Terra aos que souberam aproveitar a existência de maneira saudável, procurando vivenciar o Evangelho de Jesus e devotando amor a si mesmo e ao próximo.

Para nós, habitantes do Além, acredito que a situação seja mais séria, até porque é diferente. Estamos integrados na sociedade onde vivemos, sentimos liberdade de ação, o corpo espiritual não nos pesa, temos facilidade de comunicação e erramos menos, uma vez que um simples pensamento nosso é imediatamente detectado pelos que estão ao nosso lado. Nada permanece oculto; vivemos uma relação de transparência que faria corar os habitantes do planeta, caso implantada na Terra.

E exatamente por termos em Céu Azul uma vida boa e agradável, pensar em assumir um novo corpo físico nos preocupa bastante: pela dependência a que estaremos sujeitos; pela dificuldade em expressar nossa vontade, como falar, andar ou pensar; pelo medo de falhar na execução do planejamento reencarnatório; e por muitas outras questões que nos angustiam. Sabemos perfeitamente que nossos maiores não deixarão de nos assistir e que teremos sempre amigos espirituais devotados nos assessorando, mas, ainda assim, é preciso grande dose de convencimento da necessidade de renascer, além de coragem para enfrentar uma nova situação.

Devo dizer-lhes, no entanto, que tudo é muito bem planejado. O candidato a um novo corpo físico recebe orientações importantes e fundamentais com vistas ao seu futuro. A análise do passado e dos erros clamorosos que cometemos em outras encarnações, a presença de seres com os quais precisamos nos reconciliar e que podem estar no mundo espiritual (quando teremos oportunidade de nos entender e aceitar uma nova experiência juntos) ou reencarnados no planeta (ocasião necessária para ser aproveitada ao se renascer no próprio meio) e, especialmente, a consciência de culpa nos alertam para que aceitemos a proposta de nossos mentores.

De qualquer modo, a reencarnação é sempre bênção divina, convidando-nos ao crescimento interior e ao restabelecimento das relações afetivas danificadas pelo ódio ou rancor e pelas atitudes irracionais que tomamos no passado. Por isso, o presente é tão importante, pois nos abre a oportunidade de reparação e reajustamento com o próximo.

Esperamos que esta obra, que demandou grande esforço nosso e da médium, iniciada em 19 de julho de 2011 e terminada hoje, possa esclarecer um pouco mais o assunto, diminuindo a preocupação quanto ao retorno ao mundo material ou à Verdadeira Vida. Fenômenos naturais submetidos às leis divinas, ambos se manifestam como recursos fundamentais à evolução do Espírito.

A nossa gratidão aos amigos do Grupo de Jovens que participaram deste projeto, agora entregue aos leitores.

Também aos nossos orientadores, sempre presentes, que nos ajudaram durante todo o tempo com suas ponderações e conselhos, fazendo-nos refletir.

A Jesus, Mestre querido, pelas lições deixadas ao mundo por meio do seu Evangelho de Luz; sem tal auxílio, aliás, não teríamos conseguido realizar nosso trabalho.

A Deus Pai, Criador da Vida, que jamais deixa de socorrer seus filhos, apesar dos erros clamorosos que cometem ao longo do tempo.

E, finalmente, aos que vierem a folhear estas páginas, minha torcida para que possam encontrar o que procuram. Desejamos a todos uma boa leitura!

Muita Paz!

César Augusto Melero
Rolândia (PR), aos 24 de abril de 2014.

1

Estudando sempre

Depois de tantos anos no mundo espiritual, eu me sentia à vontade naquela nova vida e me considerava parte do sistema. Agora conhecia todos os lugares de nossa aprazível Colônia Céu Azul e movimentava-me com facilidade, como se estivesse em minha pequena cidade natal, no norte do Estado do Paraná.

O grupo de jovens do qual eu participava sempre se renovava, recebia novos membros e se despedia daqueles que deixavam nosso convívio fraterno e amigo para assumir tarefas em outras estâncias de crescimento espiritual ou em localidades da própria crosta terrestre, atraídos por deveres que a necessidade de reparação exigia deles junto a grupos familiares; outros, ainda, desligavam-se do grupo com o objetivo de se preparar para o processo reencarnatório e envergar novas vestimentas carnais, decididos a resolver problemas e conflitos que os atormentavam, além da busca do aprendizado moral e intelectual.

Em um determinado dia aproveitávamos o momento de descontração, quase no término da atividade normal da noite, no Centro de Estudos da Individualidade[1], quando Matheus, nosso instrutor à época, aproveitou a oportunidade para abordar o assunto reencarnação.

Cada um emitia sua opinião ou expressava as dúvidas que lhe invadiam o íntimo, e eu acabei por confessar, aproveitando a pausa que se fizera:

— *Também andei pensando em voltar ao plano terreno para ficar mais perto dos familiares queridos. Meus pais enfrentam dificuldades, e eu gostaria de poder ajudá-los.*

Diante da surpresa do grupo, expliquei:

— *É verdade! Não obstante, refletindo sobre o assunto, confesso que o medo passou a me dominar. É necessário analisar com bastante cuidado todos os ângulos do problema antes de qualquer decisão. Para começar, eu, César Augusto, deixaria de ser César Augusto. Assumiria nova personalidade e tudo o mais que faz parte do pacote: nome, família, residência, documentos, endereço etc. E o que é pior: depois de ficar durante nove meses em gestação dentro do ventre materno, nasceria encolhido num corpo minúsculo, completamente dependente dos adultos, sem poder expressar minha vontade a não ser pelo choro. Não é preocupante?*

---

1. Departamento da Colônia Céu Azul onde são programadas reuniões, palestras e outras atividades com o objetivo de cada um se analisar e exercitar o conhecimento de si mesmo, conforme informação constante da página 12 da obra *De Volta ao Passado* (Boa Nova Editora, 2000).

Os amigos não contiveram o riso, divertindo-se com a situação. Maneco perguntou:

— *César, você não confia em nós? Estaríamos aqui para ajudá-lo! Além disso, nossos orientadores se manteriam atentos em todo o processo, especialmente Matheus.*

Trocando um olhar com cada um deles, inclusive com Matheus, que, com seu jeito sério, ouvia sem interferir, embora seus olhos mostrassem uma expressão sorridente, respondi:

— *Confio em vocês, sem dúvida. Mas confio mais em nossos orientadores!* — acentuei, lançando um olhar para Matheus, e, mostrando que confiava nele, prossegui: — *De qualquer forma, o assunto é complexo e demanda muita reflexão. E se vocês se esquecerem de mim?...*

Giovanna[2] balançou a cabeça, achando graça:

— *César, nós não teríamos como esquecê-lo. Você faria um berreiro tão grande que acordaria todo mundo! Além disso, agora falando sério, se o objetivo da reencarnação é ajudar sua família, não se justifica! Até você crescer e poder ajudar, muitos anos terão transcorrido; pode acontecer até que eles já tenham retornado à Verdadeira Vida! Então, acredito que, daqui do nosso plano, poderá assisti-los bem melhor!*

Os demais se divertiram, mas concordaram com as considerações da amiga.

— *Ah!... Vocês brincam, mas o assunto é sério* — aduzi.

Mais circunspecto, nosso amigo Paulo[3] lembrou com carinho os casos que acompanhamos, em momentos diferentes, levando alguém a conhecer a nova casa, a nova família.

---

2. Giovanna Beatriz Pozzobon, de Rolândia (PR), desencarnada em acidente de carro.
3. Paulo Hertz, autor da obra *Só o Amor Liberta* (Petit Editora, 2007).

Naquele instante não consegui deter a emoção ante as lembranças que me tomaram de repente. A imagem de minha querida Sheila aflorou-me à mente, sobressaindo-se nos meus arquivos mentais com toda a força da saudade. Contendo-me, procurei recordar-me dela como era agora, uma linda garota de oito anos, viva e inteligente. Com o passar do tempo, o processo reencarnatório estaria sedimentado, e o espírito, agora mais profundamente ligado ao novo corpo, se desvincularia um tanto do nosso plano, preso à nova existência e às suas exigências. Atualmente, Sheila tem outros interesses, estudos, passeios, divertimentos e novo círculo de amigos. Porém, quando nos encontrávamos durante seu desprendimento por ocasião do repouso noturno, ela mostrava no olhar que se lembrava de mim. Esquadrinhava-me o rosto cuidadosamente, observava meus cabelos encaracolados, como se recordasse alguém, e eu percebia que ela buscava me identificar, em suas lembranças, com alguém muito querido que ela via apenas como um amigo. Nem poderia ser diferente! Agora Sheila era uma garotinha, e eu, um homem de mais de 30 anos, contando-se em tempo terreno.

Certa ocasião, ao nos encontrarmos no mundo espiritual durante o sono, em desdobramento[4], ela, que não se lembrava do meu nome, olhou bem para mim, examinando-me o rosto, os cabelos, e disse:

— Você parece um anjo com esses cabelos encaracolados! Só lhe faltam as asas!...

Os demais caíram na risada. Depois disso, os amigos caçoavam de mim, chamando-me de "anjo sem asas".

---

4. Desdobramento espiritual: quando o espírito deixa o corpo durante o sono e busca seus interesses no mundo espiritual, ficando ligado ao corpo por um tênue cordão prateado.

Senti-me comovido e lisonjeado — afinal, ser comparado a um anjo não acontece todos os dias —, mas também um pouco triste. Sheila me via agora com outros olhos. Embora me doesse lá no fundo, essa distância era benéfica. Tinha que ser assim. Eu não desejava que Sheila ficasse presa ao passado, quando a reencarnação representa justamente uma proposta de mudança de vida, de renovação de comportamento e ideias, enfim.

Brincadeiras à parte, a programação de uma nova existência é algo muito sério e que exige bastante esforço do candidato ao retorno à vida corpórea.

O planejamento, que em nosso nível de entendimento já era possível com o auxílio dos nossos benfeitores, demandava extrema reflexão. Estudavam-se todos os ângulos, analisando-se cada detalhe, de modo que pudesse vir a ser uma experiência compensadora e enriquecedora sob todos os pontos de vista. A escolha do grupo familiar, dos pais, que deveriam aceitar a proposta de um novo filho, as condições orgânicas e genéticas da futura mãe, as finalidades da existência e tantos outros dados entravam no estudo que, depois de minuciosa elaboração, era apresentado ao candidato a uma nova experiência na carne.

Variando ao infinito as categorias de espíritos, podemos entender assim: quanto mais evolução, mais liberdade tem o espírito na escolha de uma nova encarnação, desde as condições do veículo corpóreo que ele vai utilizar — como aparência física e dificuldades orgânicas — até as tarefas que se propõe a realizar, que, não raro, podem se constituir em verdadeiras missões. Quanto menos condição espiritual, mais dependente dos benfeitores amigos, que — em virtude dos débitos do passado e das necessidades de expiação do candidato — tudo fazem para encontrar uma família que o aceite e para ajudá-lo a decidir sobre suas condições e limitações orgânicas, se for o caso, o modo como irá viver, sua atividade profissional e tudo o mais que for necessário para que ele possa realizar sua programação de vida, atendendo às suas necessidades específicas.

De qualquer forma, é sempre uma decisão de extrema importância e que exige bastante estudo, evitando-se assim a frustração, caso o reencarnante não obtenha êxito em sua tentativa.

O orientador Matheus, tomando a palavra, ponderou com sua maneira lúcida e calma:

— *Um novo mergulho na carne, para nós que estamos libertos do corpo físico, sem dúvida pode ser angustiante pela análise desse ponto de vista. O espírito penetra nas emanações terrenas, numa experiência que ele não sabe se vai ser positiva ou negativa, pois dependerá da sua boa vontade e dos seus esforços para vencer. Como o César Augusto comentou de forma bem-humorada, é uma incógnita, pois muitas vezes o reencarnante esquece o planejamento feito, dando vazão às tendências negativas, aos prazeres materiais, aos vícios.*

Passando o olhar pelos jovens que lhe acompanhavam as palavras, sérios e compenetrados, prosseguiu:

— *Importa considerar, porém, que a reencarnação é divina oportunidade que o Senhor concede a todos nós, espíritos imperfeitos e endividados, para aprendizado e aprimoramento no trajeto evolutivo. Vocês, meus jovens amigos, estão bem, não sofrem dores, não se lembram do passado, não sentem as angústias daqueles que, em virtude do mal que fizeram, trazem o íntimo atormentado pela culpa e pelo remorso, muitas vezes evidente nos transtornos mentais que exteriorizam. Para esses, que clamam por paz e esquecimento, a reencarnação é uma bênção. A oportunidade de começar de novo, em um ambiente diferente daquele em que delinquiram, de estar em nova família, em novo corpo, e poder recomeçar em nova condição se reveste de suma importância. É só o que eles desejam. Não pensar, não se lembrar de nada. Mergulhar no esquecimento.*

Matheus parou de falar por alguns instantes, observando o efeito de suas palavras. Todos nós estávamos comovidos diante do quadro que ele traçara daqueles espíritos infelizes que nada mais desejavam senão esquecer o passado e ter um pouco de paz para a consciência atormentada. Deixou-nos refletir sobre suas palavras, depois prosseguiu:

— *Por outro lado, temos aqueles que estão bem adaptados, desfrutam de serenidade, gozam de situação confortável aqui no Mundo Espiritual, nada lhes falta, e têm a oportunidade de estudar e trabalhar, sendo úteis à coletividade que os abriga.*

— *Como nós que aqui estamos!* — reconheceu Marcelo[5], externando o pensamento do grupo.

— *Exatamente, meus amigos. Como vocês. Têm de tudo e nada lhes falta. Quando sentem saudade da família, podem visitá-la, realimentando-se emocional e espiritualmente. Não podemos nos esquecer, contudo, de que este é um período transitório para recuperação das forças. Não poderão permanecer indefinidamente nesta "zona de conforto". Como um pássaro, que depois de longo período de voo tem necessidade de descansar e se reabastecer de energias para em seguida desferir novo voo, alçando-se no espaço, também vocês estão enquadrados nesse contexto. Apenas utilizam-se da oportunidade para descansar, se fortalecer, angariar novos conhecimentos que lhes serão necessários em outra experiência na carne e planejar nova encarnação.*

---

5. Marcelo, autor das obras *Mamãe, estou aqui* (1997) e *Erros e Acertos* (2002), ambas editadas pela Casa Editora O Clarim.

Aproveitando breve interrupção, Ana Cláudia[6] questionou:

— Matheus, mas existe um prazo previsto para a reencarnação? Quero dizer, quando teremos que voltar ao corpo físico?

O orientador sorriu ante a pergunta, que trazia embutida certa carga de ansiedade, e tranquilizou-a:

— Não, Ana Cláudia. Nada na Lei de Deus é definitivo, taxativo. Tudo se processa dentro da normalidade. Deus, Criador do Universo — e também como bem especificou Jesus, Nosso Pai, amoroso, bom, misericordioso, sábio e justo —, não tem pressa. A pressa vem das necessidades do espírito que anseia por melhorar-se. Dessa forma, ninguém é atropelado pela Lei Divina, a não ser que isso seja absolutamente necessário, a benefício do próprio ser espiritual, quando diante de situações extremamente graves, de um sofrimento superlativo; nesses casos, a imersão em novo corpo é imprescindível. De modo geral, o espírito sente quando deve tomar determinadas atitudes e decisões, especialmente a de reencarnar. O tempo e o conhecimento adquirido, os estudos de que participa e, sobretudo, as próprias reflexões levam-no a sentir necessidade de voltar ao mundo terreno em novo corpo, com o objetivo de reparar determinadas faltas, ajudar as pessoas que tenha prejudicado no passado, refazer relacionamentos danificados, combater determinados defeitos que o incomodam, e muito mais. O espírito amadurece a ideia e, quando se sente fortalecido e seguro, pede para retornar ao veículo corpóreo, sempre com o propósito de melhorar moralmente.

Todos nós respiramos mais tranquilos depois dessas explicações. Com uma ponta de dúvida, Gladstone[7] externou sua opinião:

---

6. Ana Cláudia Kreling, de Rolândia (PR), desencarnada em acidente de carro.
7. Gladstone, de Rolândia (PR), desencarnado em acidente de moto.

— Mas certamente há espíritos que precisariam reencarnar e não desejam, não aceitam a oportunidade que o Alto lhes oferece por meio dos benfeitores espirituais. E, nessa situação, como fica, Matheus?

— Nesses casos, Gladstone, dependendo da condição do espírito, ele será compulsoriamente encaminhado ao mergulho no corpo denso. Existem irmãos nossos muito infelizes e profundamente perversos que não têm o direito de escolha. Pelos males que causaram às coletividades, tanto encarnadas quanto desencarnadas, são internados na carne, como um mal menor. Assim, sempre há algum aproveitamento, pois, mesmo que seja para permanecerem confinados nas penitenciárias do Planeta, ficam contidos e já não podem manipular as hordas de espíritos rebeldes que comandavam no Além-túmulo.

— E o período noturno, Matheus? De qualquer forma, eles não se desprendem durante o sono e continuam a fazer suas maldades? — considerou Irineuzinho.

— Certamente isso acontece, Irineuzinho. No entanto, a influência do corpo é muito grande. O mergulho na carne faz com que eles, ao renascerem, esqueçam o passado, o que é profundamente benéfico. Na fase da infância, acompanhando o crescimento do corpo, irão receber cuidados da família, educação, valores morais e outras informações. Durante esse tempo eles têm oportunidade de estabelecer novos comportamentos, de mudar seu padrão mental e vibratório e de iniciar uma existência realmente nova. Porque o corpo físico vai se desenvolver lentamente como um todo, inclusive o cérebro, e o espírito acompanha esse desenvolvimento; assim, não obstante o reencarnante seja um espírito multimilenar, cheio de erros, de conflitos, pode-se dizer que na infância é realmente criança. Ao chegar à puberdade, tendo recebido uma boa orientação, existe a chance de estruturar a existência em cima de conceitos novos, melhores e mais saudáveis. Suponhamos, porém, que renasça em lar desestruturado, sem o amparo dos pais, *tão necessário na infância; se isso acontecer, é grande a possibilidade de voltar a uma vida de dissipações e crimes, até ser internado numa penitenciária. Não raro, volta a se ligar vibratoriamente aos companheiros desencarnados que o descobrem na nova encarnação e buscam reconduzi-lo ao crime. De qualquer forma, está tendo uma nova vida, que, embora represente contenção, será benéfica. Quantos criminosos se recuperam nas prisões por meio do trabalho de minorias religiosas que levam até eles a palavra de Deus?*

Desejando elevar o nível vibratório da reunião, Eduardo[8] considerou:

— *Matheus, existem também irmãos nossos que reencarnam em missão para ajudar a população terrena. Os espíritos perversos podem vir a receber a influência salutar deles?*

— *Sem dúvida, Eduardo. Deus sempre enviou seres luminares à Terra para servirem de guia e modelo à sociedade; suas vidas e ideias, posturas e palavras geraram e continuam gerando novos comportamentos na humanidade terrena. Dentre eles, Jesus foi o exemplo maior, a excelência do amor e da virtude, o Divino Modelo a ser seguido por todos. Sua luminosa passagem pelo planeta representou o mais importante chamamento de Deus ao homem, mostrando-lhe o caminho pelo qual deve seguir no nobre objetivo da perfeição. Abaixo de Jesus, existe uma multidão de espíritos que reencarnou no meio de todos os povos do planeta para deixar as balizas de ideias renovadoras em todas as áreas do conhecimento humano. São missionários que atuam nas ciências, nas artes, nas filosofias, gerando novos impulsos criadores, abrindo as mentes para o progresso e, com isso, gerando uma evolução gradativa em todas as áreas. E o mais importante é que esses auxiliares divinos*

---

8. Eduardo, autor das obras: *Preciso de Ajuda* (Boa Nova Editora, 1998), *Comunicação Entre Dois Mundos* (Casa Editora O Clarim, 2004) e *É Preciso recomeçar* (Petit Editora, 2012).

estão por toda parte, tanto numa favela como num palácio, entre os de grande conhecimento ou entre os menos favorecidos pela educação. Deus sempre concede oportunidades a todas as suas criaturas.

Estávamos encantados e pensativos com tudo o que aprendemos naquela noite.

Ao final da conversa, Matheus pediu a um de nós que fizesse a prece, que acompanhamos reverentes e agradecidos.

Deixamos a sala e ganhamos o exterior, onde uma linda Lua cheia clareava a noite com suas emanações suaves e ternas e nos remetia ao passado, quando, ainda encarnados, desfrutávamos do mesmo espetáculo.

Despedimo-nos alegremente. Alguns entrariam em serviço, e outros, como eu, iriam repousar após o dia de trabalho.

Caminhando para nosso abrigo, ao olhar a Lua que brilhava no espaço cósmico, não pude deixar de recordar o lar terreno, do qual tinha tantas saudades.

Busquei em pensamento o nosso recanto querido na crosta planetária; percorri os cômodos da nossa casinha singela e revi meu pai, minha mãe e os irmãos queridos; depois, agradecido, orei a Jesus para que os ajudasse e os fortalecesse na travessia das provações que estavam vivendo após a minha partida, envolvendo-os em paz e amor, otimismo e esperança.

2

Atividades no Além

Logo cedo, Paulo, Maneco[9] e eu entramos no pavilhão, dirigimo-nos à sala reservada aos servidores e nos encontramos com Giovanna e Ana Cláudia, que, à época, faziam parte da nossa equipe. Envergamos o uniforme e fomos à enfermaria, onde exercíamos nossas atividades como auxiliares de enfermagem, sendo envolvidos pelo movimento intenso àquela hora.

Os servidores do turno da noite, cansados[10], nos receberam com alegria e despediram-se, após

---

9. Manoel da Silva Siqueira, desencarnado no Rio de Janeiro, atingido por uma bala perdida.

10. Dependendo da maior ou menor elevação do Espírito, das atividades a serem realizadas e do tempo despendido, é natural o desencarnado sentir certo cansaço. Vide obra *Nosso Lar*, de André Luiz, psicografia de Francisco C. Xavier, capítulo 28, Editora FEB.

passarem algumas recomendações imprescindíveis sobre os novos internos. Agora, depois de anos no mundo espiritual, já estávamos em condições de exercer tarefas de mais responsabilidade, sob a supervisão de enfermeiros habilitados. Nesse dia, Roberto, simpático e afável, era o enfermeiro responsável. Em caso de dúvida, era a ele que recorríamos no atendimento aos internos quando surgiam situações novas, que exigiam mais experiência.

Logo mergulhamos nas atividades rotineiras que nos eram afetas.

Nas últimas horas, haviam sido recolhidos vários irmãos de regiões densas, onde o sofrimento e a dor, a desesperança e os sentimentos negativos proliferavam. Todavia, após longo período de purgação — indispensável para que eles se despojassem das vibrações mais pesadas que os acompanharam até o Além-túmulo como consequência da existência que tiveram —, foram resgatados pelo grupo Caravaneiros do Bem, composto por trabalhadores responsáveis pela meritória tarefa de socorrer os infelizes em regiões do umbral e transportá-los à nossa colônia.

O primeiro dia não era dos mais difíceis, considerando-se que naquela enfermaria recebíamos espíritos cujo estado não era tão grave, visto que os retirados de regiões mais trevosas, imensamente comprometidos com a lei divina, ficavam em pavilhões especiais. Ainda assim, as entidades que recebíamos, carregadas de emanações pesadas, chegavam ali em doloroso estado de penúria espiritual. Após serem devidamente atendidas na portaria da instituição, eram levadas para as primeiras providências: as que estavam em melhores condições tomavam banho e vestiam roupas limpas; depois, alimentavam-se de maneira frugal; em seguida, conduzidas a leito confortável, dormiriam por muitos dias, recuperando as energias perdidas — isso quando estavam em condições de andar, falar e entender o que estava sendo feito por elas.

Outros espíritos, porém, chegavam inconscientes. Percebia-se, no entanto, que aquele estado não era tranquilo; mentalmente, a movimentação era intensa: imagens que fizeram parte das suas existências, geralmente de dramas vividos, crimes cometidos, vinganças perpetradas contra adversários, roubos executados na calada da noite, alteração de documentos para surrupiar herança dos verdadeiros donos, crimes por ciúmes nunca descobertos e outras situações dramáticas. Tudo isso e muito mais lhes fazia parte das lembranças e, como ninguém consegue enganar a consciência, sempre vigilante, após o retorno à Verdadeira Vida sentiam-se acusados por um julgamento íntimo, do qual não conseguiam se evadir.

Nessa enfermaria, atendíamos enfermos cujos casos não eram os piores nem os mais graves. Contudo, era imprescindível estar atento às reações de cada um. Não raro, ainda entregues às recordações do que passaram ou das situações que viveram, eles sofriam alucinações, pondo-se a gritar, despertando do sono benéfico.

Em virtude disso, ali só ficavam aqueles que haviam sido socorridos recentemente.

De repente, uma mulher de cabeleira desgrenhada, expressão de terror, abriu os olhos avermelhados e começou a gritar:

— *Socorro! Socorro! Alguém me salve deste miserável que deseja me matar! Acusa-me de tê-lo envenenado, mas é pura mentira. Sou pessoa boa e caridosa, jamais faria mal a alguém. Tirem-no*

daqui, suplico! Socorro! Ele se aproxima! Não o deixem se aproximar de mim!...

Rapidamente, Giovanna acercou-se dela, falando-lhe com voz mansa e carinhosa:

— *Tenha calma, minha irmã! Está em segurança. Não há ninguém aqui. Acalme-se. Pense em Deus, que é nosso Pai e nos ama a todos, e Ele a ajudará.*

Enquanto ela falava com a mulher, Maneco apressou-se em trazer medicação calmante; ao mesmo tempo, Paulo aplicava-lhe energias benéficas por meio do passe, a fim de contê-la. Alguns minutos depois, mais serena, a infeliz voltou a dormir profundamente.

Em seguida, um homem principiou a bradar, como se discutisse com alguém:

— *Você esquece com quem está falando? Sou Bernardo Loureiro, lembra-se? E posso acabar com você. Pensa que me engana, Jesuíno? Sei de todas as suas falcatruas. Está me roubando há anos, acha que não sei? Agora vem me acusar de tentar matá-lo? Como ousa?*

Calou-se de repente, pensativo, como se estivesse escutando, depois tornou:

— *E daí? Acha que me assusta ameaçando levar o caso à polícia? Não tenho medo. Ninguém irá acreditar em você, miserável!*

Em seguida, olhando para o lado, deu ordens em tom severo:

— *Alípio! Tire-o daqui. Definitivamente, não quero vê-lo nunca mais! Jogue-o numa ribanceira para ser pasto aos urubus. Verá o quanto custa me desafiar!*

Bastante agitado, continuava falando e falando. Aproximei-me dele, e, com voz branda, aquietei-o:

— Bernardo, acalme-se! Aqui está entre amigos. Nada tema. Tudo isso já passou. Você agora está num hospital, se recuperando. Esqueça tudo, procure repousar e se sentirá bem melhor. Vamos orar!

Enquanto dirigia-lhe palavras tranquilizantes, Ana Cláudia trouxe a medicação. Então, fiz uma prece, aplicando-lhe um passe, enquanto Paulo atendia outro paciente igualmente agitado.

Aquele período transcorreu entre o atendimento aos recém-chegados e a manutenção da limpeza do ambiente. Quando a situação se acalmou e todos dormiam, dirigimo-nos à nossa sala para nos refazer um pouco de toda aquela agitação.

Geralmente falantes e animados, não estávamos com vontade de conversar, cada qual entregue aos seus próprios pensamentos. De súbito, Maneco murmurou:

— *Que coisa lamentável! Todos os pacientes estão presos ao passado de erros. Embora suas vítimas não estejam aqui, eles continuam a vê-las, a discutir com elas alegando inocência, certamente tentando convencer a si mesmos de que nada fizeram.*

Paulo, com a cabeça reclinada numa poltrona, sem abrir os olhos, considerou:

— *É ilusão pensar que podemos fugir da própria consciência. É inútil tentar nos subtrair à realidade, pois tudo o que fizemos está gravado indelevelmente nos arquivos do inconsciente. E nós mesmos, quantas vezes já não teremos agido da mesma forma "tentando cobrir o sol com a peneira", como dizíamos na Terra?*

Giovanna balançou a cabeça, concordando:

— *Sinto muita compaixão por eles. O sofrimento desses irmãos é real! Conquanto não estejam realmente enfrentando as situações que lhes permanecem gravadas nas mentes, sofrem com os atos que*

criaram e que agora os perseguem, obrigando-os a uma convivência que os horroriza.

— Vocês têm razão — concordei, acentuando —, *no entanto agora estão em situação muito melhor do que antes. Livres das regiões densas do umbral, eles se recuperam em um hospital, recolhidos em uma colônia que pode lhes proporcionar as melhores condições de atendimento e aprendizado para o futuro.*

Maneco, que ouvia calado, respirou fundo e exclamou:

— *Bendita reencarnação! Matheus tem razão quando afirma que para uma grande quantidade de irmãos nossos essa providência é a divina bênção da paz para as consciências torturadas pelo remorso.*

Calados, ficamos refletindo sobre o que nosso amigo falara.

Cada qual tentava buscar no próprio íntimo a realidade espiritual em que um benéfico esquecimento nos vedava o acesso aos meandros mais profundos da mente.

O resto do turno transcorreu mais tranquilo. À tarde, nova turma chegou. Após anotações cuidadosas sobre cada caso, passamos o turno aos responsáveis e, despedindo-nos de Roberto, o enfermeiro ao qual nos afeiçoáramos, deixamos o hospital ganhando a rua.

Caminhando, respiramos profundamente o ar fresco e agradável, envolvidos pelo aroma das flores dos jardins pelos quais passávamos.

Tomamos rumos diferentes, despedindo-nos das meninas, que iriam para o abrigo delas. Chegando à nossa casa, acomodamo-nos para o necessário refazimento das energias depois do contato com os irmãos profundamente desequilibrados que atendemos no plantão.

❋

Depois de dormir por algumas horas, levantamo-nos refeitos. Cada um de nós foi cuidar das próprias obrigações, visitar amigos ou simplesmente passear. O tempo livre, no mundo espiritual, pode ser utilizado da maneira que mais nos aprouver.

Certamente somos responsáveis pela maneira como usamos nosso tempo. Quanto mais consciência, mais desejo de melhoria interior e mais responsabilidade.

Assim, nunca gastamos o tempo — bênção divina que na Terra não se valoriza adequadamente —, como fazíamos enquanto encarnados no planeta. Sempre estamos em busca de algo útil, interessante ou elevado para fazer. Mesmo quando conversamos, nosso diálogo jamais resvala para assuntos fúteis; sempre tem um objetivo de aprendizado, de ajuda a alguém, de elevação moral. E não pensem que nossa vida é chata, sem motivação. Ao contrário. Tudo é interessante, atrativo e agradável.

A música, por exemplo. Hoje, buscamos composições mais elevadas, mais belas, que nos preenchem o íntimo com energias balsâmicas, que nos emocionam e nos enchem de amor. Assim também acontece com os filmes a que assistimos, que nos trazem conhecimento sobre a História do planeta, das civilizações antigas e modernas, de espíritos valorosos que passaram pela Terra deixando exemplos edificantes.

A tecnologia do mundo espiritual é muito mais avançada que a da Terra, e as máquinas e os aparelhos, bastante sofisticados em relação ao que existe no planeta. Muitas pessoas, ao tomarem conhecimento do mundo espiritual e de suas condições de vida, pretensiosamente julgam tratar-se de uma "cópia" da Terra. Na verdade é exatamente o oposto; a Terra não passa de pálida cópia da vida espiritual e de tudo quanto aqui existe.

Nossas telas de projeção – que André Luiz, através da psicografia do notável médium Francisco Cândido Xavier, tentou descrever para os leitores encarnados –, assemelham-se muito às ora consideradas tecnologia de ponta no planeta, embora estas sejam inferiores às do mundo espiritual. Nessas telas imensas, as imagens aparecem em tamanho real e se movimentam, permitindo a interação entre os assistentes.

Em nosso plano, em virtude das condições espirituais existentes, esse recurso é bastante utilizado quando recebemos alguém de esfera mais elevada para facilitar-nos sua visualização. Dada a vibração e a delicadeza do corpo espiritual do visitante ilustre, bem mais etéreo, não seria possível captar sua imagem sem o uso desse equipamento.

No caso de películas, as telas ainda são bastante diferenciadas daquelas existentes no plano físico, pois literalmente nos sentimos "mergulhados" no filme, não apenas assistindo a uma projeção, que só guarda alguma semelhança com os filmes em 3D, conquista do século 21. Digo que só têm semelhança, porque nossas projeções são multidimensionais. Não apenas permitem a interação física com o ambiente onde se desenrolam as imagens do filme, como também a percepção do local da ação, como aromas, sensação de calor e de frio, emoções, sentimentos e até pensamentos dos personagens. Isso faz com que, conquanto sentados numa sala de projeção, sintamo-nos literalmente "parte" da história.

Lembro-me de que me referi a um filme que abordava o sofrimento e sacrifício de Jesus[11]. Havia uma enorme tela que ocupava uma parede da sala de projeção em que estávamos, cujo material, àquela época sem paralelo na crosta, assemelhava-se ao cristal, que hoje eu chamaria de cristal líquido. Posso assegurar-lhes que jamais senti emoção igual em toda a minha vida! Literalmente, mergulhamos em um mundo bem diferente do nosso, pois nos sentíamos fazendo parte do filme e não simplesmente assistindo a uma projeção.

Isso se dá porque as conquistas terrenas são pálida cópia do que existe em nosso plano de ação. Pesquisadores, cientistas, artistas, estudiosos encarnados, desejando encontrar a resposta aos anseios que lhes vibram no íntimo, na busca espiritual de saciar a sede do saber, visitam o nosso mundo durante o repouso noturno e retornam ao planeta com novas informações. Estas, na opinião deles, surgem na mente como "ideias luminosas" e que acabam gerando avanços científicos, tecnológicos, literários e artísticos. Isso acontece em todas as áreas do conhecimento humano, e é desse modo que no plano físico, por exemplo, existe a cibernética e a informática, entre outras conquistas.

Vou relatar um pouco do muito que tivemos a oportunidade de assistir e o que, na verdade, vivenciamos:

> Quando a tela se acendeu, vimos um grande horto. Era o Getsêmani. Estava escuro, pois era noite. O céu estrelado sobre as nossas cabeças era a única luminosidade existente, e uma brisa suave soprava, agitando as folhas

---

11. Relato constante da obra *Céu Azul*, de César Augusto Melero, capítulo 26, p. 147, Boa Nova Editora, 1997.

das árvores. Uma grande emoção, que nos acompanharia por muito tempo, tomava conta de nossos corações, imbuídos que estávamos da grandiosidade do momento. Vimos a escuridão ser quebrada por muitos archotes e a paz ser desfeita por soldados que chegavam. Sabíamos que tinham vindo prender Jesus e nos afligimos.

O Mestre orava a poucos passos dali, enquanto os discípulos, rendendo-se ao sono, dormiam. Naquele momento, vimos Jesus, e a emoção era tanta que não dá para descrever. Fronte levantada para o céu, toda a Sua figura nimbava-se de luz aos nossos olhos. Com serena majestade, fitava o Alto a conversar com o Pai, e em Seus olhos percebíamos uma infinita piedade e uma divina tristeza.

Com o alarido, os discípulos despertaram, e Simão, ao tentar uma reação, foi impedido por Jesus. Os soldados O prenderam. Nós os acompanhamos, desesperados.

Participamos da vigília junto aos muros do pátio da casa do sumo sacerdote, sentados no meio do povo, ao redor das fogueiras, porque sentíamos frio. Vimos Simão Pedro renegá-lo por três vezes, o que causaria ao apóstolo pungentes remorsos e muito sofrimento. Depois, insones, cansados, acompanhamos o processo de julgamento do Cristo, que foi uma aberração. O povo, por demais ignorante e rude, insultava-O, gargalhando com sarcasmo e gritando vitupérios; os romanos, do alto do seu orgulho, fitavam tudo aquilo com profunda ironia e desprezo. A certa hora, tivemos a impressão de que Pôncio Pilatos fosse libertá-Lo, considerando-O inocente, mas se acovardou.

Por vias estreitas, seguimos junto com o Mestre o trajeto do Seu martírio, sofrendo com Ele os ápodos da multidão, vendo em Seu rosto as marcas da dor e do cansaço, mas também uma imensa piedade por todos. Apesar de aflitos, tínhamos esperança de salvá-Lo, desejando que tudo terminasse de forma diferente, mas era impossível... impossível...

Ao chegar ao Monte da Caveira, ou Gólgota, Jesus foi levado ao cume, juntamente com os dois ladrões, seus companheiros de infortúnio, e pregado na cruz.

Não dá para exprimir o que foi escutar as marteladas que O prenderam ao madeiro. Elas repercutiam diretamente em nós, em nosso íntimo, fazendo-nos sofrer terrivelmente.

Revoltado, eu inquiria mentalmente:

— Onde estão os amigos? Os seguidores de Jesus? Onde estão aqueles que foram curados por Ele? Que é feito dos Seus discípulos? Nesse momento extremo, fugiram todos?

Ali perto, além do povo — agora mais reverente — que presenciava a execução, poucas pessoas. Profundamente tocados, vimos a mãe de Jesus, a doce Maria de Nazaré — cujo rosto não pudemos divisar porque grande parte dele se achava coberta com um manto, mas cuja beleza e suavidade imaginávamos —, em lágrimas, junto de Maria de Magdala e de um rapaz de olhos ternos, barba curta, que a amparava em seus braços. Era João.

O sofrimento era atroz e inconcebível. Jesus permaneceu muitas horas agonizante. Ao ouvirmos as palavras que proferia, entendemos que perdoava seus algozes: "Pai, perdoa-lhes, pois não sabem o que fazem".

Nesse momento, lembrei-me de elevar o pensamento a Deus, suplicando ajuda para Aquele que ali estava como um cordeiro entre lobos ferozes.

— Pai, socorre-O. É Teu filho e está sofrendo muito.

A partir daí — oh! Maravilha! —, percebi uma modificação substancial no quadro. Comecei a ver não mais o ambiente material, pesado e asfixiante, escuro e cheio de nuvens ameaçadoras, cheio de dor e sofrimento, mas o ambiente espiritual que se desenrolava de forma indescritível.

O céu cobriu-se de uma luminosidade diferente em suaves e cambiantes matizes do arco-íris, e divisei uma infinidade de Espíritos alados que O envolviam com muito amor. Cânticos entoados por vozes divinas provinham do Infinito. Estavam todos felizes e dirigiam hosanas ao Senhor pelo coroamento do apostolado do Mestre dos Mestres, que retornava à Espiritualidade coberto de glórias, tendo deixado um exemplo de profunda significação para o gênero humano. O código moral extraordinário que legou ao mundo por meio de Seus ensinamentos, transcritos em Evangelhos, pelo séculos futuros iria direcionar a vida dos povos estabelecendo um roteiro seguro a ser seguido[12].

Extremamente emocionante para nós essa película retirada dos registros existentes no Mundo Maior, que permanecem

---

12. Relato extraído da obra *Céu Azul*, do mesmo autor, Editora Boa Nova, capítulo 26, pp. 148 a 151.

indelevelmente gravados para a posteridade e que reproduzem o coroamento da vida de Jesus e seu trajeto até o Gólgota. Nós sabíamos que estávamos assistindo a um filme, sabíamos que o fato acontecera há quase dois mil anos, mas vivenciamos aquele momento como se estivesse acontecendo naquela hora. Durante muitos dias eu ainda chorava ao me recordar das cenas que vira. E ainda hoje, na época da chamada Semana Santa, que marca o retorno de Jesus à Verdadeira Vida, sempre que posso, torno a assistir àquelas imagens.

Também viajamos com o objetivo de estudo, percorrendo regiões longínquas do nosso planeta, vendo *in loco* as origens das civilizações, o apogeu de grandes impérios e seus declínios, estudando os motivos que causaram o desaparecimento de povos tão antigos, quase sem deixar vestígios. É fascinante! Ver o Egito, a Pérsia, a Caldeia, a Grécia, que por centenas de anos tiveram sua grandeza, opulência e cultura legadas à posteridade. Ver o Império Romano, no esplendor das suas conquistas; a China milenar e tantas outras raças e povos que ajudaram a humanidade do nosso planeta a ser o que é na atualidade.[13]

Percebem a importância dessas coisas? Tudo isso e muito mais nos faz crescer, amadurecer e progredir. "Conhecereis a verdade e a verdade vos libertará"[14], afirmou Jesus. Essas palavras do Cristo representam uma realidade, embora nem sempre a verdade possa ser partilhada com todos, porque muitos não

---

13. O autor não explicou como se deu esse belo fenômeno, isto é, a visualização de imagens de um passado remoto com todas as características de realidade, como aconteceu naquele momento. No entanto, a bibliografia espírita relata casos semelhantes, como o fato ocorrido na Bretanha com o Espírito Charles e que deu origem à obra *O drama da Bretanha*, psicografia de Yvonne do Amaral Pereira, Editora FEB.

14. João, capítulo 8, versículo 32.

estão em condições de compreendê-la. A verdade é como a luz que deve ser dosada. Em demasia, pode ofuscar, sem esclarecer.

Na manhã seguinte tínhamos um objetivo especial: combinamos visitar um amigo que retornara ao nosso plano. Um companheiro muito querido que, apesar dos ataques de uma enfermidade cruel e degenerativa – a esclerose lateral amiotrófica –, soubera sobrepor-se à dor e ao sofrimento, prosseguindo nas suas atividades direcionadas ao bem do próximo. Jamais desanimou, prosseguindo firme, sem temor e cheio de fé.

Quando a enfermidade começou a atingi-lo mais duramente, passou a andar de bengala, logo substituída pelo andador; agravando-se o quadro, teve de utilizar uma cadeira de rodas. Mesmo assim, não deixava suas responsabilidades. Inclusive era ele quem dirigia uma reunião de estudo do Evangelho no bairro mais pobre da periferia de nossa cidade. Finalmente, foi obrigado a restringir suas atividades, permanecendo no lar com a dedicada esposa Marlene, que o assessorava com muito amor.

Ainda assim, um grupo de amigos semanalmente frequentava-lhe a casa no horário estabelecido para o Evangelho no Lar, onde os participantes gozavam de agradável convívio.

Algum tempo depois, com o avanço cruel da enfermidade, ele já não conseguia respirar, sendo necessária a utilização de um balão de oxigênio para amenizar-lhe o sofrimento. Certa noite, nosso amigo libertou-se do corpo físico que por tantos anos o servira, mas que não possuía mais as condições imprescindíveis como veículo de sustentação da vida. Tudo isso nós, do mundo espiritual, acompanhamos, ajudando-o e fortalecendo-o em todos os momentos, visto que sempre havia médicos e enfermeiros espirituais, além dos companheiros de boa vontade que se revezavam para assisti-lo, especialmente nas horas mais difíceis e dolorosas. Assim, aquela casa mantinha-se sempre iluminada pelas luzes que vertiam do Alto e movimentada pelas visitas. Como as barreiras vibratórias vedavam o acesso a espíritos necessitados, os demais que chegavam o faziam com o pensamento em prece, suplicando as bênçãos do Mestre Jesus para o enfermo. Assim, o ambiente era continuamente energizado pelas vibrações elevadas e benéficas de que ele tanto carecia.

Agora, em nossa Colônia, estávamos felizes pela oportunidade de fazer-lhe uma visita. Nosso amigo Sebastião de Assis — a quem chamávamos simplesmente "Assis" — despertara, e desejávamos dar-lhe as boas-vindas.

Dirigimo-nos ao hospital que tão bem conhecíamos pelas nossas obrigações rotineiras. Porém, chegando mais cedo, antes de começar nosso turno, encaminhamo-nos à ala daqueles que aportavam ao nosso plano em melhores condições. Abrimos a porta do quarto e entramos. Ele fitou-nos surpreso, algo confuso ainda. Aproximando-nos do leito, eu o cumprimentei:

— *Seja bem-vindo, meu amigo!*

Assis reconheceu-me e sorriu.

— *César! César Augusto Melero!*

— *Sim, sou eu mesmo, Assis! Você está muito bem, pelo que podemos ver.*

Novamente ele sorriu, admitindo:

— *Muito melhor do que eu poderia imaginar! Estou grato a Deus por toda ajuda que tive. Tinha medo de fazer a passagem, mas foi mais simples do que pensei.*

Maneco, Marcelo, Giovanna e Ana Cláudia o cumprimentaram, cada qual em sua vez. Apressei-me a informar:

— *Assis, estamos aqui num grupo pequeno para dar-lhe as boas-vindas porque não podemos cansá-lo. Está em recuperação e precisa ser preservado. Mas o grupo de jovens é grande, e todos virão a seu tempo nos próximos dias. Todos o conhecem e estão ansiosos para visitá-lo! Aliás, prepare-se, pois será uma romaria.*

— *Logo você estará solto por aí, andando para todo lado. Vai gostar daqui. Todos gostam!* — animou-o Marcelo.

Assis sorria o tempo todo, contente por receber visitas.

— *Eu conheço todos vocês!*

— *Claro que conhece!* — confirmou Giovanna, prosseguindo —, *afinal temos convivido bastante. Ao dormir, você se libertava do corpo enfermo e corria para cá. Somos velhos amigos, pode acreditar!*

— *Não tão velhos assim* — corrigi bem-humorado.

Todos riram, fazendo comentários. No entanto, notamos que Assis estava ainda atravessando fase de sono benéfico para sua recuperação, que normalmente ocorre após a libertação, e fazia força para manter-se desperto. Então, despedimo-nos dele, prometendo voltar em outra oportunidade.

Ele agradeceu nossa presença, emocionado:

— *Obrigado, meus amigos. Muito obrigado. Que Jesus os ampare sempre!*

Deixamos o quarto satisfeitos e, antes de fechar a porta, olhei para trás para acenar-lhe ainda uma vez, mas ele já estava de olhos fechados, vencido pelo sono irresistível. Sorri.

Mais um que vinha para o nosso lado! Isso era muito bom!

Atravessando o jardim, dirigimo-nos ao pavilhão onde nos aguardavam as tarefas do dia.

3

Centro de Estudos da Individualidade

Nossa vida corria normalmente, entre trabalhos, estudos e distrações. O grupo alterava-se sempre em virtude dos que chegavam e dos que partiam para outras experiências, como já tive oportunidade de comentar.

Certo dia, reunidos no nosso grupo do Centro de Estudos da Individualidade, percebemos que Fátima, uma de nossas amigas, encontrava-se particularmente preocupada. Ela se mostrava estranha, como que ausente da atividade que estávamos realizando.

Matheus, com sua perspicácia, não deixou de notar-lhe o estado emocional, embora nada dissesse. Ao término da reunião, ele abriu para comentários e análise do que fora estudado. Na ocasião, o tema era "Escolha da família".

Também é preciso esclarecer que no Centro de Estudos da Individualidade há grande número de grupos, dos quais os interessados participam de acordo com o estágio educativo de cada um. Neste grupo, particularmente, o orientador Matheus mesclava participantes mais experientes com outros mais novos, para que houvesse aprendizado em ambos os lados. Os mais novos aprenderiam com a vivência dos mais antigos, e estes, com as experiências pessoais dos primeiros — o que para nós, há mais tempo no mundo espiritual, era bastante esclarecedor e de grande aproveitamento, visto que funcionávamos como assessores do orientador, adquirindo mais experiência.

Assim, cada um deu sua opinião, até que chegou a vez de Fátima — uma das participantes mais recentes do grupo —, que, em vez de falar sobre o assunto do dia, desabafou:

— *Matheus, desculpe-me. Creio que não prestei muita atenção aos estudos da noite. Na verdade, não tenho me sentido bem. Atravesso uma fase em que a angústia e a ansiedade me dominam. Faço preces, mas o problema da família terrena interfere em meu equilíbrio emocional e espiritual. Não sei o que fazer!*

O orientador, após pensar um pouco, considerou:

— *Fátima, tudo o que está sentindo tem relação com algo no íntimo que a incomoda, certamente conteúdos negativos não dissolvidos. Por outro lado, sem dúvida, a questão da influência da família que deixou na Terra é pesada, atingindo-a muito duramente. As vibrações que emitem, os pensamentos que a envolvem, estão desequilibrando seus centros de força*[15].

---

15. Centros de força ou centros vitais que se encontram em perfeito comando dos órgãos fundamentais da vida, espalhados na fisiologia somática, a saber: coronário, cerebral ou frontal, laríngeo, cardíaco, esplênico, gástrico e genésico. *Estudos Espíritas*, p. 43, Joanna de Ângelis, psicografia de Divaldo P. Franco, Editora FEB.

Aproveitando uma pausa que Matheus fizera, ela perguntou:

— E o que fazer?

— Será submetida a terapias para reconstituição do equilíbrio por meio da pesquisa em vidas passadas, ao mesmo tempo em que estudaremos como solucionar a questão familiar. Esteja amanhã às sete horas em meu gabinete — respondeu o orientador.

— Obrigada, Matheus. Estou mesmo precisando de ajuda.

Como nada mais tivéssemos a tratar, a reunião foi encerrada. Aos poucos nos despedimos, e cada qual foi para seu lado. Antes de sair, Matheus me chamou:

— César Augusto, gostaria que acompanhasse nossa irmã Fátima. Quanto às suas obrigações no hospital, não se preocupe, avisarei o responsável para que seja substituído. Esteja em minha sala no mesmo horário.

— Sim, Matheus. Obrigado e boa noite!

— Boa noite! Até amanhã, César!

Na manhã seguinte, à hora marcada, cheguei à sala de Matheus. Fátima já aguardava ansiosa. O nosso amigo e orientador nos recebeu e, sem mais delongas, entregou-me uma ordem para ser encaminhada ao setor correspondente.

— César, acompanhe Fátima, atendendo-a no que for preciso. Qualquer dificuldade, não deixe de me avisar.

— Sim, Matheus. Fique tranquilo.

— Obrigado — depois, virando-se para Fátima, considerou: — Não se preocupe. Tudo se resolve.

— Estou confiante. Obrigada, Matheus.

Despedimo-nos dele e saímos. Confesso que fiquei curioso por saber a razão pela qual ele me dera essa tarefa. Afinal, entre Fátima e eu, embora fizéssemos parte do mesmo grupo, não havia maiores afinidades. Bem, pensando melhor, talvez fosse esse o motivo.

Ganhamos a rua e a fitei sorrindo. Não se poderia dizer que minha companheira fosse bonita, mas tinha suas qualidades: estatura mediana, pele morena clara, feições que lembravam os sírio-libaneses, dos quais descendia — analisei —, pelo formato do nariz, os olhos negros e a cabeleira encaracolada da mesma cor que lhe descia pelos ombros.

— *Bem, Fátima. Vamos lá!*

— *Para onde?* — indagou enquanto saímos.

— *Ao Setor de Terapias. Não fica muito longe daqui.*

— *Ah! E o que eu vou fazer lá?*

— *Passará por uma experiência diferente. De acordo com suas necessidades de equilíbrio, será submetida a uma sessão de recordação de encarnações passadas. Será interessante, acredite. Não se preocupe.*

Ela concordou com um gesto de cabeça. Depois, notei que ela me olhava vez por outra. De repente, não resistiu e comentou:

— *Pelo jeito, faz tempo que está aqui no... mundo espiritual.*

— *Nem tanto. Cheguei aqui em julho de 1985.*

— *Ah! E eu, cerca de dez anos depois. Você ficou em regiões inferiores?*

— *Felizmente não. Tive uma enfermidade que me complicou a vida na matéria, causando-me muito sofrimento, mas facilitou-me o ingresso neste outro mundo.*

— *Entendo! E o que você teve?* — voltou a me perguntar.

Percebi que ela ainda estava na fase da curiosidade, de querer saber tudo o que dizia respeito às pessoas com as quais se encontrava. Então, falei-lhe resumidamente do meu processo de libertação e, antes que ela perguntasse, contei-lhe sobre minhas origens, que era de família espírita, a cidade onde tinha vivido a existência inteira e outras coisas mais.

Ela sorriu, balançou a cabeça e afirmou:

— *Ah!... Agora sei por que você não passou pelo umbral! Já tinha conhecimentos sobre Doutrina Espírita, o que certamente facilitou tudo!*

Concordei com ela, em termos.

— *Sim, a certeza da vida após a morte, sem dúvida, é importante. Porém, diante das minhas dificuldades e imperfeições, pois não fui um modelo de virtudes, o que realmente me valeu foi o período que passei no leito, refletindo bastante sobre minha realidade espiritual e me preparando para o desligamento físico através da liberação das energias vitais. Confesso que foi um período gratificante! E, além de tudo isso, pelo auxílio dos amigos espirituais que estiveram comigo o tempo todo, ajudando-me na travessia das provações e na elevação dos pensamentos.*

Após alguns segundos, ela prosseguiu:

— *Não foi o meu caso. Embora de tradição islâmica, após muitos anos no Brasil, minha família tornou-se católica por necessidade... Para não ser perseguida, entende?*

— *Como assim?... Que eu saiba, no Brasil não existe esse tipo de preconceito!*

— *Legalmente, não. Mas na prática isso acontece, pois o patrão do meu pai não aceitava nossa religião. Então, para não ser dispensado do serviço, numa época de grande recessão no país, o que nos deixaria na miséria, meu pai julgou melhor tornar-se católico, evitando assim problemas maiores para a família. Imagine, além de imigrantes, ainda muçulmanos, ninguém nos ajudaria! Confesso-lhe que sofri bastante.*

Fora de casa, era obrigada a seguir uma religião da qual nada conhecia, enquanto em nosso lar continuávamos a seguir os costumes e a religião do nosso povo. Essa situação gerou-me uma grande confusão na mente, e acabei não me interessando por nenhuma das duas crenças. Assim, sem conhecimentos que me direcionassem para uma vida espiritual mais ativa e dinâmica, quando aconteceu o acidente que me tirou a vida, permaneci longo tempo entre os encarnados, ignorando que já não tinha o corpo físico.

— *Imagino o que tenha sofrido, Fátima.*

— *Sofri muito mais do que você possa imaginar, César. Venho de um passado triste. Minha família, descendente de sírio-libaneses, morava em Beirute, no Líbano, e foi obrigada a deixar o país, tomado pelos israelenses. Então, a família mudou-se para Damasco, na Síria, onde meu pai conheceu minha mãe e com ela se casou. Meu pai fazia parte do exército e, certa ocasião, foi acusado de traidor. Justo ele, que amava aquela terra, que considerava aquele país como sua verdadeira pátria! Então, eu era bem pequena ainda, mas me recordo da noite em que fugimos de Damasco, tomando um navio que nos trouxe para o Brasil.*

Aproveitando uma pausa que ela fizera, com os olhos perdidos ao longe, certamente lembrando-se daquela época, considerei:

— *Deve ter sido muito doloroso para vocês!*

Voltando ao presente, ela me fitou largamente e, em lágrimas, prosseguiu:

— *Foi muito difícil, sim, César. Mais difícil ainda porque meu pai tivera necessidade de fugir de Damasco, um lugar que amava, procurando outro que não conhecia. No entanto, o Brasil tornou-se um país realmente bom para se morar, salvo pelo problema religioso que meu pai precisou contornar...*

— Mas agora você está bem, isso é o que importa. Ah! Veja aquele prédio ali no fundo, entre as árvores! É para lá que vamos.

— Lindo! Aliás, tudo aqui é primoroso, César.

Eu sorri ante a sua admiração.

— É verdade! Tudo aqui é lindo! Com o tempo, porém, torna-se natural e nem notamos mais a beleza do ambiente. Venha, vamos por essa calçada. Logo estaremos lá.

Enquanto caminhávamos, continuamos conversando, e eu satisfazia sua curiosidade sobre tudo o que era novo para ela.

Entramos no grande prédio de linhas sóbrias e belas, e eu a conduzi até o Setor de Terapias. Entreguei o encaminhamento de Matheus ao servidor que nos atendeu, apresentando-a. Delicadamente, ele nos pediu que aguardássemos. Sentamo-nos, e, alguns minutos depois, Fátima foi introduzida em uma das salas, que eu bem conhecia, porque também ali já estivera em certa ocasião.

Após algum tempo, a porta se abriu, e minha amiga saiu.

— E então, como foi? — indaguei solícito.

— Muito bom, César. Terei que retornar outras vezes.

Saímos do prédio ganhando a rua, e, chegando a determinado ponto, ela parou.

— Agradeço-lhe a gentileza de ter-me acompanhado hoje, César. Agora, que já aprendi o caminho, poderá voltar às suas atividades. Não quero prendê-lo por mais tempo. Muito obrigada, amigo.

Despedimo-nos e, como estava liberado do plantão no hospital, tinha tempo para fazer o que quisesse. Respirei fundo. Não pude deixar de notar em minha companheira Fátima, ao sair da terapia, a mesma expressão que eu deveria ter mostrado quando, por minha vez, deixei aquela sala. Ela estava tão mexida interiormente que sentia necessidade de ficar sozinha; havia vestígios de lágrimas em seus olhos, e me compadeci dela.

Passando por um jardim, sentei-me. Não é fácil remexer no passado, nas velhas lembranças arquivadas e que, não raro, provocam dor e sofrimento, desconforto e tristeza, ansiedade e medo. Somos sempre atraídos pelo passado, normalmente desejosos de desvendá-lo; no entanto, as antigas e indeléveis marcas devem ser abertas apenas quando haja necessidade real. Caso contrário, os conflitos que ainda trazemos na mente, se conhecidos e sem condição íntima de resolvê-los, nos causam mais males do que benefícios.

Exatamente por isso, ao mergulharmos em novo corpo, para outra experiência terrena, a Sabedoria Divina outorga-nos o esquecimento do passado, de modo que as lembranças não nos atrapalhem os relacionamentos na nova encarnação. Retornamos apenas com as tendências instintivas, que representam nossas conquistas através do tempo, e com a voz da consciência, que nos alerta diante da possibilidade de erro, o que nos comprometeria perante a Justiça Divina, gerando novos débitos.

Graças à ajuda que eu tive dos orientadores espirituais, pude assimilar de forma madura o conhecimento dos erros cometidos no passado, esforçando-me para reparar os danos causados a outrem. Ainda assim, tomei conhecimento apenas de uma pequena parcela de minhas vivências; a abertura necessária para me ajudar a solucionar as questões mais prementes.

E, lembrando-me daquele período, não poderia deixar de recordar-me de Sheila[16] e das ligações que tivemos no passado,

---

16. Personagem do livro *De Volta ao Passado*, da Editora Boa Nova, de Catanduva (SP), publicado em 2000.

assim como de Hassan[17], por quem nutrira um sentimento invencível de antipatia. Sua presença sempre me deixava mal, descontente, incomodado; na verdade, não o suportava. Tudo isso passou após lembrar-me do passado e das nossas ligações não muito amigáveis.

Devo dizer que foi muito bom, excelente. Hoje, considero-me mais equilibrado, mais consciente das responsabilidades, mais maduro nas decisões. Procuro melhorar sempre, aproveitando as bênçãos que tenho à disposição neste núcleo extraordinário, que nos propicia estudo, cursos, oportunidades variadas de crescimento espiritual por meio dos assistentes e orientadores, sempre atenciosos e prontos a nos ajudar, impulsionando-nos para o Alto.

---

17. Idem.

4

Samuel

Alguns dias depois, Matheus chegou ao nosso grupo acompanhado de alguém cuja aparência nos encantou. Particularmente, tive a sensação de estar diante de um discípulo de Jesus à época da sua peregrinação pelo planeta.

O recém-chegado vestia trajes antigos, como aqueles que nos acostumamos a ler em livros e ver em filmes com imagens da época: túnica em tom cru, que lhe descia quase até os pés e, sobreposta a ela, um manto azul-escuro; nos pés, sandálias de couro cru. O semblante, de pele morena, como se queimado pelo Sol do deserto, era calmo; tinha barba curta e bem tratada, assim como cabelos escuros, um tanto grisalhos nas têmporas. Todavia, o que mais nos chamou a atenção, nesse conjunto interessante, foram os olhos de tonalidade cambiante, ora castanhos ora acinzentados, vivos, porém mansos e ternos, que nos cativaram para sempre.

Estávamos acomodados em círculo, quando ambos deram entrada na sala. Ficamos em suspenso, esperando o que iria acontecer.

O desconhecido inclinou-se, em ligeiro cumprimento. Matheus, gentilmente indicou-lhe uma cadeira, na qual ele se acomodou, sentando-se ao seu lado. Depois, notando nossa expectativa, sorriu e apresentou-nos o visitante de forma concisa:

— *Meus amigos! Aqui temos alguém que doravante também irá trabalhar com este grupo. Trata-se de Samuel, que muito tem a nos oferecer em virtude da sua experiência. Mas prefiro que ele mesmo fale. Sinta-se à vontade, meu irmão!*

Então vimos o personagem — que parecia saído das páginas do Novo Testamento — perpassar seu olhar doce por cada um de nós, enquanto um terno sorriso bailava em seus lábios. Em seguida, começou a falar:

— *Caros irmãos, que o Mestre Maior nos ajude na execução das tarefas que nos forem confiadas e direcione nossos passos no caminho do bem!*

Não obstante falar baixo, sua voz era perfeitamente audível a todos nós. De timbre suave e agradável, parecia devassar-nos as entranhas, penetrando-nos o corpo espiritual e atingindo os mais recônditos lugares. Ele prosseguiu:

— *Vamos iniciar um trabalho com vocês que versará sobre reencarnação, em continuidade aos estudos que já estão sendo realizados. Fui convidado a trazer-lhes uma análise de casos, na prática, em especial sob a ótica da lei de causa e efeito. Certamente, nem todos os irmãos aqui presentes poderão integrar o grupo, seja pelo número, seja*

pela falta de condições adequadas ao cometimento. No entanto, poderão acompanhar e participar a distância das atividades desenvolvidas.

Samuel calou-se por alguns instantes, analisando a recepção do grupo, e prosseguiu:

— *Não poderíamos deixar de lembrar que o mais extraordinário relato sobre renascimento na carne nos vem do doce Rabi da Galileia, quando de sua inolvidável conversa com Nicodemos. As palavras do nosso Mestre Jesus foram proféticas, pois se referem a conhecimentos que somente o desenvolvimento da Ciência, no futuro, descerraria ao homem encarnado.*

E com um gesto mostrou uma grande tela na parede, onde apareceu o texto do Evangelho de João, capítulo 3, versículos de 1 a 12, em letras douradas e brilhantes. Lemos:

Havia, entre os fariseus, um homem, chamado Nicodemos, um dos principais dos judeus. Este, de noite, foi ter com Jesus e lhe disse: "Rabi, sabemos que és Mestre vindo da parte de Deus; porque ninguém pode fazer estes sinais que tu fazes, se Deus não estiver com ele". A isto respondeu Jesus: "Em verdade, em verdade te digo que se alguém não nascer de novo, não pode ver o reino de Deus". Perguntou-lhe Nicodemos: "Como pode um homem nascer, sendo velho? Pode, porventura, voltar ao ventre materno e nascer segunda vez?". Respondeu Jesus: "Em verdade, em verdade te digo: Quem não nascer da água e do Espírito, não pode entrar no reino de Deus. O que é nascido da carne é carne; e o que é nascido do Espírito é espírito. Não te admires de eu te dizer: Importa-te nascer de novo. O vento sopra onde quer, ouves a sua voz, mas não sabes donde vem, nem para onde vai; assim é todo o que é nascido do Espírito". Então lhe perguntou Nicodemos:

"Como pode suceder isso?". Acudiu Jesus: "Tu és mestre em Israel e não compreendes estas coisas? Em verdade, em verdade te digo que nós dizemos o que sabemos e testificamos o que temos visto, contudo não aceitas o nosso testemunho. Se tratando de coisas terrenas não me crês, como crerás se falar-te das celestiais?".

Eduardo, que acompanhava atento o texto evangélico, considerou:

— *Nicodemos certamente, por sua posição, tinha conhecimentos que eram vedados a outros judeus, e ele mostra que entendera perfeitamente o que fora dito por Jesus, quando questiona o Mestre sobre como pode um homem já velho entrar de novo no ventre de sua mãe e nascer uma segunda vez. Não se referia a nascer com o mesmo corpo, mas com "um novo corpo".*

— *Jesus, com clareza, explicou que deve nascer da água* — considerou Samuel —, *e nós sabemos hoje que o feto fica mergulhado no líquido amniótico, que o protege no período de gestação, fundamental para seu desenvolvimento e o do Espírito, que é o ser inteligente e imortal, que dará vida à matéria.*

— *Com as informações que temos hoje, o texto nos parece tão claro* comentou Irineuzinho —, *porém precisamos nos lembrar de que, para enxergarmos sob esta ótica nova, foram necessários quase dois milênios, até o advento da Doutrina Espírita, que nos abriu a mente para as realidades do Espírito.*

— *Exatamente* — concordou Samuel, completando —, *a doutrina codificada por Allan Kardec, a quem reverenciamos neste instante, nasceu em 1857, com o lançamento da monumental obra* O Livro dos Espíritos. *Ao oferecer imensa possibilidade de estudos em torno de temas fundamentais para o ser humano, representou verdadeiro*

divisor de águas para a Humanidade, carente de informações. Coloco- -me à disposição de todos para questionamentos ou quaisquer dúvidas que possam surgir.

Os jovens agitaram-se diante da nova perspectiva de ação. Enquanto os mais novos trocavam ideias para elaborar perguntas, Paulo deu início, indagando:

— *Samuel, qual a atividade principal desse grupo que será formado?*

Ouvindo a questão, o interpelado fez um gesto com a cabeça e respondeu:

— *O grupo acompanhará alguns processos reencarnatórios, auxiliando no trabalho a ser desenvolvido e analisando todos os aspectos, notadamente sob a ótica da lei de causa e efeito. Entretanto, o assunto é amplo, uma vez que vai abranger as motivações e necessidades do reencarnante, o preparo do organismo físico, a presença de afetos e desafetos que irão colaborar, ou não, para a nova experiência, questões e necessidades genéticas, entre outras coisas.*

— *Esse acompanhamento será feito desde a concepção?* — curioso, quis saber nosso amigo Padilha.

— *Antes da concepção. Abrangerá período anterior, quando o Espírito sente a necessidade de retornar ao corpo físico. Depois de avaliadas suas condições espirituais, terão início os estudos para a elaboração, que incluirá a escolha dos pais, a gestação, além de etapas posteriores ao nascimento.*

— *Interessante... Como será feita a escolha do grupo que irá participar mais diretamente?* — questionou Betão, obviamente querendo participar do grupo.

— *Pelo interesse demonstrado e pelas condições morais e espirituais já adquiridas* — esclareceu o orientador Samuel, que completou: — *Não se preocupem. Como já lhes afirmei, mesmo os* que não estiverem participando diretamente poderão acompanhar todo o processo a distância e até fazer perguntas. Mais alguma dúvida?

A curiosidade falou mais alto e levantei a mão:

— Dúvida, propriamente, não. Mas peço-lhe, por representar o pensamento do grupo, para, se puder, nos dizer algo a respeito da sua existência à época que seu traje evoca, tão cara ao nosso coração por nos remeter ao tempo de Cristo.

Marcelo levantou a mão e completou:

— Essa antiga encarnação deve ter sido muito importante para você, Samuel, pois, pela sua aparência, mantém fortes vínculos com o passado.

Ouviu-se um murmúrio de satisfação, enquanto Samuel, com leve sorriso e terna expressão, começou a falar:

— Essa existência foi fundamental para minhas conquistas posteriores. Sim, tive a bênção de viver à época de nosso querido Mestre Jesus. Vou lhes contar de forma resumida, para que saibam como pode um espírito se comprometer perante as Leis Divinas, na pessoa do próximo.

Samuel fez uma pausa, fixou o olhar a distância, como se buscando as imagens de um tempo remoto, e continuou:

— Natural da Eritreia, nossa família era constituída de meus pais e mais cinco irmãos, além de mim. Eu era o filho caçula. Como pessoas do campo, vivíamos do cultivo da terra, cujos produtos eram vendidos na feira da cidade mais próxima, o que nos dava alguma renda, além de complementar nossa alimentação. De alguns animais, como cabras e vacas, vinha o leite, que supria o que nos faltava no abastecimento. E éramos felizes. Nos dias consagrados íamos à sinagoga, levando as oferendas, e nos considerávamos quites com nosso Deus. Tudo corria bem até que minha mãe adoeceu gravemente e, daí em diante, foi obrigada a permanecer no leito. Como o mais novo da prole, eu ficava em casa ajudando nas atividades domésticas, já que meus pais não tiveram filhas. Algum tempo depois, agravou-se seu estado, e ela desencarnou, causando-nos intensa dor. Após uma semana da partida de minha mãe, meu pai caiu de cama com os mesmos sintomas e também veio a falecer.

Enquanto seu olhar lúcido percorria nosso grupo, que o ouvia interessado, prosseguiu:

— Como podem imaginar, ficamos desestruturados. E deixando que a cobiça tomasse conta de seus corações, meus irmãos Moab, Caleb, Efraim, Jessé e Noé entraram em disputa para ver quem ficaria com a melhor parte da propriedade. Como eu fosse o mais novo e o preferido de meu pai, começaram a lançar olhares de ódio contra mim, e senti que tramavam minha morte. Fiquei alerta. Certa noite, eles conversavam no terreiro, defronte de nossa casa, à luz da fogueira, julgando-me adormecido. Como a noite estivesse muito quente, saí para tomar ar. Porém, para minha surpresa, ouvi que falavam abertamente, combinando tirar-me a vida no dia seguinte, enquanto eu estivesse no campo, de modo que os vizinhos e demais pessoas da aldeia mais próxima pensassem que eu fora morto por algum salteador de estradas.

Samuel parou de falar por alguns segundos, como se lhe fosse muito doloroso lembrar-se desse período. Depois, tomando fôlego, continuou:

— Retornei para nossa casa, e meu coração estava cheio de ódio de meus irmãos. Jamais havia sentido nada contra eles; ao contrário, gostava de meus irmãos, mas aquela conversa e a frieza com que conspiravam a minha morte fez com que eu mudasse, despertando o que havia de pior em meu caráter, adormecido até aquele momento. Rapidamente juntei meus magros pertences para fugir. E, antes de ir embora, tive uma ideia: coloquei veneno na água da bilha. Depois *pulei a janela pelo outro lado oposto àquele onde estavam, para que nada percebessem, e saí pelo mundo, sem saber para onde ir nem o que fazer. Andei muito, e rápido, pois queria guardar a maior distância possível entre mim e eles. Assim, busquei outras paragens, mudei de nome e deixei a barba e os cabelos crescerem. Consegui trabalho na propriedade de um romano influente e fiquei conhecido como Abel. O Samuel, da Eritreia, deixara de existir. Por essa época começaram a surgir notícias de um novo profeta que pregava e curava os enfermos, os coxos, os paralíticos, os cegos e até os leprosos. O povo estava entusiasmado, e as pessoas acorriam aos bandos para vê-lo, saber onde ele poderia ser encontrado. Muitos o consideravam o Messias, o salvador tão aguardado pelo povo hebreu. Como os empregados da propriedade em que eu trabalhava aproveitariam o dia de folga para ver o profeta, resolvi acompanhá-los.*

Samuel fez mais uma pausa, passando o olhar sobre nós, que o ouvíamos atentos e interessados.

— *Meus amigos, a presença daquele homem era tão forte, tão intensa, e ao mesmo tempo tão terna, que nunca mais o deixei. Suas palavras ficaram gravadas indelevelmente em mim. Mas, ao passo que O amava cada vez mais, incapaz de afastar-me dele, a consciência cobrava-me por aquilo que eu havia feito aos meus irmãos. Certa ocasião, Jesus disse: "Aprendestes que foi dito: amareis o vosso próximo e odiareis os vossos inimigos. Eu, porém, vos digo: amai os vossos inimigos; fazei o bem aos que vos odeiam e orai pelos que vos perseguem e caluniam, a fim de serdes filhos do vosso Pai que está nos céus e faz que se levante o Sol para os bons e para os maus e que chova sobre os justos e injustos."*.[18]

---

18. Mateus, capítulo 5, versículos 43 a 45.

Samuel ficou em silêncio por alguns segundos, lançando um olhar pelo grupo todo, que o ouvia interessado, em suspenso, e prosseguiu:

— *Ah! Meus amigos! Essas palavras cravaram fundo em minha consciência culpada. Ao falar, o olhar do profeta parecia dirigir-se a mim, especialmente! Como seguir o Mestre, se Ele falava em perdão aos inimigos, e eu matara meus próprios irmãos?*

Mas Ele continuou, cravando ainda mais o espinho em minha carne: "Porque, se só amardes os que vos amam, qual será a vossa recompensa? Não procedem assim também os publicanos? Se apenas os vossos irmãos saudardes, que é o que com isso fazeis mais do que os outros? Não fazem outro tanto os pagãos? Portanto, sede vós perfeitos como perfeito é o vosso Pai celeste.".[19]

Não pude mais permanecer ali. Muito menos seguir Jesus. Desesperado, saí como um louco pelas estradas, querendo fugir de mim mesmo, incapaz de me apresentar a Ele, amesquinhado e humilhado perante a minha consciência. Sofri muito, desesperei-me, solitário e aflito. Até que um dia cheguei a Jerusalém. Entrei na cidade, e as notícias corriam de boca em boca. O profeta fora preso e julgado por Pôncio Pilatos, governador romano, e condenado à morte cruel e infamante na cruz. Ainda mais enlouquecido, agora não mais por mim, mas temendo pelo profeta que eu amava, caminhei pelas ruas tortuosas de Jerusalém até cair de cansaço. Não dormi, aguardando o dia seguinte. E acompanhei toda a via dolorosa daquele homem extraordinário que viera mandado por Deus para pregar o amor e deixar rastros inapagáveis para a posteridade, direcionando nossos passos no sentido do bem.

---

19. Mateus, capítulo 5, versículos 46 a 48.

Todos nós estávamos emocionados ante sua narrativa e deixávamos que as lágrimas corressem livres pelos nossos rostos. Samuel respirou profundamente e prosseguiu:

— *Depois desse dia, voltei para minha terra natal. Queria entregar-me à justiça e pagar pelos crimes que praticara. Se meu Mestre, que não tinha culpa alguma, que era inocente, fora morto na cruz da ignomínia, e eu? Não poderia dizer o mesmo, pois era responsável por cinco mortes. Então, ao entrar na cidade, caminhando rumo àquela que fora a nossa casa, eu gritava com toda a força de meus pulmões, batendo no peito: "Eu sou culpado! Eu sou culpado pela morte de meus irmãos! Acreditem em mim! Eu sou culpado! Não mereço viver! Quero entregar-me às autoridades! Ajudem-me!".*

Samuel parou de falar por instantes, enxugou os olhos, balançou os ombros, como se impotente diante da situação, e retomou a narração:

— *Todos me conheciam e me apreciavam, pois eu era o bom moço que todos amavam, aquele que só tinha amigos no vilarejo. Apesar de contentes pela minha volta, julgaram que eu enlouquecera de dor por ter perdido meus pais e meus irmãos, por não ter sabido cuidar deles e protegê-los.*

Depois de alguns instantes, Samuel prosseguiu:

— *Enfim, meus amigos, depois dessa época, eu renasci inúmeras vezes ao longo do tempo, para saldar os débitos contraídos com a Justiça Divina. Graças a Jesus, que jamais deixou de me socorrer nas adversidades, hoje estou bem comigo mesmo, conquanto ainda tenha muito que fazer por mim e pelos outros.*

Samuel se calou. Emocionados até as lágrimas, nós não tínhamos vontade de falar, para não quebrar o encanto daquele momento.

Como todos se mantivessem em silêncio, a reunião foi encerrada com uma prece proferida por nosso orientador Matheus. Após as despedidas, retornamos aos nossos lares. Cada um trazia a mente ocupada com as imagens do relato de Samuel.

Algumas horas antes, preocupados com os próprios problemas, estávamos cansados e necessitados de repouso. Agora, tudo tinha desaparecido de nossa cabeça. Só permanecia em nossa mente a imagem daquele profeta chamado Jesus, que um dia peregrinara pelas estradas do planeta e deixara o mais admirável e perfeito código moral para toda a Humanidade, que poderia sintetizar-se numa única palavra: AMOR.

5

Lembranças

Na manhã seguinte, ao retornarmos às nossas atividades no hospital, ainda trazíamos na lembrança a reunião da noite anterior. Queríamos conversar, comentar o assunto que tanto nos impressionara. No entanto, nova leva de necessitados chegara durante a noite, e havia muito serviço. Quase não deu para trocarmos duas palavras entre um atendimento e outro.

Quando tudo se acalmou, respiramos aliviados e fomos para nossa sala. Precisávamos relaxar um pouco. Dali, podíamos conversar sem atrapalhar o sono dos pacientes e, ao mesmo tempo, observar a enfermaria através da parede transparente que imitava o vidro.

Falamos sobre o relato de Samuel, que nos emocionara a todos, lembrando o "filme" a que assistíramos acerca da prisão, julgamento e morte de Jesus, condenado à crucificação. Muitos de nós vimos a película levados pelo instrutor Josias. A história era tão real que nos sentíamos parte dela. Também naquela oportunidade, diante das recordações de Samuel, revivemos sofrimento sentido, uma vez que aquelas imagens ficaram impressas com tinta indelével em nossas mentes.

Fora realmente uma experiência única e extraordinária, como tive oportunidade de relatar em capítulo anterior ao descrever o filme sobre Jesus na Semana Santa.

Marcaram-nos profundamente, nesse episódio, as marteladas que repercutiam diretamente em nós, atingindo-nos o íntimo e fazendo-nos sofrer terrivelmente[20].

Eu estava, assim, entregue às recordações, quando ouvi um suspiro ao meu lado, tirando-me do devaneio. Enxuguei os olhos e olhei em torno.

Era Maneco, caladão, ensimesmado. Perguntei:

— *O que está acontecendo, irmão? Parece-me um tanto preocupado...*

O amigo virou-se para mim e me confidenciou:

— *Aquela conversa de ontem mexeu comigo, César. Com o relato de Samuel, comecei a me lembrar da minha vida, da família, da minha mãe, dos irmãos, que nunca mais vi. Recordei as dificuldades que passamos no morro, a fome, o medo...*

— *Ah, sim! Medo?*

— *A violência em nossa comunidade era grande, irmão. Embora hoje seja muito pior, àquela época a disputa por pontos de droga*

---

20. Aconselho os leitores a lerem o capítulo 26, "Experiência Inesquecível", da obra *Céu Azul*, cujo texto está aqui inserido apenas em parte.

já era intensa. Cada "chefe" defendia sua posição contra o concorrente e, se o outro vacilasse, tomava-lhe o território.

— Imagino como era difícil sobreviver no meio desses interesses todos! Como Jesus, que acabou sendo crucificado por divergir de interesses de poderosos...

— Jesus? O que tem Jesus com isso?

— Ah, esquece! Eu estava viajando, lembrando-me de um filme a que assisti. Mas você falava dos interesses dos traficantes pelos pontos de droga.

— Isso mesmo. Era tão perigoso, que acabei morrendo de uma "bala perdida", que aqui eu descobri ser "bala achada", isto é, bala que atingiu o alvo. Embora fosse uma vida difícil, em que a fome estava sempre presente e o medo nos mantinha alertas, tinha seu lado bom também. Conheci pessoas excelentes que muito me ajudaram, pois minha mãe nem podia pensar em mim, dividida entre meus irmãos menores e o serviço, do qual vinha a única renda para a manutenção da família.

Maneco calou-se por alguns instantes, pensativo, depois retomou, fazendo um gesto com as mãos, como se quisesse afastar lembranças tristes:

— Deixa pra lá! Já passou! Não é isso que me apoquenta hoje.

— Então, o que é?

— Sabe, César, ando matutando. E se eu tivesse que reencarnar lá? Seria natural, não é? Pois ali deixei minha mãe, meus irmãos, os amigos, enfim, meus afetos... Mas quando penso nisso me dá um frio no "estômago"!

— No entanto, em meio às dificuldades, sempre existem coisas boas, Maneco! Numa existência não é possível que não haja. O fato de você se recordar com carinho dessas pessoas com as quais conviveu já representa uma bênção. No meio da escuridão, a Bondade Divina sempre acende uma luz para nos levantar o ânimo e nos fazer prosseguir na luta — ponderei.

— Tem razão, César. Caso contrário, não conseguiríamos sobreviver no fragor da tempestade. Nessa época, certamente existiram muitas bênçãos. Porém, com a visão distorcida pelas dificuldades diárias da existência, exceção feita aos meus afetos, a única coisa realmente boa de que eu me lembro é a nossa escola de samba! — exclamou o rapaz.

Enquanto Maneco falava, seus olhos brilhavam de animação. Ele respirou fundo e prosseguiu:

— Ensaiávamos o ano inteiro, e isso, por si só, já era uma festa! À medida que o tempo avançava no rolar dos meses, sentíamos o coração bater mais forte e a ansiedade tomar conta de nós, acompanhada de um arrepio em todo o corpo. Mas quando, finalmente, chegava o carnaval e íamos sambar na avenida, era a glória. Compensava todos os sofrimentos, o cansaço, a contínua busca pela comida, o medo e tudo o mais. Nada mais importava. Nossa escola de samba era pequena, pobre, mas dávamos tudo por ela!

Maneco parou de falar por alguns instantes. Depois, com o olhar ao longe, concluiu:

— Hoje percebo como pequenino era nosso mundo. Com a visão alargada pelo conhecimento que adquiri aqui no plano espiritual, agora sei que tudo aquilo era bobagem. Como bolha de sabão que moleque corre atrás e que, quando alcança, se desfaz... evapora... desaparece sem deixar vestígios, ficando apenas na lembrança! Então fico me perguntando: qual seria a finalidade daquela existência? Por que renasci lá, no Rio de Janeiro, numa comunidade pobre do morro, naquela família? Por que fui atingido por uma bala? O que eu deveria ter realizado e não realizei? Era realmente para ter morrido daquela forma ou foi frustrada a existência?

Maneco parou de falar e virou-se para mim:

— *Entende, César? Minha cabeça está repleta de questionamentos sem respostas!*

Abri a boca para responder, quando vimos através da parede transparente que um dos pacientes despertara e se agitava no leito. Imediatamente voltamos à enfermaria e às nossas obrigações, deixando os questionamentos dele para outro momento.

O resto do plantão transcorreu em grande atividade, e não pudemos retomar o diálogo. Saímos do hospital e buscamos nosso abrigo para o necessário repouso, satisfeitos com as tarefas realizadas.

No dia seguinte, como todas as terças-feiras, o grupo todo saía cedo com destino à crosta terrestre. No veículo[21], além dos jovens, seguia também, como de hábito, um grupo de crianças escaladas para visitar a Terra.

É o dia que mais amamos. Chegamos bem cedinho à Casa Espírita, e uma parte do grupo já inicia os cuidados com a preparação da reunião da noite. Nesse ínterim, um de nós, conforme a programação da época, se dedica a trabalhar na psicografia, enviando notícias e textos que serão transformados em livros e lidos pelos encarnados que se interessem por informações sobre a imortalidade da alma, vivência espiritual, reencarnação e outros temas que a Doutrina Espírita aborda e esclarece. Outro grupo sai pela cidade procurando espíritos desencarnados necessitados de ajuda que permanecem nas praças, nos bares, nas ruas, para levá-los à Casa Espírita a

---

21. Nosso meio de transporte é uma espécie de ônibus, com a diferença que não roda no solo, mas movimenta-se no espaço, e, por essa razão, de forma bem-humorada, o chamamos de ônibus espacial.

fim de serem socorridos na reunião mediúnica noturna[22]. As crianças, por sua vez, aproveitam para visitar seus lares, algum amiguinho que tenha reencarnado há pouco, ir à Entidade Assistencial que cuida de crianças em regime de creche, vinculada à Casa Espírita, visitar as famílias dos trabalhadores dessa Casa, entre outras coisas. Nessa oportunidade, elas dormem no próprio local, em instalações adequadas para abrigá-las. Quanto a nós, após a reunião mediúnica, trabalhamos a noite toda dando prosseguimento às atividades, que são intensas: auxiliamos desencarnados que desejam conversar com seus familiares e amigos encarnados, orientando-os ou consolando-os pela separação; recebemos trabalhadores da seara espírita que gozem de maior liberdade espiritual e que vêm até nós para conhecer a instituição e toda a gama de necessidades que possa surgir, inclusive no socorro de entidades necessitadas em outra reunião mediúnica, realizada às primeiras horas da madrugada, caso não tenha sido possível sua comunicação durante a reunião normal. Essa ação é necessária pela presença de Espíritos familiares e amigos que vieram de outros lugares, que deixaram suas atividades para socorrer entes queridos. É imprescindível aproveitar a presença deles na ocasião, porque em seguida retornarão às suas origens. Depois, na manhã seguinte, bem cedinho, saímos de retorno a Céu Azul e às nossas atividades.

---

22. Muitos desencarnados não percebem que já deixaram o corpo físico, continuam sofrendo dos mesmos problemas que os levaram à desencarnação, como enfermidades, vícios, acidentes, etc. Por essa razão, vagam sem repouso e sem saber para onde ir.

A terça-feira é sempre um dia alegre e animado. Logo ao chegar, visitamos nossos lares, os amigos e todos aqueles com os quais temos laços de afetividade. Porém, nem tudo são flores. Trabalhamos, e trabalhamos muito. Para a organização da reunião mediúnica, é necessário estar atento a tudo. Cuidar das entidades trazidas para o local e que irão se comunicar logo mais à noite, verificar se tudo está em ordem, se os participantes encarnados estão bem e, se houver alguma dificuldade, ajudar, para que possam estar em condições de colaborar na reunião noturna. Caso contrário, deixarão de comparecer, frustrando o programa estabelecido.

Atento, notei que Maneco realizava suas tarefas a contento, mas não me passou despercebido que seu olhar continuava com a mesma sombra, como se algo persistisse em incomodá-lo. Aproximei-me, colocando a mão em seu ombro.

— *Tudo bem, Maneco?*

— *Tudo.*

— *Preciso ir até a periferia da cidade. Quer me acompanhar?*

— *Claro! Estou terminando uma tarefa. Se puder me esperar, só levará mais alguns instantes.*

— *Sem problemas. Enquanto o aguardo, vou falar com Galeno.*

Normalmente, aquela parte das atividades ficava a cargo de Galeno. Deixei Maneco entregue às suas obrigações e fui à procura do orientador, que estava resolvendo uma questão relativa à reunião da noite e conversava com Marcelo. Um dos participantes não iria comparecer por motivos pessoais, o que dificultaria certo atendimento programado para a ocasião. Então, Galeno solicitou:

— *Marcelo, dirija-se até a casa do nosso irmão encarnado, veja o que está acontecendo e tente resolver o impasse. Precisamos dele* esta noite na reunião, sem falta, caso contrário, o enfermo espiritual que sofre há longo tempo não poderá ser atendido. Leve mais dois trabalhadores dos nossos para ajudá-lo. Se precisar de algo, entre em contato comigo.

— Sim, Galeno. Verei o que é possível fazer.

Quando Marcelo se afastou, aproximei-me do amigo espiritual. Vendo-me, ele indagou gentilmente:

— Algum problema, César?

— Não, tudo em ordem, Galeno. Só estou um pouco preocupado com nosso amigo Maneco. Anda pensativo, cheio de questionamentos. Eu gostaria de ajudá-lo, porém não sei o que fazer. Como você conhece mais profundamente nossos problemas, pensei em procurá-lo, para saber qual a melhor atitude a tomar com relação a nosso amigo.

O orientador fitou-me com aquele olhar que parecia devassar-me o íntimo. Depois, sorriu de leve e me tranquilizou:

— César, tudo caminha como deve ser. Não se inquiete por Manoel. Este período é importante para ele. Ajude-o em tudo o que puder, sem interferir. Sei que Manoel vai sair com você para realizar uma tarefa. Será muito bom para ele.

Agradeci, mais tranquilo. Acostumado com Galeno, não estranhei que ele soubesse que eu havia convidado Maneco para ir comigo ao bairro mais distante. Pelas suas condições espirituais, estava sempre a par do que acontecia conosco, seus tutelados.

A conversa acabou bem a tempo. Maneco vinha ao nosso encontro, após finalizar sua tarefa. Rapidamente nos deslocamos pelo espaço, por meio da volitação, até o referido bairro.

Era bem cedo ainda, mas a luz do Sol iluminava tudo.

No local, caminhamos pelas ruas, onde crianças brincavam ao Sol; jovens se reuniam em grupinhos aqui e ali, falando sobre frivolidades; donas de casa, nas calçadas ou nos muros, reclamavam às vizinhas de tudo: da falta de água, de dinheiro, dos maridos, dos filhos e de tudo o mais. Acomodados em botecos ou na rua, homens bebiam àquela hora da manhã; muitos nem sequer haviam retornado para casa desde o dia anterior.

Com piedade, passamos por eles, vendo-lhes os acompanhantes espirituais acoplados, que, a exemplo dos encarnados, mostravam olhos esgazeados, também sob os vapores do álcool. Mais adiante, vimos jovens, crianças mesmo, em becos "fumando" a droga, que corria solta.

Maneco observava essas cenas e notei seus olhos úmidos.

— *Tudo isso eu conheço de sobra, César. Aqui só não tem o morro. Muda o lugar, a topografia do terreno, mas os problemas continuam sendo os mesmos.*

— *E sabemos a razão, Maneco. As criaturas humanas são as mesmas, aqui como em qualquer outro lugar. E não é pelo fato de habitarem um bairro pobre. Poderia ser um bairro de luxo que, basicamente, a situação continuaria idêntica. Se tiramos a questão do dinheiro, todos eles são iguais. Em termos morais, que é o problema mais grave, grande parte dos espíritos no planeta está em provas ou expiações. Embora os níveis evolutivos sejam diferentes, eles têm as mesmas dificuldades, os mesmos problemas, sofrem as mesmas dores.*

Quando Maneco ia responder, chamei sua atenção, apontando:

— *Chegamos. A casa é aquela ali. Venha!*

Novos relacionamentos

Entramos na pequena residência sem qualquer dificuldade, visto que a matéria não nos opõe resistência. No cômodo, que supostamente seria a sala, vimos um leito (ou melhor, tábuas apoiadas em tijolos servindo como leito), um velho e fino colchão e, sobre ele, alguns trapos que serviam de coberta. Ao lado da cama, um surrado sofá. Deitada no leito, uma mulher, em torno de 50 anos, também coberta de andrajos, tremia de frio. Era inverno, e a temperatura, conquanto razoável, era baixa para os encarnados. Na parede oposta, televisão e aparelho de som, ambos novos, pareciam deslocados naquele ambiente de miséria.

Não podíamos ignorar o forte odor de fumo e de bebida que aquela pobre mulher exalava, impregnando todo o ambiente. Era uma mulata que deveria ter sido bonita na juventude, mas que agora trazia no rosto as marcas dos vícios. Ela tossiu, e, mesmo sem maiores conhecimentos, notamos o grau de comprometimento dos pulmões e de todo o aparelho respiratório. Os olhos e a pele amarelada atestavam-lhe as condições precárias do fígado em consequência do abuso do álcool. A mulher não dormia, porém mantinha os olhos fechados.

— *O que viemos fazer aqui?* — indagou Maneco.

— *Espere e verá. A filha desta irmã não deve tardar. Aguardemos.*

Enquanto esperávamos, Maneco pôs-se a examinar o ambiente. Foi até a cozinha. Não havia nenhum alimento, salvo alguns pedaços de pão duro em uma pequena cesta sobre o armário; a velha geladeira estava quase vazia: só uma panela com um pouco de feijão e alguns tomates ocupavam o espaço. Maneco respirou fundo, cheio de piedade. Conhecia bem o problema.

Nisso, a porta se abriu, e, junto com o ar fresco, entrou uma bela morena trazendo duas sacolas plásticas recheadas. Colocou-as sobre a velha mesa da cozinha e voltou para a sala.

— Mãe, como está?

Ansiosa, a senhora respondeu com outra pergunta:

— Trouxe o que lhe pedi?

— Não, mãe. O dinheiro só deu para comprar o necessário — respondeu a recém-chegada balançando a cabeça negativamente. — Está com fome?

Contrariada, a mulher virou o rosto para a parede:

— Só tenho fome de cachaça. Quero a minha cachaça!

A filha elevou o pensamento a Deus pedindo paciência. Sabia como sua mãe podia ficar difícil quando suas necessidades não eram atendidas. Ignorando a exigência da mãe, Elisa disse com calma:

— Vou fazer o almoço, mãe. Logo Germano deve chegar, e a comida precisa estar pronta.

Olhou para o relógio de pulso — dez horas. Ouvíamos seus pensamentos: "Como é tarde! Atrasei-me na rua e agora tenho que correr, senão Germano vai brigar comigo, e com razão, pois tem pouco tempo para o almoço".

Na pequena cozinha, Elisa abriu uma das sacolas, retirou um pacote de arroz, escolheu uma porção rapidamente, lavou-a e colocou-a na panela, depois de adicionar um pouco de tempero. Em seguida, descascou algumas batatas e cortou-as em tiras; acendeu outra boca do fogão e colocou óleo numa frigideira para fritar as batatas. Pegou o resto de feijão que sobrara do dia anterior e pôs para esquentar. Satisfeita por tudo estar em andamento, pegou dois tomates da geladeira e cortou-os em rodelas para fazer uma salada. Correu ao pequeno quintal, colheu um pé de alface e, depois de lavar as folhas cuidadosamente, colocou-as numa tigela funda e despejou os tomates por cima. Um cheiro bom de comida espalhou-se pela casa.

Quando a porta se abriu com um rangido, um moço entrou na sala e, sem cumprimentar a mãe, foi direto para a cozinha, onde se acomodou à mesa.

— *Este é Germano, irmão de Elisa* — expliquei a Maneco.

— *Foi o que imaginei* — ele respondeu.

Era um rapaz de 18 anos, de pele mais escura que a da mãe, alto, de compleição atlética, vestia uniforme da empresa em que trabalhava. Elisa, que acabava de fritar as batatinhas, ao vê-lo, avisou:

— Está tudo pronto, Germano. Já vou servi-lo.

— Acho bom mesmo! Não tenho tempo a perder.

Elisa fez-lhe um prato bem caprichado, colocando-o sobre a mesa.

— Não tem carne hoje?

— Não, Mano. O dinheiro que eu tinha só deu para comprar o que está aqui!

— E Marquinho não tem dado nada?

— Tem, sim, mas precisei comprar remédios para a nossa mãe.

— Ô vida miserável! — resmungou o moço, mergulhando a colher nos alimentos. Com a cabeça sobre o prato, pôs-se a comer com sofreguidão.

Ao terminar, limpou a boca com a mão e, sem uma palavra de agradecimento, foi ao banheiro rapidamente. Depois, se encaminhou à porta, saindo para o trabalho. De repente, parou, virou-se e gritou, dando uma ordem à irmã:

— Vê se arranca dinheiro daquele muquirana! Estou precisando!

Para a mãe, nem uma palavra, nem na entrada nem na saída.

Elisa, que estava na cozinha fazendo o prato para a mãe, respirou fundo. "Mano parece uma caixa sem fundo. Nada é suficiente para ele", pensou preocupada.

Entrou na sala tentando manter uma aparência tranquila.

— Mãe, aqui está seu prato! — disse, colocando-o sobre uma mesinha, enquanto pegava duas almofadas para colocar nas costas da mãe.

— Ajude-me, mãe! Vamos levantar um pouco o corpo para que a senhora possa comer.

— Já lhe disse que não quero!

— Dona Maria, a senhora está muito fraca — ela usava o nome da mãe quando falava sério e queria frisar bem as palavras. — O médico disse que precisa se alimentar bem!

— Não quero! — resmungou a doente, virando o rosto para a parede, fazendo birra de novo para martirizar a filha por não ter trazido o que ela desejava.

Conhecendo as táticas da mãe e sem parecer estar incomodada com isso, Elisa sentou-se na beirada da cama e, colocando um guardanapo para proteger-lhe a roupa, começou a dar-lhe o alimento às colheradas.

— Chega! Não quero mais! Está horrível! — reclamou a mãe, após meia dúzia de vezes.

Como ela cerrasse os lábios, Elisa desistiu. Não adiantava insistir, e a mãe comera mais do que em outros dias. Em seguida, ofereceu à enferma um copo de água, que ela recusou praguejando.

Elisa ajudou-a a deitar-se, depois recolheu o prato e o talher, enquanto ela reclamava:

— Odeio água!

Respirando fundo, a moça não respondeu e foi para a cozinha. Ela ainda não almoçara. Colocou um pouco de comida no prato, mas perdera a fome. Apoiou a cabeça com as mãos, desanimada. Era preciso muita paciência para lidar com a mãe, e ela estava no limite. Sentia-se cansada, exausta.

Nesse momento, olhei para Maneco. Eu ia fazer um comentário, porém não falei nada. Pretendia sugerir-lhe que fizéssemos uma prece, aplicando energias vitalizadoras para ajudar Elisa, pois ela parecia realmente no limite das suas forças, mas estranhei a expressão do amigo. Ele estava parado, extático, com os olhos postos em Elisa, que se mantinha ainda sentada diante do prato de comida, sem ânimo para se levantar.

Somente então me dei conta de que Maneco estava muito silencioso desde que entramos naquela casa, o que não era usual. Geralmente era falante e extrovertido.

Aproximei-me dele, coloquei a mão em seu braço e perguntei:

— *O que houve, amigo? Está diferente!*

Maneco virou-se para mim, e notei lágrimas em seus olhos. Em seguida, ele voltou a fitar a jovem Elisa com profunda atenção e curiosidade. Sorrindo, concordei:

— *Elisa é muito bonita mesmo, Maneco. A tonalidade da pele casa-se muito bem com os belos olhos grandes e esverdeados, que deve ter herdado do pai* — considerei.

Sem parecer ter escutado meu comentário, ele murmurou:

— *César! Aconteceu uma coisa incrível! Eu conheço essa moça!*

— *Claro que conhece, Maneco! Deve tê-la visto nas outras vezes em que estivemos por aqui.*

Maneco balançou a cabeça negativamente:

— *Você não entendeu, amigo! Apesar de nunca tê-la encontrado, mesmo em outras visitas aqui no bairro, "sinto" que não é a primeira vez que a vejo! Parecer ser alguém que eu conheço profundamente, conquanto eu não saiba quando ou onde a encontrei.*

Meu amigo acercou-se da jovem, tocando-lhe os cabelos com carinho, embevecido na sua contemplação.

Atento às nossas obrigações e ao motivo de termos nos deslocado até aquela casa, eu o alertei:

— *Maneco, temos que nos concentrar no que viemos fazer aqui.*

— *E o que é?*

— *Conversar com duas entidades que fazem parte do acompanhamento da nossa irmã Maria, mãe de Elisa.*

— *Ah! Mas elas não estão aqui.*

— *Não. Quando falta bebida, sei que elas vão para um bar. Embora eu acredite que elas não devam demorar, talvez seja melhor procurá-las. Antes, porém, ajudemos Elisa. A pobre moça é o esteio desta casa, e, se ela não estiver bem, as coisas podem ficar ainda piores.*

Maneco e eu nos aproximamos dela e, com as mãos espalmadas sobre sua cabeça, elevamos o pensamento ao Alto, fazendo uma oração e suplicando a Jesus que fortalecesse Elisa nas agruras da existência, dando-lhe energias para suportar seus compromissos familiares com bom ânimo, paciência e amor.

Após a prece, vimos que, do Alto, desciam sobre nós, mais especialmente sobre Elisa, uma luz delicada, parecendo neblina luminescente que, em contato com seu corpo, se dissolvia aos poucos. Ao mesmo tempo, notamos que as disposições interiores da jovem apresentavam-se bastante melhoradas. Ela respirou profundamente e murmurou baixinho, mais para si mesma:

— Não posso desistir de lutar. Minha família precisa de mim, especialmente minha mãe. O que será dela se eu me entregar ao desalento? A mãe só tem a mim, Mano não conversa com ela. Preciso ser forte. Se eu ficar doente, quem cuidará da mãe e do Germano, que é tão grande, mas tão imaturo ainda? Graças a Deus, sinto-me melhor. É como se o Senhor me atendesse aos íntimos pedidos de socorro. Não posso reclamar de nada, pois tenho tudo de que preciso. A vida é difícil, mas nada nos tem faltado, e eu seria ingrata se não agradecesse a Deus. Obrigada, Senhor! —concluiu ela, de mãos postas e olhos úmidos.

Sorrimos também, gratos pela ajuda que tivemos naquele momento. Íamos sair para procurar os companheiros ligados à família, quando vimos dois desencarnados que chegavam, deixando perceber, pelas emanações que se exteriorizavam deles, que eram amantes dos alcoólicos.

Eles não nos viram. A baixa condição espiritual de ambos impedia que nos percebessem a presença. Entraram e foram direto para o local onde Maria escondia seus "tesouros", acreditando que já houvesse novo suprimento de garrafas.

Acercaram-se de um móvel, em outro pequeno aposento, que seria o quarto de Maria, e colocaram a mão atrás de uma cômoda velha e desengonçada. Para desespero deles, nada encontraram.

Voltaram para a sala e, aproximando-se da senhora enferma, exigiam, coléricos, em alto brado:

— *Onde é que você escondeu a nossa branquinha, velha safada?* — perguntou um deles.

— *Arrumou outro esconderijo para não dividir com a gente?* — prosseguiu o outro. — *Pensa que vai nos enganar? Vamos transformar sua vida num verdadeiro inferno! Está ouvindo?*

Maria, que estava de olhos fechados, de boca seca pela falta do álcool, com raiva da filha que não atendera seu pedido, começou a se sentir mal. Ela não ouvia o que os espíritos lhe diziam, porém, mentalmente, captando o teor das emissões mentais de ambos, que se casava com as suas, como se estivesse falando para si mesma, reclamava:

— Tudo por causa de Elisa, a filha ingrata! Por culpa dela eu não tenho nada em casa para matar minha sede. Essa desnaturada não pode me deixar nesse estado. Preciso beber pelo menos um golinho, senão vou acabar morrendo!

Ouvindo o que dizia, eles se acalmaram.

— Está bem, velha. Mas trate de obrigar sua filha a nos comprar cachaça, caso contrário vai se ver conosco — ameaçava o primeiro.

O outro ficou pensativo por alguns segundos, depois disse ao companheiro:

— Desse mato não sai coelho! — exclamou, repetindo o conhecido ditado popular. — A filha é um osso duro de roer e não vai atender aos pedidos da velha.

— Então, como vamos fazer?

— É simples, Pedro. Temos que recorrer aos canais competentes! E olha que temos duas chances: o rapaz, Germano, que é dos nossos, pois também gosta de cerveja.

— Ah, não sei, não! O guri gosta de beber, mas é esperto! Fica esperando que alguém ofereça para não ter que pagar. Não acredito que traga bebida para a velha, de quem ele não gosta e com quem nem conversa! Só por milagre!

— Mas tem o outro, o namorado de Elisa, o tal que chamam de Marquinho. Esse faz qualquer coisa pela mulata, Belmiro!

O outro riu, satisfeito:

— Bem pensado, Pedro! Cachola é pra isso mesmo. Vamos trabalhar junto do cara, colocando ideias na cabeça dele.

Nesse ponto do diálogo, Maneco e eu, adensando um pouco o corpo espiritual, batemos na porta, como se estivéssemos chegando naquele momento, e aguardamos. Bisbilhoteiros, ambos foram até a porta. Um deles abriu, e, quando viram dois estranhos, ficaram admirados, trocando um olhar curioso conosco.

7

Experiência nova

Deparando-se conosco, reagiram. Ficaram duplamente surpresos. Esperavam encontrar um visitante encarnado, mas chegavam dois desencarnados. Afinal, éramos estranhos, e eles não gostavam de estranhos. Pedro, o que parecia ser o mais velho, cheio de autoridade por considerar-se dono do terreno, foi logo perguntando de cara feia:

— *O que desejam?*

Procurando ser simpático, abri um sorriso e o cumprimentei:

— *Boa tarde! Eu sou César, e este é meu companheiro, Maneco. Podemos entrar?*

— *Depende* — respondeu, fechando ainda mais a cara. — *A que vieram?*

— *Estamos aqui a mando de dona Adelina* — falei com naturalidade.

Eles trocaram um olhar de perplexidade. Depois, mais interessados, convidaram:

— *Sim! Sim! Entrem, por favor. Eu sou Pedro.*

— *Vocês a conhecem?* — *perguntei.*

— *Dona Adelina é nossa mãe! Eu sou Belmiro, mais conhecido por Miro. Mas... Por que ela os mandou aqui?*

Maneco e eu nos sentamos.

— *Dona Adelina vai estar aqui perto hoje e gostaria muito de vê-los. Como ficamos sabendo que vocês permanecem nesta casa grande parte do tempo...*

— *Como souberam que estávamos aqui?!* — indagou Pedro, surpreso, trocando um olhar preocupado com Belmiro.

— *Fiquem tranquilos. Foi dona Adelina que nos deu este endereço, e nos comprometemos com ela a levá-los conosco. Isto é, se for do interesse de vocês.*

— *Então nossa mãe conhece nosso paradeiro? E por que nunca veio nos ver?* — estranhou Pedro.

— *Não sei responder. Vocês terão de perguntar a ela* — respondi.

— *Pode nos dizer, pelo menos, o que nossa mãe está fazendo nesta cidade?* — tornou Belmiro.

— *Ela veio para uma festa e gostaria de revê-los.*

— *Festa?* — Os olhos de Miro brilharam. — *Isso é com a gente mesmo! Claro que vamos! Não é Pedro?*

— *Sem dúvida! Onde será a tal festa?*

— *Não fica distante daqui. Para ter certeza de que vocês irão comparecer, ela nos pediu que os conduzíssemos até o local. Creio que ficou preocupada de não encontrarem o endereço.*

— *Tudo bem, iremos, sim. Quando quiserem! Estamos à disposição de vocês.*

Miro esfregava as mãos de contentamento. Pedro, embora mais contido, também estava feliz.

— Ótimo! Então podemos ir.

Saímos os quatro, tomando o rumo da Casa Espírita. Fomos caminhando e, enquanto isso, conversávamos: eu com Pedro, e Maneco com Miro.

Fizemos o trajeto sem pressa. Pedro, o mais velho, me contou sua existência. Ouvir o nome da mãe trouxe-lhe a lembrança da família e sentiu vontade de falar sobre ela:

— Há muito tempo não tenho notícias de minha mãe. Em nossa casa éramos cinco pessoas, meus pais e três filhos. Vivíamos com dificuldade, mas sem problemas, até que Justo, nosso pai, começou a beber. Como já éramos grandinhos, ele, alegre e extrovertido, passou a permitir que a gente tomasse alguns goles de vez em quando. Todavia, o desejo pelo álcool foi aumentando, e nós, rapazes, ficamos cada vez mais presos ao vício. Numa noite de bebedeira, meu pai acabou sendo atropelado por um caminhão e morreu. Nós, os filhos, agora alcoólatras, sofremos bastante. O mais novo e mais inteligente, Bernardo, vendo a situação da família, resolveu parar de beber. Fez tratamento, arrumou emprego e passou a ajudar a mãe na manutenção da casa. Alguns anos depois, nossa mãe teve um problema cardíaco e também faleceu repentinamente. Ficamos desamparados. Somente Bernardo trabalhava e se esforçava para socorrer a mim e ao Miro. Estávamos sempre metidos em brigas em botecos, envolvidos com bebidas e mulheres, e não raro íamos parar na cadeia. Até o dia em que, de tanto beber, caímos num beco, e alguns malfeitores nos atacaram pensando que tivéssemos dinheiro. Ao constatarem que estávamos sem grana, cheios de raiva, eles nos deram pauladas na cabeça, e ambos viemos a morrer.

Pedro parou de falar por instantes, e aproveitei para perguntar:

— *E vocês não encontraram sua mãe?*

— *Não, nunca mais. Nem o pai.*

— *E como foram parar na casa da dona Maria?*

— *Bem, durante algum tempo nós perambulamos por muitos lugares. Até que um grupo nos convidou para trabalhar para eles, e nós aceitamos. Depois, cansamos, porque nos tratavam como escravos. Então, aproveitando uma oportunidade, fugimos deles e acabamos chegando naquele lugar onde vocês nos encontraram. Gostamos do ambiente e resolvemos ficar por lá. Ali corre muita bebida, e nos damos bem. Às vezes, somos contratados para fazer alguns servicinhos e vamos tocando...*

— *Ah!... Que tipo de "servicinho"?* — indaguei interessado.

— *Você sabe... resolver problemas para as pessoas, dar um susto em alguém, esse tipo de coisa.*

— *E você ganha bem?*

— *Não muito, mas dá para o gasto. Faz que eu me sinta importante, porque todos me respeitam. Além disso, é uma troca: quando preciso, eles também me ajudam.*

Fiquei calado por alguns instantes, depois tornei:

— *Pedro, você me parece uma boa pessoa, tem bom coração. Não se sente mal de fazer esse tipo de serviço? Tive oportunidade de conhecer dona Adelina, uma senhora muito distinta, uma verdadeira dama, e não me parece que essa tenha sido a educação que ela deu aos filhos. Estou certo?*

Meu companheiro baixou a cabeça, pensativo e envergonhado.

— *Fiz confidências a você, mas não quero que ela saiba o que tenho feito durante esse tempo todo.*

— *Fique tranquilo, por mim ela não saberá* — respondi, certo de que dona Adelina estava informada de tudo sobre os filhos.

Pedro calou-se e, dali por diante, não disse mais uma palavra, certamente julgando que já falara demais para um desconhecido.

Maneco, por sua vez, trocava ideias com Belmiro, procurando saber como eram seus sentimentos. Miro era mais maleável do que Pedro, que gostava de posar de durão. Enquanto caminhavam, fizeram amizade, falaram sobre as próprias experiências, descobrindo pontos em comum.

Logo nos aproximamos da Casa Espírita. Eles estranharam que a mãe deles estivesse ali para uma festa. Belmiro, mais festeiro, indagou:

— *Onde é a festa? Não estou vendo ninguém!*

— *Calma, Belmiro, ainda é cedo. Vamos entrar* — tranquilizou-o Maneco.

Conduzimos os dois para um local onde já estavam outras entidades aguardando. Pedimos que eles esperassem ali, enquanto íamos procurar dona Adelina para avisá-la da presença dos filhos.

Em seguida, buscamos Galeno, informando-o do cumprimento de nossa tarefa.

— *Muito bem. Aguardemos o horário para o início das atividades da noite.*

Como tudo estivesse em ordem, visto que os demais encarregados haviam preparado tudo para a reunião, sentei-me com Maneco no jardim, num banco debaixo de uma árvore grande e acolhedora.

Agora que estávamos sozinhos, ele voltara a ficar com o olhar distante e sonhador, a expressão pensativa. Não resisti e comentei:

— *Ô Maneco, parece que você foi fisgado, irmão.*

Ouvindo-me, ele voltou-se devagar:

— *Você disse alguma coisa, César?*

— *Está pior do que eu imaginava. Disse que você parece apaixonado!*

— *É tão evidente assim?*

— *Bem. Digamos que o conheço muito bem e nunca o vi tão ensimesmado.*

Meu amigo respirou fundo e confessou:

— *César, eu mesmo não sei o que está acontecendo comigo. Ansiava por ter um tempo para podermos conversar. A verdade é que a presença daquela moça, Elisa, mexeu com meu emocional; minhas fibras mais íntimas se agitam quando me aproximo dela. Tento lembrar-me de onde a conheço, mas não consigo. No entanto, "sei" que somos muito ligados, que já vivemos juntos... Só não recordo quando nem onde isso aconteceu. Há uma grande confusão em minha mente.*

Lembrando minhas próprias experiências, concordei:

— *Entendo como se sente, irmão. Olhe, talvez seja necessário que você faça uma regressão de memória, isto é, se estiver preparado para tomar conhecimento do passado. Caso contrário, simplesmente não acontece. Acho melhor você falar com Galeno.*

Maneco concordou comigo e prometeu que, ao voltarmos a Céu Azul, ele procuraria nosso instrutor.

Assim decidido, como estivesse perto da hora marcada para a reunião, deixamos o recanto aprazível e nos encaminhamos ao interior do prédio.

A movimentação era grande em nosso plano. A sala preparada para a reunião provavelmente fora ampliada para conter a todos, com acréscimo de arquibancadas em forma de anfiteatro, tendo a mesa como centro. Muitos espíritos estavam ali para receber ajuda: acidentados, dependentes químicos, suicidas, doentes mentais e toda a gama de necessitados que pululam no mundo espiritual e que, geralmente, desconhecem sua real situação de desencarnados. Além desses, mantidos separados dos demais, ali estavam também os revoltados, os vingadores e os obsessores cruéis.

Pedro e Belmiro, também levados para a sala de reuniões, surpresos e inquietos, sentados na arquibancada, observavam tudo, sem entender o que representava toda aquela confusão de gente. Com o olhar, procuravam a mãe no meio do povo, sem encontrá-la.

A verdade é que todos que ali estavam viam apenas uma parte do ambiente, aquilo que sua própria condição vibratória e espiritual lhes permitia enxergar.

Igualmente na sala, estávamos nós e os companheiros espirituais da Casa, que davam os últimos retoques, verificando se tudo estava dentro do que se esperava. Dona Adelina, juntamente com Galeno e os demais responsáveis pela reunião, estava em outra sala, conversando.

Aos poucos, foram chegando nossos irmãos encarnados, encarregados de dar o suporte material necessário com suas possibilidades mediúnicas, fazendo a ponte com nosso plano, a fim de permitir o socorro aos desencarnados.

À hora prevista, iniciaram-se as atividades da noite. Após a prece de abertura, foi lido um trecho de *O Evangelho segundo o Espiritismo*, para reflexão de todos e preparação do ambiente. Em seguida, foi lida também uma mensagem do Espírito Emmanuel, recebida pelo notável médium Francisco Cândido Xavier.

Encerrada essa primeira parte, nova oração conduzida pelo dirigente encarnado conclamou a todos que elevassem os pensamentos para entrar em sintonia com o mundo espiritual.

Várias comunicações aconteceram naquela noite. Dentre elas, a de nosso conhecido, Pedro, que estava indignado porque fora convidado para uma festa e se sentia enganado. Ao notar que uma das médiuns da casa estava influenciada por uma entidade, no caso, Pedro, o dirigente, de maneira afável, deu-lhe as boas-vindas:

— Seja bem-vindo, meu irmão!

Mas Pedro estava muito bravo e começou a reclamar em altos brados:

— *Fui "arrastado para este lugar horroroso" com a desculpa de que haveria uma festa aqui! Onde está a festa? Isso aqui mais parece um hospital de doidos! Quero ir embora imediatamente! Exijo que me libertem, pois estamos encarcerados, sem comunicação com ninguém!*

Por mais que o dirigente encarnado falasse, tentando envolvê-lo em pensamentos melhores, ele não aceitava nenhuma sugestão. E prosseguia:

— *Imagine! Disseram-me até que minha mãe estaria presente nesta festa! Bando de mentirosos!*

Nisso, um dos participantes da mesa disse:

— Meu irmão, mas sua mãe está presente. Ela não se chama Adelina?

Ouvindo aquele nome, ele parou de esbravejar e ficou atento.

— *Adelina? É a minha mãe! Ela está aqui?*

— Sem dúvida, meu irmão — afirmou o dirigente. — Procure vê-la. Ela está pertinho de você.

— *Onde? Onde?* — inquiria ele, virando a cabeça para todo lado.

Nesse momento, uma médium, sentindo a presença e as vibrações de Adelina, levantou-se e foi até onde ela estava.

Adelina, aproximando-se ainda mais da médium, com infinito carinho, quase se justapondo a ela, envolveu o filho do coração num abraço carinhoso e começou a falar pela boca da medianeira:

— *Meu querido filho! Graças a Deus, finalmente consigo me aproximar de você. Que alegria, Pedro. Quantas saudades eu senti de você e de seu irmão Belmiro!*

No meio da assistência, em lágrimas, Belmiro acompanhava atento e maravilhado a conversa do irmão com a mãe, uma vez que ele via a mãe, não a médium. E Pedro prosseguia:

— *Mãe, me disseram que ia ter uma festa aqui, e não tem nada disso. Sinto-me enganado, ludibriado da maneira mais sórdida!*

— *Como não?* — respondeu a mãezinha, sorridente. — *Nosso encontro, após tanto tempo de separação, não é uma verdadeira festa?*

Pedro, refletindo, acabou por concordar com ela:

— *Pensando bem, mãe, vendo por esse ângulo, é uma festa mesmo, a melhor de que já participei! Mas onde está o pai, que nunca mais vi?*

— *É uma longa história, meu filho. Venha comigo, vamos conversar em um lugar mais reservado, para que seu irmão também possa participar do nosso encontro.*

Assim, abraçado à mãezinha, Pedro afastou-se da médium e, juntando-se a Belmiro, que não se aguentava de felicidade, foram passar algum tempo ao lado de Adelina, que os encaminharia para o tratamento necessário.

Maneco e eu estávamos contentes. Dera tudo certo. Quando conseguimos colaborar para que irmãos nossos sejam auxiliados, retomando a trajetória espiritual ascendente interrompida pelo vício, nos sentimos realizados e gratos aos amigos encarnados e aos benfeitores desencarnados que nos assistem do Alto.

A reunião foi encerrada em clima de muita alegria. As crianças envolveram todo o ambiente com flores perfumadas, distribuindo-as para cada um dos companheiros encarnados, enquanto eles entoavam melodia infantil que elas apreciavam bastante.

Durante aquela noite ainda trabalhamos muito na casa espírita, recebendo homens e mulheres que, libertos pelo sono, desejavam conversar com familiares desencarnados. Também orientamos os companheiros da reunião, esclarecendo-lhes as dúvidas ou apenas nos conhecendo melhor.

Na manhã seguinte, retornamos para Céu Azul, nosso lar no mundo espiritual.

Recordações

Maneco mantinha-se pensativo, distante das conversas fraternas que entretínhamos no retorno à nossa colônia espiritual. Eu o observava sem interferir. Galeno dissera-me que meu amigo precisava desse período de reflexão, e eu respeitei, embora, com minha maneira de ser, a vontade fosse atropelá-lo.

Naquele mesmo dia, Maneco me procurou num momento de folga no serviço, afirmando:

— *César, estou a ponto de enlouquecer! Elisa não me sai da mente, e não conseguirei esperar mais para entender o que está acontecendo comigo, a razão dessa atração que sinto por ela. Vou falar com o instrutor Galeno.*

— *Certo. Creio mesmo que deve fazer isso* — concordei.

— Pretendo procurá-lo logo que sair daqui. Pode ir comigo?
— Claro, estou à sua disposição — respondi.
— Eu sei disso e lhe agradeço.

Como os pacientes estivessem agitados naquela manhã, não tivemos mais oportunidade de conversar, atentos com o serviço.

No término do plantão, saímos felizes pelas tarefas realizadas. Maneco manteve sua disposição de procurar Galeno. Assim, tomamos o rumo do prédio onde ficava a sala de nosso instrutor. Lá chegando, fomos logo recebidos.

Galeno, sempre gentil, nos recebeu com um sorriso acolhedor no semblante claro que irradiava ligeira luminosidade; os olhos lúcidos, ternos e ao mesmo tempo firmes, nos passavam segurança, fazendo com que nos sentíssemos confiantes perto dele. Após trocarmos cumprimentos, ele perguntou:

— E então, Manoel, o que está acontecendo?

Meu amigo pigarreou, acomodou-se melhor na cadeira e começou a falar:

— Galeno, eu atravesso uma fase bastante difícil.

E relatou ao instrutor o que havia ocorrido quando de nossa ida até o bairro de periferia. Falou da grande impressão que a jovem Elisa causara nele desde aquele momento e concluiu:

— A verdade é que estou vivendo um turbilhão de emoções e sentimentos que não sei avaliar devidamente. É como se eu estivesse no meio de um furacão sem saber o que fazer, que rumo tomar! Preciso de ajuda! Caso contrário, sinto que vou enlouquecer.

Nosso instrutor, através do olhar penetrante, demonstrava que sabia bem o que estava acontecendo com Maneco. Com voz branda, acalmou-o e considerou:

— Meu caro Manoel, o que está experimentando é o retorno das lembranças do passado, arquivadas em camadas mais profundas da mente e que, diante do que aconteceu, abriram-lhe as comportas do inconsciente, trazendo à tona os referidos conteúdos. Creio que é oportuno encaminhá-lo à terapia de regressão de memória.

Galeno anotou algo numa folha e depois lhe entregou o papel, orientando:

— Apresente-se neste departamento amanhã cedo. César o acompanhará.

— Sem dúvida. Estou à disposição, Galeno.

— Não se preocupem. Comunicarei ao setor hospitalar que vocês estão dispensados do serviço amanhã, para que sejam substituídos.

Agradecemos ao generoso amigo e saímos. Alguns de nós já havíamos vivenciado esse encontro com o passado. Para Maneco, porém, era uma experiência nova, e ele estava ansioso e até um pouco temeroso do que iria descobrir.

Na manhã seguinte fui com Maneco até o prédio em que ficava o Setor de Terapias. Lembrei-me de que, da última vez que ali estivera, fora acompanhando Fátima, nossa amiga, que também precisava de ajuda. Desejei-lhe serenidade diante da experiência que iria ter, e ele deu alguns passos em direção ao interior. Depois parou, virou-se e olhou para mim, indeciso. O encarregado, a quem ele entregara a autorização, aguardava. Maneco, timidamente, perguntou:

— O César poderia entrar comigo?

O encarregado, sem estranhar o pedido, respondeu:

— Se o interessado assim o deseja, nada há que impeça.

Satisfeito e mais confiante, Maneco agradeceu ao atendente e entramos.

Havia, no prédio, vários ambientes idênticos àquele preparados para atender tais casos. A sala, que eu já conhecia, era pequena, e nela havia algumas poltronas confortáveis postadas de forma simétrica, destinadas à assistência em casos de projeção para grupos. À frente, grande tela, levemente leitosa e translúcida, ocupava toda a parede.

Adaptando-nos ao ambiente, com reduzida iluminação, vimos um simpático senhor que se apresentou com um sorriso:

— *Sejam bem-vindos! Sou Aníbal e estou aqui para atendê-los. Quem é Manoel da Silva Siqueira?*

— *Sou eu!* — disse Maneco, e em seguida apresentou-me: — *Este é meu amigo César Augusto, a quem pedi que me acompanhasse.*

— *Muito prazer. Acomodemo-nos. Manoel, antes de iniciarmos a projeção, é preciso que lhe dê algumas orientações: procure manter-se tranquilo. Estamos diante de um aparelho bastante sensível às suas emoções. A qualquer reação ou emoção mais forte, a tela se apagará automaticamente. Só voltará a funcionar quando você estiver mais equilibrado. Independentemente disso, Manoel, se em determinado momento não tiver condições de prosseguir, é só avisar que interromperei a projeção até que se sinta melhor. Tudo bem?*

— *Sim.*

— *Vamos então elevar nossos pensamentos a Jesus, suplicando suas bênçãos para nossa atividade, que se reveste de tanta responsabilidade e importância para você, Manoel...*

Convidados à oração, acompanhamos a singela prece que Aníbal fez com profunda emoção. Em seguida, ele apertou um botão ao lado da sua poltrona, e a tela acendeu-se. Olhando de lado, notei que meu amigo tremia imperceptivelmente, agarrando-se ao braço da poltrona. Dei uma batidinha na mão dele para dar-lhe forças. Era como se dissesse: *"Não se preocupe. Estou aqui com você. Tudo vai dar certo"*.

Nesse momento, a tela iluminada mostrava uma cena com vida, cor, movimento, tão real que parecia que fazíamos parte dela. Conquanto já tenhamos visto várias projeções aqui em nosso plano, é sempre um espetáculo maravilhoso, nada comparado aos grosseiros filmes na Terra, pálida cópia. Nessas ocasiões, deixamos de perceber o ambiente em que estamos para "mergulharmos" na cena transmitida pela tela.

Um lindo campo verde e florido banhado pela luz do Sol, num dia de raras nuvens no céu azul claro. Mais distante, vimos uma plantação de videiras. Homens e mulheres trabalhavam sob o calor do dia, protegidos por roupas mais grossas. Colhendo os suculentos cachos de uvas e depositando-os em cestos, os trabalhadores conversavam, riam, brincavam e cantavam para passar o tempo.

No meio deles, um rapaz de tez olivácea, forte e alto, cabelos encaracolados até os ombros, laborando agilmente, não perdia de vista uma das camponesas. A jovem, por sua vez, incomodada com aquele olhar insistente que a seguia para todo lado, mudava de lugar, procurando outra posição que a afastasse dele. Porém, o rapaz não desistia, seguindo-a para se aproximar dela.

Pelo meio da tarde, à hora do repouso, os trabalhadores acomodaram-se à sombra das videiras para comer o que ainda sobrara do que tinham trazido no embornal. O rapaz aproximou-se da jovem, estendeu-lhe a mão e ofereceu-lhe uma maçã vermelha e apetitosa.

— Pegue, Amanda. Trouxe para você!

Num primeiro momento, ela teve vontade de aceitar, pois estava faminta e nada tinha para comer. Depois, recusou delicadamente.

— Não, obrigada, Rodolfo.

— Prove. Está uma delícia! — ele insistiu.

— Não estou com fome.

Ao seu lado, outra moça, mais afoita, rapidamente estendeu a mão:

— Eu aceito, Rodolfo. Não sou orgulhosa como Amanda.

E pegando a fruta, pôs-se a comê-la com sofreguidão. Amanda recostou-se no tronco de uma árvore e fechou os olhos. Estava cansada desse assédio e queria fugir dali. Em pensamento, via-se bem longe, em lugar diferente, onde pudesse ficar em paz.

Uma mulher, ao seu lado, murmurou de modo que só ela ouvisse:

— Se eu fosse você, Amanda, já teria denunciado Rodolfo ao nosso patrão.

A outra balançou a cabeça, respondendo:

— Não iria adiantar, Vanila. O patrão confia nele.

— Mas alguém precisa fazê-lo parar com esse comportamento, não acha?

— Acho. Porém estou mais preocupada com a saúde de minha mãe, que está doente — respondeu Amanda.

— Ela não melhorou ainda? — tornou Vanila.

— Não. E o pior é que não tenho dinheiro para comprar seus remédios.

Nesse momento, o chefe passou, alertando de maneira rude:

— Chega de descanso. É hora de trabalhar! Caso contrário, vou cortar o dia de vocês, e nada receberão!

As duas mulheres se ergueram, e Vanila balbuciou:

— Além do trabalho e do cansaço, ainda temos que suportar esse carrasco.

Voltaram para o serviço sem grande disposição. Quando o Sol estava quase desaparecendo no horizonte, os camponeses juntaram as coisas e dirigiram-se à saída, cada um levando seu último cesto cheio.

Os trabalhadores receberam das mãos do encarregado o pagamento pelo dia de serviço, e cada qual tomou seu rumo. Amanda dirigiu-se à sua casa, uma choupana localizada em vilarejo próximo. Chegando, ela foi logo ver a mãe, que sofria de problema no pulmão. A mãe havia piorado, e Amanda estava preocupada. Sabia que a doente precisava de medicamentos, mas não tinha como comprá-los. O pouco que recebera gastara numa venda à beira da estrada com alimentos para saciar-lhes a fome.

Nesse momento, alguém batia à porta. Amanda foi abrir e deparou-se com Rodolfo, que empurrou a porta com grosseria e entrou sem ser convidado.

— O que está acontecendo, Amanda? Está fugindo de mim? Hoje não quis nem aceitar uma gentileza que lhe fiz!

Amanda, que conhecia bem o rapaz e sabia como ele era violento, temerosa, justificou-se:

— Desculpe-me, Rodolfo. Não estava me sentindo bem, preocupada com minha mãe, que está doente.

— Ah! E como ela está agora? — indagou, rodando nos calcanhares e já entrando no quarto da senhora.

— Nada bem. Ela precisa de remédios...

Virando-se para Amanda, ele mostrou-se interessado em ajudar:

— Diga-me qual é o remédio que eu o trarei para você!

— Rodolfo... Não quero abusar...

— Está decidido. Vou buscar o medicamento. É só me dizer qual devo trazer. Vou à botica do senhor Hildebrando e volto logo. Meu cavalo é rápido.

— Está bem. Já que insiste, o nome está neste papel.

O rapaz foi e voltou, não sem antes passar num lugar para comprar comida, pois percebeu que quase nada havia na casa de Amanda. Quando retornou, a filha deu as gotinhas à mãe, que, pouco tempo depois, dormiu tranquilamente, respirando melhor e livre das tosses constantes que a martirizavam.

Depois desse dia, Amanda não conseguiu se livrar mais de Rodolfo, sempre presente, embora ela o mantivesse a distância. Até que, certa ocasião, com rudeza, ele a agarrou, cobrando-lhe pelo tempo de dedicação e empenho para que ela tivesse uma vida melhor. Sem poder libertar-se dele, ela se submeteu ao que não poderia evitar.

Depois disso, ele lhe prometeu casamento e resolveu não sair mais da casa dela, agindo como se fosse o dono de tudo.

Alguns meses se passaram, e, uma noite, quando ele chegou, a jovem lhe contou:

— Estou esperando um filho seu, Rodolfo.

Num primeiro momento, o rapaz arregalou os olhos, surpreso, e seu rosto se abrandou; a expressão parecia mais doce, mais terna. Logo em seguida, porém, ele mudou de repente e, mostrando-se irritado, afirmou com desprezo:

— Não sei de quem é o filho que você diz estar esperando.

— Como assim, Rodolfo? Como se atreve a falar desse jeito comigo, como se eu fosse uma mulher qualquer? Você conhece minha vida, tem estado aqui conosco todos esses meses!

Arrogante, ele reagiu:

— Ora, não pense que me engana. Como posso confiar numa mulher que se entrega a um homem, como você fez comigo, após ter-me atraído para junto de você? Deve ter feito o mesmo com outros!

Sem poder acreditar no que ele estava lhe dizendo, descontrolada, Amanda avançou para cima dele, cravando-lhe as unhas no rosto. Rodolfo deu um grito ao sentir a dor, enquanto sua face mostrava um fio de sangue que escorria, e ela bradava:

— Miserável! Você é muito pior do que eu pensava! Atreve-se a querer enxovalhar meu nome para livrar-se da responsabilidade de ser pai. Canalha!

Recuperando-se do susto que levara, ele reagiu dando-lhe uma bofetada no rosto. Amanda rodopiou sob a violência do golpe, bateu com a cabeça na quina da mesa e caiu desacordada no chão.

Vendo-a como morta, o infeliz a abandonou, saindo porta afora sem lhe dar assistência.

Nesse momento, a tela se apagou. Tão envolvido estava com o drama que se desenrolava à minha vista, que não percebi o estado de Maneco. Somente quando a tela se apagou e uma luz branda se acendeu no recinto, é que me dei conta de como ele estava. Meu amigo soluçava, com as mãos sobre o rosto, em grande desespero.

Aníbal consolou-o, oferecendo-lhe um copo e afirmando:

— Manoel, tudo isso aconteceu num passado remoto. Não está ocorrendo agora. Acalme-se. Beba um pouco dessa água e se sentirá melhor.

— Eu sei. Todavia, é muito doloroso saber que cometemos tais atrocidades.

— Coragem, meu irmão. O passado normalmente reserva-nos muitas surpresas, e é preciso estar preparado para desvendá-lo. Quer parar? — indagou o instrutor.

— Não, não! Já estou melhor. Podemos continuar.

Novamente a tela iluminou-se, e vimos outra cena:

Num pequeno cômodo, que seria seu quarto, vimos Amanda, em tremenda revolta, sentada numa cama rústica, com o pensamento direcionado para Rodolfo, a quem passara a odiar com todas as forças do seu coração jovem e ardente. Com a convivência tinha chegado a estimá-lo, mas agora imaginava-o nos braços de outras e tinha vontade de matá-lo.

O interessante é que ouvíamos seus pensamentos, víamos de uma maneira impressionante as imagens que sua mente exteriorizava. Nada ficava vedado. Nesse momento, Amanda ruminava:

"Ele é o culpado por todas as minhas desditas. Eu o odeio! Quero que ele morra! Assim como meu filho, que era filho dele, morreu quando ele me esbofeteou covardemente, jogando-me ao chão. Não vou perdoá-lo nunca. Serei como uma sombra, atacando-o pelas costas para que ele, o miserável que matou o próprio filho, sinta o que eu sofri. Não contente com isso, ainda teve a coragem de acusar-me perante meu patrão, que me dispensou dos serviços. A partir daí, nossa situação piorou bastante, e a miséria passou a rondar nossa casa. Sem remédios, minha mãe morreu. Agora estou sozinha e desamparada. Mas ele vai pagar por tudo o que me fez. Eu juro!".

De repente, a cena mudou novamente.

Em terras das Minas Gerais, vimos um cenário diferente: uma casa grande e luxuosa, com imenso jardim, onde brincava uma menina. De súbito, apareceu um negrinho que foi para perto dela.

— O que deseja, moleque Inácio? — perguntou a garotinha com arrogância.

— Nada, sinhazinha Suzana. Só queria brincar um pouco também.

— Seu lugar é lá na senzala, negrinho. Vá embora!

O moleque afastou-se, triste. Gostava da linda sinhazinha Suzana. Sem saber por que, seu coraçãozinho batia apressado ao vê-la e, nas noites de luar, sonhava em ser seu namorado.

Algumas cenas depois, aparece o moleque Inácio, agora um rapaz bonito e forte — cuja fisionomia lembrava bastante o Manoel de agora —, ainda apaixonado pela bela, orgulhosa e prepotente Suzana. Conhecendo sua dedicação, ela abusava da boa vontade do rapaz, usando-o para os serviços sujos quando queria prejudicar alguém, dar uma boa surra ou mesmo matar. Assim, Inácio cumpria suas ordens sem discutir, mesmo quando sabia não ser correto o que iria fazer, comprometendo-se perante a lei divina.

Desse modo, Inácio reencarnou posteriormente no Rio de Janeiro para uma vida de dificuldades e privações. A mãe, espírito que sempre o amou, voltou a recebê-lo como filho, para perdê-lo, ainda adolescente, em virtude de uma bala perdida durante tiroteio de traficantes.

Durante essa encarnação, mais consciente do que lhe competia fazer — após sentir na pele o sofrimento de ser escravo —, Maneco ajudou muita gente no morro, saldando em parte os débitos contraídos no passado durante a escravidão.

Conquanto a vida de dificuldades, ele conseguiu melhorar um pouco, libertando-se de uma parte dos erros do passado, até desencarnar.

A tela se apagou, e a luz acendeu.

Enxugando os olhos, Maneco agradeceu a Aníbal, e saímos.

Meu amigo estava calado. Não dizia uma palavra. Deixamos o prédio em direção a uma praça ali perto, onde nos sentamos.

Decisão

O ar puro do dia revigorou o ânimo de Maneco. Como não precisaríamos comparecer ao hospital naquele dia, ficamos vendo o movimento dos que transitavam por ali naquele horário.

Sabia, por experiência própria, como era impactante assistir àquelas imagens e reconhecer o passado, com sua fieira de coisas boas, mas também, em grande parte, negativas. Por isso, mantive-me em silêncio, deixando-o recuperar-se das impressões recebidas. Depois de alguns minutos, Maneco virou-se para mim e murmurou:

— *César, agora eu sei a razão de ter vindo para cá. Sempre me incomodou o fato de ter deixado meu corpo carnal no Rio de Janeiro e acabar aportando no norte do Paraná. É que eu iria encontrar espíritos ligados ao meu passado, que na atualidade estão reencarnados aqui!*

— *Está falando de Elisa?*

— *Exatamente. Você não imagina a emoção que senti ao rever Amanda! Sim, Amanda, Suzana... Elisa, não importa o nome. Ela sintetizou no passado o grande amor de minha vida, mas também meu arrastamento para o mal. Por não ser amado por ela, muito tenho me comprometido através do tempo. Percebo essa realidade bem lá no fundo do meu ser, embora não tenham sido projetadas outras existências, para me poupar.*

Como ele houvesse parado de falar por alguns instantes, pensativo, considerei:

— *No entanto, você abandonou Amanda quando ela mais precisava do seu apoio, o que fez brotar o ódio dentro dela, não se esqueça. Naquela ocasião, ela não pôde revidar, o que aconteceu no período da escravidão. Então, àquela época, você já trazia propensão para o mal, que foi aumentando com o tempo, mas você conseguiu vencê-la nessa recente encarnação...*

— *Sim, porém considero que fui testado em parte, uma vez que não tive contato com Amanda na última existência. Compreendo que, em virtude do que a fiz sofrer, ela tornou-se rancorosa e vingativa, como a Suzana das Minas Gerais. Assim, percebo agora que o Senhor me concedeu, na experiência que tive no Rio de Janeiro, um período de trégua para que pudesse me recuperar. Deu-me fôlego suficiente para aproveitar a vida sem rancor de ninguém, trabalhando dignamente e, ao contrário do que acontecera nas outras vezes, ajudando os outros, fazendo o bem.*

— *Às vezes, isso é necessário para quebrar a tendência de queda, Maneco. Se a bondade divina deixar, testando-nos, vamos até o fundo do poço em queda livre, e a ascensão certamente se tornará mais difícil. É aí que se faz preciso sair do ambiente contaminado em*

que estávamos vivendo, mudar de ares, de relacionamentos. Por isso, creio que você tem razão. Faz sentido.

Ele prosseguiu:

— E que mudança! Dos vinhedos da Itália, vim parar numa fazenda escravagista das Minas Gerais, época em que desci moralmente ainda mais, pois a sinhazinha Suzana explorava meu amor por ela, obrigando-me a fazer coisas graves e até atos criminosos, dos quais agora muito me arrependo. Inconscientemente, ela exercia sobre mim a mesma autoridade com que a sufoquei no passado. Certamente ela não sabia, mas representava uma revanche, do mais forte contra o mais fraco. Depois, nasci em uma favela do Rio de Janeiro, onde, que eu me lembre, nada fiz de errado. Ao contrário, em meio a muitos conflitos, eu conseguia acalmar uns e outros, ajudando aqui e ali.

Maneco parou de falar e, depois de uma pausa, concluiu:

— Agradeço imensamente a Deus por isso! Não quero mais errar! Minha vida daqui para frente tem que ser só para o Alto, em busca da iluminação.

— No que faz muito bem. Creio que tem razão quando julga que nossos Maiores se limitaram a mostrar-lhe pequena parte do passado. Às vezes, certas situações que não fazem parte dos problemas atuais são deixadas para posterior conhecimento, quando o espírito estiver mais forte e consciente, em condições de trabalhar seus conflitos e procurar solucioná-los.

Maneco concordou e, em seguida, lembrou:

— Preciso dar retorno ao Galeno. Ele poderá me ajudar a entender melhor tudo o que aconteceu e orientar-me sobre o que devo fazer agora.

Como não tivéssemos mais compromissos naquele dia, dirigimo-nos ao nosso abrigo, buscando o repouso para nos preparar para o dia seguinte.

Pela manhã, antes do início de nosso plantão no hospital, fomos até a sala de Galeno. Ao nos ver, cumprimentou-nos cordialmente. Trocamos algumas palavras, depois, entrando na questão que nos trouxera ali, e ele acrescentou:

— *Esperava-o, Manoel. O conhecimento do passado afasta algumas dúvidas e sempre gera novos questionamentos. Como está se sentindo?*

— *Estou bem, Galeno. No entanto, o retorno ao passado me fez refletir sobre o que deve ser feito para corrigir os danos que causei. Com certeza você não ignora tudo o que aconteceu. Confesso-lhe que agora me preocupo com Elisa.*

— *Sem dúvida, e sua preocupação tem fundamento. Chegando a esse ponto da questão, creio que devamos acelerar as ações de socorro à nossa irmãzinha Elisa, para ajudá-la nesta hora difícil.*

Galeno parou de falar alguns instantes, observando Maneco à sua frente, depois prosseguiu:

— *Manoel, como você teve oportunidade de ver, seus elos com a jovem Elisa são antigos. Para conquistá-la, causou muitos danos a várias pessoas, comprometeu-se moralmente e, por várias encarnações, vem sofrendo as consequências dos seus atos. O livre-arbítrio nos dá a liberdade de agir e de errar, mas nos mantém presos aos delitos que praticamos até que possamos reparar os males causados a outrem.*

Maneco concordou, com os olhos úmidos:

— *Compreendo a extensão da minha responsabilidade. Como Rodolfo, errei muito, não dando o amparo que Amanda precisava e, pior ainda, provocando a morte do bebê que ela estava esperando, que era meu próprio filho.*

— *Exato, Manoel. Porém, naquela mesma existência, você comprometeu-se muito mais com outras pessoas, o que não vem ao caso no momento. O importante é ajudarmos Elisa, que merece*

todo o amparo possível, pois na atual existência ela tem se mantido firme no cumprimento do dever. Apesar da vida miserável, de muitas carências, tem sido corajosa e determinada a vencer, conservando o planejamento realizado antes do renascimento. Existe, todavia, um elemento complicador: Elisa envolveu-se com um sujeito sem moral, com quem conviveu em outras oportunidades, o que gerou o vínculo atual e que pode vir a tornar-lhe mais complexa a existência e seus bons propósitos. Em vista disso, seus orientadores julgaram que uma gravidez não estaria descartada, em virtude das relações que mantém com o namorado, sempre envolvido por entidades infelizes, as quais ele atrai com seu comportamento moral deficitário. Um problema dessa magnitude poderia afastá-la de Marco Antônio, uma vez que ele não tem o perfil nem as qualidades morais de um pai amoroso. Esse foi o único erro mais grave que ela cometeu até agora.

Meu amigo ouvia Galeno com profunda atenção. Quando foi citada uma possível gravidez, os olhos de Maneco brilharam, e ele considerou:

— Galeno, eu entendo que se preocupa com a possibilidade de Elisa engravidar em virtude da presença de alguma entidade ligada a esse Marco Antônio. No entanto, eu gostaria de reencarnar junto de Elisa! Tenho dívidas com ela e, assim, poderia melhorar nosso relacionamento e ajudá-la!

Nosso orientador sorriu:

— Fico feliz que tenha se candidatado, Manoel. Aliás, iria sugerir-lhe essa possibilidade, pelos laços de afeto que o unem à jovem Elisa. Sim, você reúne todas as condições necessárias, meu amigo, inclusive porque tem débitos com ela nessa área. Há décadas, os mentores espirituais ligados ao caso estavam aguardando essa oportunidade, em face dos males que você gerou com sua violência, que interrompeu a *gestação de Elisa. Com isso, o espírito reencarnante perdeu a bênção do recomeço, e ela, a chance de se realizar como mãe e ajudar o filho, que era um credor seu.*

Maneco ouviu emocionado e considerou:

— É verdade, Galeno. Renascendo como filho de Elisa, terei oportunidade de criar novos elos entre nós. No entanto, ocorre-me uma dúvida: ela me aceitaria? Tem me odiado por tanto tempo!

— Quanto a isso, vamos ter que conversar com ela. Não se preocupe. Só preciso lhe esclarecer que o período que você ficará junto de Elisa será curto, visto que lhe causou a interrupção da gestação em outra oportunidade e terá que passar pela frustração de retornar ao mundo espiritual em pouco tempo — considerou Galeno.

— Quanto tempo?

— Cerca de três anos, mais ou menos. Aceita?

Cheio de alegria, Maneco respondeu:

— *Aceito, claro! Em três anos os laços entre mãe e filho terão se fortalecido, e ela terá aprendido a me amar. É tudo o que mais quero!*

— Ótimo! Então, com sua concordância, vamos tomar as providências necessárias para dar andamento ao processo. Matheus já está inteirado do caso, assim como Samuel e, logo que for possível, lhe darei notícias. Tem mais uma coisa que será importante considerar: com nossa ajuda, os laços de Elisa com o grupo de jovens serão sedimentados, e, quando chegar a hora, seu retorno ao nosso Plano despertará nela o interesse de se informar sobre a vida após a morte. Assim, você ficará mais perto dela, mesmo após essa curta encarnação.

— Maravilha! Há muito tempo não me sinto tão bem, Galeno. Confesso-lhe que, apesar do intenso labor que executamos, do aprendizado, da vida agradável que levamos aqui, eu andava meio apático. Creio que estava precisando de estímulo, de algo novo. Obrigado, Galeno!

Cumprimentei Maneco pelo novo projeto e a perspectiva de estar junto de Elisa, convivendo com ela mais de perto. Dei-lhe um abraço apertado e, muito comovido, não pude deixar de brincar:

— *Espero que você não seja um bebê muito chorão!*

— *Chorão, não. Pretendo ser um moleque bem arteiro.*

Como já havíamos ocupado demasiado tempo de Galeno, despedimo-nos, agradecendo-lhe por tudo o que representava para nós, seus alunos. Nosso orientador ficou de repassar a Matheus e Samuel nossa conversa, para que pudessem dar prosseguimento ao projeto.

Deixando o prédio, caminhamos conversando e aproveitando o trajeto para imaginar como seria reencarnar de novo.

À noite, nos reunimos no Grupo de Estudos da Individualidade. Como já comentei em outra oportunidade, após a reunião, sempre reservávamos um tempo para conversar, trocar ideias. Nessa ocasião, Samuel deu a boa notícia:

— *Quero comunicar-lhes que logo começaremos a planejar uma reencarnação e os estudos correlatos.*

Todos ficaram surpresos e atentos, aguardando o nome do candidato. Depois de um momento, ele elucidou:

— *Nosso querido Manoel da Silva Siqueira vai assumir um novo corpo!*

Olhei para Maneco e vi que ele ficara sem jeito. Cada membro do grupo queria ter mais informações: onde ele reencarnaria, quem seriam seus pais, entre muitas outras perguntas.

Nosso instrutor acalmou a todos e explicou:

— *Por enquanto não passamos da fase de decisão. A partir de agora vamos cuidar do planejamento e de todos os trâmites normais nesses casos. Vocês serão informados de todo o processo e poderão acompanhar as etapas.*

— *Mas o que houve para que você resolvesse tão rápido, Maneco?* — indagou Gladstone.

Diante da expectativa dos companheiros, Maneco começou o relato do ponto em que, ao visitar a casa na periferia do bairro onde trabalhamos, conheceu a jovem Elisa, que lhe causou inusitado impacto, necessitando passar pela terapia de regressão de memória. No final, contou sobre o diálogo que tivera com Galeno.

Nossos amigos estavam pasmos. Trocavam olhares, certamente pensando no próprio caso.

Naquela noite cada um retornou ao seu abrigo com uma série de questionamentos íntimos. A ideia da reencarnação, que lhes parecia alguma coisa ainda distante, tornava-se, com o exemplo de Maneco, algo muito próximo e inquietante.

Alguns dias depois retornamos à crosta para nossas atividades junto aos encarnados. Logo que chegamos à Casa Espírita, Galeno nos convidou:

— *Manoel e César, venham comigo. Vamos à periferia.*

Chegando à casa de Elisa, encontramos Germano, seu irmão, que ainda não saíra para trabalhar. Elisa estava arrumando a parca refeição da manhã: um pouco de café ralo, pão amanhecido e um resto de margarina. O irmão reclamou:

— Só isso? Não tem leite?

— Não, Germano. Se você me der uns trocados, eu compro — respondeu a moça, sem muita paciência com o irmão, que só exigia e nunca colaborava com nada.

Elisa colocou um pouco de café numa xícara e, sem se sentar, tomou um gole. Depois, lembrou-se e avisou:

— A propósito, hoje vence a conta de luz. Tenho pouco dinheiro. Se você não me ajudar a pagar, vamos ficar no escuro. Depois não reclame.

O garotão, alto e forte, fez uma careta e falou:

— Essa é boa! E seu namorado não entra com nada? Afinal, ele vive "filando a boia" aqui! Trate de arrancar dinheiro dele, sua incompetente! Nem para isso você presta?

Antes que Elisa abrisse a boca para explicar que a responsabilidade pela despesa da casa é dos moradores, Germano, como sempre, já havia saído batendo a porta.

A moça sentou-se desanimada. Os problemas nunca tinham fim. Lutava o tempo todo, se esforçava, e tudo o que ganhava era pouco para as despesas, que eram muitas. Como fazer? Se pelo menos alguém colaborasse!

Galeno trocou um olhar com Maneco e considerou:

— *Não podemos deixar Elisa desanimar. Ela tem sofrido muito e se sacrificado para manter a casa. Não podemos permitir que perca tanta dedicação.*

Assim dizendo, Galeno aproximou-se da jovem, colocou as mãos sobre sua cabeça e, fechando os olhos, elevou o pensamento. Das suas mãos partiam uma luminosidade que atingia a fronte de Elisa e a envolvia em emanações de paz, harmonia, bem-estar. À medida que seu estado íntimo melhorava, o semblante da jovem mostrava uma nova expressão, em que a esperança e a confiança em Deus se sobrepunham a tudo o mais.

Eles podiam ouvir-lhe os pensamentos positivos:

"Sim, não posso desistir agora. Sei que o Senhor vai me ajudar! Confio em Deus, e Ele nunca me deixou na mão! Obrigada, Senhor! Sinto que um anjo do Senhor está aqui, enviado para me socorrer. Bendito sejas Tu, Senhor!".

Dando por finalizada a prece, Galeno sorriu.

— *Elisa está com outra disposição agora, graças a você, Galeno* — considerou Maneco. — *Mas como ela fará com as contas? É um problema bem real e que muito a incomoda.*

— *Não se preocupe, meu amigo. Uma coisa de cada vez.*

Dentro de poucos minutos, alguém bateu à porta. Elisa foi abrir e deparou-se com uma senhora que vez por outra vinha visitar sua mãe.

— Entre, por favor, dona Genoveva. Mamãe está na cama.

A senhora tinha trazido uma grande ajuda em gêneros alimentícios, mas desculpou-se:

— Elisa, sei que não é muito, mas trouxe-lhe também algum dinheiro. Como toda casa, vocês também têm outros gastos de manutenção, e sei que precisam. Não repare a insignificância da ajuda.

Com os olhos úmidos, envolvida por grande emoção, Elisa fitou a senhora com carinho enorme e grande convicção:

— Dona Genoveva! Só a senhora mesmo para se lembrar de nós! Foi Deus quem a mandou aqui! Muito obrigada.

E, em lágrimas, contou à generosa senhora:

— Um pouco antes de a senhora chegar, eu estava muito preocupada, sem saber como fazer para pagar a conta de luz e fazer compras, pois não temos nada em casa. De repente, sentei-me e senti vontade de orar. Após a oração, pensei: Deus proverá! Eu tinha certeza de que o Senhor não deixaria de nos ajudar, o que aconteceu por suas mãos abençoadas!

Dona Genoveva abraçou a jovem, também comovida:

— Minha filha, não sofra tanto! Por que não me procurou? Quantas vezes já lhe disse que, em caso de necessidade, pode me procurar? Sabe onde moro!

A moça abaixou a cabeça e murmurou:

— Sinto vergonha.

A senhora sorriu e completou:

— Pois não precisa envergonhar-se. Somos amigas. Jesus não disse que deveríamos nos amar uns aos outros? Disse também que fizéssemos ao próximo tudo aquilo que gostaríamos que nos fosse feito. Então, se eu estivesse na sua situação, também iria gostar que você me visitasse e ajudasse de vez em quando. E, conhecendo seu coração generoso, tenho certeza de que você faria isso por mim.

Ao ver o sorriso agradecido que surgira no rosto lavado de lágrimas de Elisa, a senhora completou:

— Mas chega de falar sobre esse assunto. Agora quero conversar um pouco com sua mãe. Se precisar sair, não se acanhe. Farei companhia a ela.

Elisa agradeceu e disse que estava mesmo precisando ir trabalhar.

Despediram-se, e a moça saiu de casa com outra disposição de espírito.

10

Mudança

Dona Genoveva puxou uma cadeira descon-
juntada e sentou-se perto da enferma. Galeno,
Maneco e eu continuávamos ali, observando. O
orientador chamou a atenção do companheiro.

— *Manoel e César, observem o diálogo entre as
duas senhoras. Vejam o que pode realizar de bom uma
pessoa encarnada quando possui lucidez de espírito e
boa vontade.*

Ficamos atentos. A enferma continuava de
olhos fechados, virada para a parede. Para iniciar
a conversa, Genoveva chamou com voz mansa:

— Maria! Sou eu, Genoveva. Você já tomou
seu café?

A enferma não respondeu, continuando a
fingir que dormia. A visitante não desanimou, pois

era normal acontecer isso. Prosseguiu com voz alegre, como se estivesse falando com uma criança:

— Trouxe algo especial para você.

Como esperava, a doente agitou-se no leito e virou a cabeça:

— É a branquinha?

— É coisa muito melhor!

— O que é?

— Um chocolate!

— Ah!...Quero pinga! Por que ninguém me dá o que eu quero? — respondeu irritada, virando-se de novo para a parede.

— Beber não vai resolver seus problemas, Maria.

A enferma ficou quieta por alguns segundos. Depois, ainda na mesma posição, resmungou:

— Não tenho problemas.

— Tem, sim. Você finge não ter problemas. Como não está bem consigo mesma, trata mal todo mundo, especialmente Elisa, sua filha tão querida, que se desdobra para atendê-la, e que você faz sofrer.

A outra não reagiu, permanecendo imóvel. Quase não se ouvia a respiração dela. A visitante prosseguiu:

— Talvez você tenha esquecido, mas somos velhas conhecidas! Lembro-me de você bem mais jovem, na época em que trabalhava como empregada doméstica numa casa de família. Era uma bela morena e tinha duas crianças lindas!

De repente, aquela mulher frágil transformou-se. Erguendo-se no leito, irritada, sentou-se e pôs-se a gritar para a visita:

— Por que você está me falando sobre essa época? O que pretende?

Genoveva ouviu tranquila e murmurou:

— Eu não disse nada que você não saiba, Maria.

Diante daqueles olhos calmos, límpidos, e que a fitavam com infinita piedade, a doente começou a chorar. A amiga achegou-se mais e a abraçou com carinho.

— Chore, Maria, vai lhe fazer bem. Liberte-se desse peso que você carrega há tantos anos.

— Tem razão. Errei muito, e Deus não vai me perdoar por isso. O que eu podia fazer? Apaixonei-me perdidamente por um rapaz que trabalhava ali perto! Estava louca de paixão e não pensava em mais nada, só ele importava para mim. Para ir embora com ele, abandonei meu marido, meus pais e meus filhos. O marido não valia nada mesmo. Era um sem-vergonha, sem nenhuma responsabilidade. Nunca mais o vi.

Maria parou de falar por instantes, enxugou as lágrimas que escorriam pelo rosto, deu um suspiro fundo e prosseguiu:

— Depois... a felicidade durou pouco. O malandro do Moacir me abandonou, desapareceu! Não tendo mais ninguém, fui procurar meus pais, porém eles haviam morrido de fome e falta de cuidados. Desesperada, voltei e fui atrás de meus filhos, Elisa e Germano, que eu havia deixado em um orfanato.

A enferma parou de falar, enxugou novamente os olhos com a mão encarquilhada e prosseguiu, desesperançada:

— Nunca mais fui feliz. Acabei de criar meus filhos com muita dificuldade. O coração cheio de tristeza e de amargura, o que me jogou nesta cama. Comecei a beber para esquecer as desventuras e acabei ficando doente e imprestável. Para nada mais sirvo.

Genoveva a observava com muito amor e considerou:

— Não é verdade que você não serve para nada, Maria. Ainda pode fazer muita coisa! Mas para isso é preciso parar de fumar, pois está acabando com seus pulmões, e com a bebida, que está comprometendo todo o seu organismo. Se quiser, eu posso ajudá-la. Lembre-se de que seus filhos ficarão contentes se você melhorar! Vê-la bem é só o que Elisa e Germano desejam!

Maria pensou um pouco e respondeu mais branda:

— Eu sei que sou um peso para eles. Mas não posso! Não tenho forças! Eu preciso do fumo e do álcool. Senão eu não sou "gente"!

— Você tem uma vida pela frente, Maria! Pode sarar e ainda ser feliz com seus filhos! Quem sabe, alguns netinhos!

A outra balançou a cabeça, desanimada:

— Não adianta. Agora estou só esperando a morte chegar. Só a morte resolverá meu problema.

Penalizada, Genoveva considerou com seriedade:

— Engana-se, minha amiga. A morte não resolve problema de ninguém. Ao contrário, aumenta as dificuldades.

Maria olhou para a visita como se não tivesse entendido. Genoveva prosseguiu:

— Nunca ouviu falar que a morte não existe, Maria?

A enferma balançou os ombros, como se não acreditasse, e resmungou:

— Ah!...

— Estou falando sério, Maria. Nunca ouviu falar de pessoas que morreram e que depois voltaram para contar?

— Ouvir, eu ouvi. Mas não acreditei — respondeu com um muxoxo.

— Pois é a mais pura verdade. A morte é só uma mudança de vida; morre o corpo físico, mas o espírito, que é o ser inteligente que comanda nosso corpo, vai para o mundo espiritual, que é nossa verdadeira vida.

Maria fitou Genoveva com cara de dúvida, depois, tímida, contou:

— Tenho uma amiga, Rita, que diz ter visto meu pai, que já está debaixo de sete palmos de terra. Ela me disse que ele está bem e mandou até um abraço para mim! Você pode acreditar numa coisa dessas? Justamente meu pai, que deixei morrer à míngua, mandar um abraço para mim e dizer que está com saudade?

Genoveva, que ouvia calada, sorriu:

— Que notícia boa, Maria! Claro que era ele! Um pai que ama seus filhos nunca guarda rancor; ao contrário, perdoa sempre e deseja o melhor para eles!

— Você acha possível isso?

— Não apenas é possível. É real, verdadeiro.

No mundo espiritual, Maneco trocou um olhar com Galeno e sorriu como se dissesse: *Veja só como as informações chegam de forma tão inesperada!*

Galeno também sorriu e aproximou-se de Genoveva, colocando a mão direita sobre sua fronte. Imediatamente ela pareceu notar algo no ambiente e, recebendo a sugestão de Galeno, perguntou:

— Maria, quando muito jovem você fez um aborto?

A doente arregalou os olhos, espantada.

— Como soube disso? Ninguém sabe! Na época, a minha situação era muito difícil, eu era quase uma menina e tive medo do que meu pai poderia fazer se descobrisse que eu estava grávida. Então, procurei uma vizinha e falei do meu problema, e ela me ajudou. Deu-me um chá e resolveu a situação.

Genoveva pensou um pouco e retrucou:

— No entanto, Maria, você precisava receber esse espírito em seu lar. Tanto é que essa criança, que não chegou a nascer, retornou depois como seu filho Germano.

A enferma fixou a amiga com os olhos arregalados. Calada, balançou a cabeça, pensativa, depois balbuciou:

— Se for verdade o que você está dizendo, pode explicar muita coisa. Será que é por isso que ele não gosta de mim? Nunca fala comigo e, quando fala, é cobrando, como se eu tivesse obrigação de ajudá-lo em tudo! Sinto que ele não gosta de mim, parece sentir revolta, rancor... Não sei explicar, Genoveva.

— Sua impressão deve ser verdadeira, Maria. Deus nos dá muitas encarnações para que possamos aprender cada vez mais e melhorar os sentimentos, isto é, cultivar a bondade, a paciência, a compreensão, o perdão, enfim, o amor. Entendeu? Pois é! Chama-se reencarnação. É quando a gente volta a habitar um corpo, a exemplo de seu filho Germano. Porque, no passado, Maria, nós podemos ter feito muito mal aos outros. No seu caso, além do aborto, talvez você possa tê-lo prejudicado de alguma forma, e ele não perdoa você.

De repente, Maria novamente arregalou os olhos, como se fitando a distância, e lembrou:

— Há muitos anos tive um sonho que nunca entendi. Eu me via numa casa bem grande, bonita, rica e cheia de luz; vestia uma roupa comprida, como se fosse uma rainha! Naquela noite havia uma festa, e vi um rapaz muito formoso que se aproximou de mim e jurou vingar-se de algo que eu havia feito contra ele. Pelo jeito, ele me amava, e eu o traí. Olhe, Genoveva, durante todos esses anos nunca esqueci esse sonho, embora sem conseguir entender nada!

Maria ficou com os olhos perdidos na distância, talvez ainda ouvindo a música, o som dos cristais, dos risos... Depois, virou para Genoveva e perguntou:

— É possível isso? Por que eu sonharia esse absurdo? Na verdade, reconheci no rapaz que me acusava as feições de meu filho Germano! O mesmo porte, os mesmos cabelos, a mesma maneira de ser. Você acredita?!

Genoveva sorriu, concordando:

— Sim, acredito. Notou, Maria, como faz sentido o que conversamos? Você recusou o amor daquele rapaz, e ele ficou com ódio de você. Então, o relacionamento entre vocês deve ter prosseguido em outras existências, até Deus permitir que ele renascesse em seu lar para que, com seus cuidados, seu amor, sua dedicação, vocês pudessem gerar novo tipo de afeição, de mãe e filho.

— Você acredita mesmo?

— Sem dúvida. E lhe digo mais, Maria. Antes de renascer, você deve ter se comprometido a recebê-lo como filho; depois ficou com medo e quis recuar, dando a "desculpa" de que seu pai não aceitaria a gravidez. No entanto, esse mesmo espírito retornou como seu filho, anos depois, para que vocês pudessem fazer as pazes. E quanto antes isso acontecer, melhor. Será um problema a menos para vocês. Até sua saúde vai melhorar, pode ter certeza!

— Como assim?! O que isso tem a ver com minha saúde?

— É que quando melhoramos nossos pensamentos, tudo o mais melhora também. Espere e verá, Maria.

Troquei um olhar com Maneco. Estávamos comovidos diante da maneira simples e fácil com que aquela senhora transmitia noções tão importantes para a doente. Galeno concordou.

— Essa é uma realidade, Manoel. Sempre que alguém se dispõe a ajudar outra pessoa, o socorro se faz presente através do mundo espiritual.

Nesse momento, para finalizar, prometendo retornar o mais breve possível, a amiga afirmou:

— Tudo o que conversamos é importante, Maria. Porém, de tudo, o mais importante é a oração. Através da elevação do pensamento, quando pedimos algo, Deus nos escuta, e recebemos a ajuda de que tanto estamos precisando.

Genoveva despediu-se. Após a saída da visita, Maria virou-se para a parede, pensativa, refletindo em tudo o que ouvira. Genoveva tinha por hábito visitá-la de vez em quando, mas, nesse dia, a presença dela tinha sido importante demais. Imagine! Então esse negócio de "espírito" seria verdade mesmo? Segundo o que a amiga afirmou, não restava dúvida. Incrível mesmo foi a tal história do aborto que fizera quando adolescente, que nem ela mesma lembrava mais! Como a outra ficara sabendo?! Depois, abalou-a muito a afirmação de que o bebê que não nascera e Germano seriam o mesmo espírito. Realmente, Germano não gostava dela, e quando era obrigado a olhá-la, sua expressão era de raiva, de revolta. Interessante...

Maria resolveu que tentaria mudar seu comportamento. As palavras de Genoveva ficaram martelando em sua cabeça, não lhe concedendo paz. Ali, no leito pobre, ela chorou muito, lavando a alma.

Galeno virou-se para Maneco e informou:

— *Manoel, a partir de agora você permanecerá mais tempo nesta casa, sedimentando os laços com a família. Se precisar de algo, é só nos avisar. Fique com Deus! Aproveite bem o tempo que terá à sua disposição, seja útil e prestativo. Isso irá melhorar o relacionamento*

entre você e Elisa. César Augusto ficará com você para ajudá-lo em alguma eventualidade. Não se preocupem com o serviço no hospital. Já avisei a direção para colocar substitutos no lugar de vocês.

Notei que a expressão de Maneco mudou ao saber que eu lhe faria companhia. De certa forma, embora contente por permanecer junto de Elisa, ele temia ficar sozinho no meio de gente estranha, sem saber o que fazer.

Despedimo-nos de Galeno, que partiu de volta às suas atividades. Não pudemos deixar de notar que nosso orientador estava a par de tudo, antes mesmo que Maneco percebesse a proximidade com alguém ligado ao seu passado.

Pouco antes das onze horas, Elisa retornou, e foi como se o ambiente se modificasse. Bem-humorada, perguntou à mãe como ela estava, mas como não obteve resposta, balançou os ombros e saiu, indo para a cozinha. Só que desta vez a mãe não deixara de responder por estar mal-humorada. Virada para a parede, Maria refletia em tudo o que acontecera naquela manhã.

Cantarolando, Elisa apressava-se em fazer o almoço, sempre de olho no relógio. O irmão chegaria, e a comida precisava estar pronta. Ao terminar, Elisa sentou-se um pouco para descansar. Desde cedo, sentia-se contente, feliz! Sem dúvida, a visita de dona Genoveva fora muito importante para levantar-lhe o ânimo, pelas doações que trouxera, pela importância que lhe entregara, pela gentileza da visita. Mas não era só isso! Elisa sentia algo no ar, como se o ambiente estivesse diferente! Reconhecia-se mais fortalecida, mais confiante na vida, mais segura.

Sorriu intimamente. De repente, foi até a sala saber se sua mãe queria almoçar, porém ela não estava deitada. Estranhou. Ajeitava os velhos lençóis da cama, quando a mãe retornou. Perplexa, Elisa fitou-a de alto a baixo:

— Mãe! O que aconteceu?!...

Maria havia tomado banho, trocado de roupa e penteado os cabelos. Estava com outra aparência!

— Por quê? Não posso tomar um banho? — respondeu contrariada.

— Claro que pode! Aliás, deve. A senhora está linda!

Elisa aproximou-se da mãe e deu-lhe um abraço e um beijo.

— Mãe, fico muito contente ao ver que a senhora está melhor! Então, hoje vai almoçar conosco na mesa?

Maria concordou com um gesto de cabeça.

— Então venha! Está pronta a comida.

Com carinho, conduziu a mãe até a cozinha, onde a mesa já estava arrumada. Nesse momento, Germano entrou como um furacão. Chegando à cozinha, estranhou ver a mãe de banho tomado e sentada para almoçar com os filhos.

Jogando-se na cadeira de forma estabanada, enquanto a irmã fazia seu prato, ele perguntou:

— Que novidade é essa?

A mãe abaixou a cabeça, sem saber o que responder. Elisa contornou a situação, explicando:

— Nossa mãe está melhor hoje, Mano, graças ao bom Deus! Precisamos comemorar!

Maria levantou a cabeça, surpresa e animada. A filha apressou-se a explicar:

— Com alegria, mamãe! Somente com alegria!

Maria voltou a abaixar a cabeça, mantendo-se calada. Ambos estavam estranhando que a mãe não tivesse ainda pedido bebida. Trocaram um olhar de entendimento, como se cada um questionasse o outro pela mudança da mãe.

Como dona Genoveva tivesse trazido também um pacote de goiabada, comemoraram com a sobremesa.

Germano, rápido como sempre, acabou de comer e voltou para o serviço. Quanto à Elisa, decidiu que iria procurar dona Genoveva assim que fosse possível. A mudança da mãe só poderia ter relação com a visita da amiga, e estava resolvida a obter informações. O que teriam conversado?

11

Dúvidas

Após o almoço, Maria demonstrou certo cansaço, natural após o esforço que fizera, absolutamente inesperado. Então, depois de deixar a mãe acomodada no leito, Elisa foi trabalhar. No caminho, elevava o pensamento a Jesus, agradecendo pela mudança tão inesperada da mãe, mas ao mesmo tempo pedia que o Senhor não se descuidasse dela própria, pois, caso contrário, não sabia o que iria acontecer.

Para ficarmos cientes de tudo o que estava ocorrendo, decidimos que Maneco acompanharia Elisa, e eu permaneceria junto de Maria, na casa.

Elisa saiu sem imaginar que tinha um acompanhante. No trajeto que fazia todos os dias, passava defronte da casa de dona Genoveva e, como dispusesse ainda de algum tempo, resolveu aproveitar para conversar com a boa senhora. Tocou a campainha, e logo ela atendeu à porta. Ao ver Elisa, seu rosto se abriu num sorriso amistoso.

— Que prazer vê-la! Entre, Elisa!

— Boa tarde, dona Genoveva! Preciso falar com a senhora, mas não quero atrapalhar. São apenas dois minutinhos — explicou a moça.

— O tempo que quiser, minha filha. Sua presença não me atrapalha nunca.

Sentaram-se, e Elisa, um pouco constrangida, começou a falar:

— Sei que não tenho esse direito... mas, desculpe-me perguntar, dona Genoveva. Como foi sua conversa hoje com minha mãe?

— Muito boa. Acredito que foi a melhor que já tivemos. E para você vir até aqui perguntar isso... aconteceu alguma coisa de diferente?

— Aconteceu, sim. Minha mãe, depois de muitos meses, hoje se levantou da cama, tomou banho e sentou-se conosco à mesa! Essa mudança nos deixou muito surpresos, tanto a mim quanto ao meu irmão!

— Ah!

— Seria demais perguntar-lhe sobre o que conversaram? Não me leve a mal. É que deve ter sido muito importante, por ter gerado tal alteração no comportamento de minha mãe.

— Entendo. Conversamos sobre várias coisas, Elisa, mas o que deve tê-la feito mudar é que falei sobre a vida após a morte, sobre reencarnação, nossos relacionamentos atuais e passados, sobre a importância do pensamento em nossa existência, já que é através dele que a mente concretiza nossas ações. E, naturalmente, sobre o valor da oração, que nos liga a Deus.

Aí foi a vez de Elisa abrir a boca e exclamar:

— Ah! Interessante minha mãe ter assimilado suas palavras, dona Genoveva, porque geralmente ela não dá nenhuma atenção ao que se diz. Talvez hoje, por alguma razão, ela estivesse mais predisposta a ouvir. Algumas vezes já tentei fazê-la orar comigo, mas ela não se interessa.

— Exatamente, Elisa. Para que qualquer aprendizado se efetue, há de surgir o momento certo, a hora exata. Caso contrário, a informação passa sem lhe darmos maior atenção. Mas deixei claro à sua mãe que, de tudo o que conversamos, o mais importante é a oração. Através da elevação do pensamento, quando pedimos algo, Deus nos escuta, e recebemos a ajuda de que estamos precisando.

— Acho que a senhora tem razão. Só posso agradecer-lhe, dona Genoveva, porque, acredite, o que vocês conversaram foi de grande proveito para minha mãe. Espero que ela mantenha essa boa disposição. Hoje ainda não pediu bebida, o que mostra algum progresso. Obrigada pela atenção, mas agora preciso ir trabalhar.

A senhora acompanhou a jovem até o portão, afirmando-lhe que faria visitas mais frequentes, uma vez que estava dando resultado, o que Elisa achou ótimo.

Com mais ânimo, a jovem prosseguiu seu caminho sentindo uma nova esperança no coração. Parecia-lhe que dias melhores estavam por vir. Lembrava-se da sensação que tivera ao tomar o café da manhã, tentando se controlar para não piorar o ambiente da casa, quando intimamente se sentia desesperada. Tudo tinha contribuído para aquele estado de espírito: a falta de condição para comprar alimentos, material de limpeza, produtos de higiene, enfim, o básico; as contas que se acumulavam, exigindo pagamento imediato; a situação da mãe, que não apresentava melhoras; o irmão que não contribuía com nada, nem com seu apoio moral. O somatório de tudo isso, mais seu relacionamento com Marquinho, que permanecia no mesmo, sem que ela soubesse quais as reais intenções dele, tumultuavam sua mente, deixando-a a ponto de explodir! Controlava-se, mas seu desejo naqueles momentos era o de ficar num canto escuro, quieta. Quem sabe se falasse com as paredes, jogando para fora tudo o que a incomodava e chorasse bastante, talvez se sentisse mais aliviada.

Por isso estranhou que o dia tivesse começado bem e agradável — fora dos padrões normais —, trazendo-lhe tudo de que mais precisava: a visita de dona Genoveva, uma cesta básica e recursos que lhe permitiriam pagar as contas em atraso! Que coisa extraordinária havia acontecido em sua vida! Como? Por que essas bênçãos chegaram quando ela mais precisava, como se atendendo ao seu pedido?!

Nesse momento, Elisa lembrou-se das palavras da amiga Genoveva, direcionadas para sua mãe: "De tudo o que conversamos, o mais importante é a oração. Pela elevação do pensamento, quando pedimos algo, Deus nos escuta, e recebemos a ajuda de que estamos precisando".

Nesse instante, Elisa lembrou-se da oração rápida que fizera num momento de desespero à hora do café. Sim! Ela havia orado e sentira-se muito bem. Desde aquele momento, o dia se transformara numa sucessão de bênçãos! Dona Genoveva tinha razão! Precisaria conversar melhor com ela, saber mais detalhes de tudo o que falara com a sua mãe, pois, se fora tão bom para a mãe, com certeza seria bom para ela também. Nunca tinha perguntado a religião de dona Genoveva, porém agora imaginava que ela seria espírita. Conquanto não tivesse o hábito de frequentar igrejas, ligava-se mais ao ramo protestante, que era a crença de seu pai. E agora se deparava com a melhora da mãe gerada por ideias espíritas!

Interrompendo o monólogo mental, Elisa levantou os olhos e viu que estava quase chegando ao endereço onde ia trabalhar. Respirou fundo e rogou: "Senhor, que este dia, começado de forma tão boa, possa prosseguir bem até o final. Amém".

Era um prédio de apartamentos. Em um deles, fazia faxina uma vez por semana, no período da tarde. Contente, cumprimentou o porteiro.

— Bom tarde, Oseias!

— Boa tarde, Elisa! Você está animada hoje! Como vai sua mãe?

— É verdade, estou bem mesmo, Oseias. Minha mãe está melhor, graças a Deus! Algum recado para mim?

— A senhora do apartamento 613 pediu que você venha amanhã, se puder. Deixou até a chave, pois foi viajar. Mas quem é o moço que chegou com você?

— Moço? Você deve estar enganado, Oseias. Estou sozinha!

— Ah! Com certeza me enganei. Não o estou vendo mais. E quanto ao pedido da senhora do 613?

— Tudo bem. Virei.

Elisa tomou o elevador e foi até o apartamento onde ia trabalhar nesse dia. A família era pequena, apenas o casal e uma filha. Cumprimentou a patroa e foi pegar os apetrechos para a limpeza. A menina estava na escola, e o patrão, trabalhando.

Com rapidez deu conta de tudo. Enquanto limpava os cômodos, ia pensando em como tudo mudara nesse dia abençoado. Depois, lembrou-se do irmão, e seus olhos perderam o brilho. Como resolver o problema do Germano? Ele tinha que se explicar! Suas principais preocupações estavam temporariamente resolvidas, mas e depois? Não poderiam viver de donativos. Além de não ser correto, era constrangedor! E seu namorado, o que fazer? Não queria que o relacionamento entre eles continuasse do jeito que estava. Era muito cômodo para Marquinho, mas não para ela. Teria de conversar com ele!

Ao acabar o serviço, recebeu o pagamento e, agradecendo à senhora, despediu-se. Eram seis horas da tarde quando deixou o prédio. Estava escurecendo. Elisa correu para o ponto de ônibus. Preocupada com a mãe, que ficara a tarde inteira sozinha, queria chegar logo em casa. De repente, viu o namorado na pracinha em frente ao ponto, conversando com um rapaz desconhecido e olhando em volta, como se procurasse algo, como se vigiasse. Parecia temeroso de alguma coisa ou de alguém. Muito estranho. Como se atraído pelo seu olhar, ele se virou e viu Elisa. Rapidamente murmurou algumas palavras e, se afastando do outro, foi ao encontro dela.

— Elisa! O que está fazendo por estas bandas? — indagou, meio sem jeito.

— Estava trabalhando, ora essa! Acabei de sair e caminhava para o ponto de ônibus. E você?

— Eu vim conversar com um cara interessado em comprar um carro. Como tenho ligação com muita gente, estou intermediando a venda. Viu como foi bom termos nos encontrado? Agora você vai comigo! — disse, abraçando-a.

Esquecida da má impressão que tivera momentos antes, ela sorriu contente. Ainda bem! Chegaria mais cedo em casa, mesmo porque um ônibus, naquele horário, estaria abarrotado. Caminharam até o estacionamento, depois compraram pão e logo chegaram à casa de Elisa.

Assim que ela entrou com o namorado, a mãe, que continuava na sala, ficou aliviada ao vê-los.

— Ainda bem que chegou, filha. Estou com fome.

— Mãe, eu faço uma sopa bem rapidinho. Não vai demorar.

Deixou o namorado na sala ligando o som e foi para a cozinha. Logo a voz de um cantor de pagode inundou a casa inteira. Surpresa, ela verificou que tudo estava limpo, a louça do almoço, lavada e guardada no armário. Vestiu um avental e colocou água no fogo, depois foi descascar batatas e cenouras. Em pouco tempo, um cheiro bom de tempero se espalhou pela casa. Meia hora depois Elisa os chamou para jantar. Germano, que havia chegado, conversava com Marquinho. Quanto à mãe, alegou cansaço e não quis sentar-se à mesa com os outros. Abaixando o som, Elisa olhou-a, satisfeita e agradecida:

— Mãe, vi que a senhora arrumou a cozinha do almoço. Obrigada pela ajuda! Entendo seu cansaço. Para quem estava há tanto tempo sem se levantar da cama, o que aconteceu hoje já é muito. É normal que se sinta exausta! Vou trazer seu prato.

Enquanto Germano e Marquinho se serviam na cozinha, Elisa levou o prato para a mãe com um bom pedaço de pão, como ela gostava. Após sentar-se no leito e pegar o prato, pela primeira vez Maria elogiou alguma coisa:

— A sopa está cheirosa e tem macarrão, como eu gosto. E tem até pão!

Com os olhos úmidos, Elisa sorriu. Sabia como era difícil para sua mãe, sempre com pensamento pessimista, elogiar alguma coisa. "Estava realmente mudada! Santa Genoveva!", pensou, elevando o olhar para o Alto.

Naquele instante, Elisa sentiu um calorzinho gostoso no coração ao se lembrar daquela senhora. Sempre gostara de dona Genoveva, como se a conhecesse de longo tempo, e ela também se ligara a ela e à mãe, sempre preocupada em ajudá-las. "Por que faria isso?", pensava.

Na verdade, nós, os amigos espirituais, sabíamos a razão. Genoveva, no passado, fora a sua amiga Vanila, que trabalhava com ela na colheita de uvas e que a ajudava sempre que podia.

Junto da mãe, na sala, Elisa ouvia a conversa entre o irmão e o namorado. Eles falavam sobre casas, trabalhos e necessidades.

— Você é bobo, Germano. Ficar se matando de trabalhar a troco de ninharia! Deveria procurar ocupação mais rendosa.

— Mas qual?! Esse foi o único serviço que consegui, Marquinho! — respondeu o moço, interessado na conversa.

— Acredite, Mano, tem muita coisa que rende mais! Veja o meu caso! Não passo miséria, tenho sempre tudo de que preciso.

Nesse momento, preocupada com a conversa dos dois, Elisa veio da sala, acompanhada de Maneco, com a resposta pronta:

— Marquinho, não coloque ideias na cabeça de meu irmão. Ele está muito bem na empresa em que trabalha, tem carteira assinada e todos os direitos garantidos. Germano não vai sair de lá!

O rapaz parou a colher que levava à boca e respondeu, endireitando o tronco e estufando o peito:

— Ei, Elisa! Você não manda em mim! Não se meta com a minha vida. Se eu quiser, mudo, sim!

— Fica quieto, moleque! Você não sabe de nada e não conhece a vida! Dê graças a Deus por estar bem empregado. Pergunte ao Marquinho se ele tem férias, décimo terceiro salário, aposentadoria...

— E eu lá estou pensando em aposentadoria, Elisa? Sou muito novo ainda pra isso! — retrucou o irmão, levantando-se e deixando a cozinha, irritado.

Elisa esperou que o irmão saísse de casa, depois se sentou ao lado do namorado e, olhando séria para ele, ordenou frisando bem as palavras:

— Marquinho, eu não quero que você coloque ideias na cabeça do meu irmão, entendeu?

Todo meloso, o rapaz fez um carinho no rosto dela e justificou-se:

— Não fiz por mal, beleza! Só tentei mostrar ao Germano que existem coisas que podem render mais dinheiro!

— Pois eu proíbo você de fazer isso, Marquinho!

Ele levantou os braços, como que rendido pelos argumentos dela:

— Claro. Está bem! Está bem! Não se fala mais nisso! Vamos dar uma volta? Hoje preciso muito ficar com você...

Elisa explicou ao namorado que não podia. Germano tinha saído, e ela não queria deixar sua mãe sozinha. Ele retrucou, convidando-a para que namorassem um pouco no quarto dela, o que ela recusou enfaticamente.

— Não! Você precisa definir nossa situação, Marquinho. Como está, é muito cômodo para você. Não é isso o que quero para mim. Acho que mereço mais.

— Eu sei, minha prenda! Você quer casar, não é? Nós vamos casar, fique tranquila. Eu só preciso de um pouco mais de tempo para poder dar a você tudo o que merece. Tenho que reformar minha casa, comprar móveis novos, enfim, tudo o que recém-casados vão precisar.

— Ótimo. Então, quando chegar a hora, avise-me, sim? Agora é melhor você ir embora. Preciso dormir. Amanhã levanto bem cedo para trabalhar, o que não é o seu caso.

— Está brava hoje! Tudo bem. Já entendi. Essa é uma das vantagens do meu "serviço": não preciso acordar cedo. Muito menos no sábado.

Dando uma gargalhada, ele abriu a porta e saiu para a rua. Elisa o ouviu cantarolar, afastando-se da casa, até pegar o carro, e o som do motor sumir a distância.

Desanimada, foi para seu quarto e deitou na cama. Com um nó na garganta e tremenda vontade de chorar, ela tentava se dominar. Como não queria que sua mãe a ouvisse, mordeu o travesseiro para não fazer barulho e deu vazão às lágrimas. Por que tinha colocado tanta esperança nesse relacionamento? Marquinho não era de nada, não levava nada a sério! E ela, desde que o vira, ficara apaixonada. De fala mansa, boas maneiras, ele sabia como tratar uma mulher. Dava-lhe bons presentes, televisão, aparelho de som, roupas boas e caras. Todavia, aos poucos, ela fora desconfiando de tudo isso, uma vez que ele não tinha trabalho fixo e estava sempre disponível. Quando ela perguntou o que ele fazia, Marquinho respondeu que era corretor de imóveis, de carros e de tudo o mais que aparecesse.

— Então, deve ganhar um bom dinheiro!

— Depende.

— Depende de quê?

— Da época, dos negócios, das oportunidades. Todavia, não posso me queixar. Se casar comigo, você terá de tudo, minha prenda.

No começo ela ficou entusiasmada. Afinal, deixaria a pobreza de lado. Estava cansada de lutar, de trabalhar o dia inteiro, de se esforçar e nunca ter dinheiro para nada. No entanto, nada mudara. Ele vinha comer em sua casa e não trazia nada. E quando trazia, não era comida, mas uma garrafa de bebida alcoólica para sua mãe, o que a deixava furiosa. Por isso, não raro, Germano reclamava da presença constante de Marquinho na casa e da falta de colaboração dele para as despesas, mesmo ele sabendo como a irmã lutava diariamente para suprir as necessidades da família.

Elisa chorou por longo tempo, até que, exausta, conseguiu adormecer.

12

Desprendimento noturno

Enquanto Elisa se acomodava para dormir, Maneco e eu nos sentamos na cozinha para conversar, já que era o único lugar disponível para ficarmos mais à vontade e saber como fora o dia um do outro. Assim, fui informado por Maneco de tudo o que Elisa fizera, e ele terminou com um sorriso, achando graça:

— *Fui visto pelo porteiro do prédio onde Elisa trabalha. Ele insistiu que ela havia chegado com um moço! Pelo menos, se precisar de ajuda numa emergência, já sei a quem recorrer.*

— *Tem razão. É bom saber disso* — concordei rindo e aproveitei para perguntar sobre o namorado de Elisa, ao que Maneco informou preocupado:

— O cara não é sério mesmo, César. Vou verificar isso mais de perto, mesmo porque ele está envolvido nesse "processo". Se tudo der certo, ele será meu pai.

— Não prefere que eu me encarregue de acompanhá-lo? Assim você terá mais tempo para Elisa e sua família — sugeri.

— Pode ser. No entanto, eu preciso também me aproximar dele, até para que possa aceitar minha presença.

— Tem razão, Maneco. Melhor você ficar um pouco junto dele. Enquanto isso, eu fico acompanhando Maria e Elisa.

— Agora vamos aproveitar as horas noturnas para nos aproximarmos da mãe e da filha, melhorando o ambiente da casa e gerando vínculos de simpatia — tornou Maneco.

Ambos deixamos a cozinha, buscando os encarnados. Maneco foi para o quarto de Elisa, e eu, para a sala ver Maria.

Quando entrei, Maria acabara de adormecer. A respiração dela estava tranquila, própria dos estados de sono. Fiquei ali orando, velando por ela. Logo notei que, em espírito, ela começava a se desprender do corpo. Olhou em torno, curiosa, e, retirando as cobertas, sentou-se no leito. Passando o olhar pela sala, de súbito ela me viu sentado numa poltrona. Assustada, gritou.

Maria não me deu tempo para nada. Quando sorri, fazendo um gesto amigável para tranquilizá-la, ela já havia voltado para sua carapaça. Como aquela era a primeira tentativa de aproximação, teve suas vantagens, pois ela me enxergara. Isso era um bom começo.

Maneco, igualmente, esperava que sua amada Elisa dormisse e se desprendesse do veículo corpóreo. Assim, de pé, apoiado na janela, ele aguardava, fitando-a com amor, mal podendo conter a ansiedade.

Elisa chorara muito pensando em sua vida, nas suas dificuldades e no que poderia fazer para mudar o panorama. As lágrimas ainda marcavam seu rosto quando conseguiu adormecer. Algum tempo depois abriu os olhos e se sentou na cama. Não se dava conta de estar adormecida. Preocupada com trabalho, como sempre, julgava que era hora de acordar. De repente, Elisa viu Maneco ali, dentro do quarto, e reagiu imediatamente:

— Ei! Como entrou aqui? Ponha-se já para fora!

Meu amigo sorriu e fez um gesto de pacificação, enquanto dizia:

— *Acalme-se, Elisa! Sou um amigo e vim para ajudá-la.*

— Não conheço você, cara! Como sabe meu nome? Como entrou em minha casa? Em meu quarto?!

— *Conhece, sim. Apenas não se lembra. Elisa, olhe para seu leito!* — sugeriu.

A moça virou-se e levou um susto ao ver seu corpo adormecido. Uma sensação estranha, seguida de grande mal-estar, a invadiu. Afinal, estar num lugar e ver seu próprio corpo em outro era no mínimo assustador.

— Meu Deus! O que está acontecendo comigo? Como posso estar aqui e lá ao mesmo tempo? Estou ficando doida?!...

Maneco sorriu levemente e, com serenidade, tentou explicar a situação:

— *Elisa, seu corpo está repousando, pois precisa do sono para recompor-se das atividades do dia. O espírito, porém, tem uma necessidade menor de descanso e que varia de acordo com o entendimento e grau evolutivo de cada um. Então, enquanto o corpo material dorme, você pode realizar tarefas mais agradáveis.*

A moça estava perplexa. Olhava para si mesma, depois para o corpo no leito, de novo para si mesma.

— Ele é muito feio — disse horrorizada, se referindo ao corpo carnal.

— *Ele é apenas uma cópia deste* — acentuou Maneco, indicando Elisa- espírito. — *Aliás, você é muito bonita, Elisa. Você estranha porque nunca se viu dormindo.*

Ao ouvir o elogio e dando-se conta de que estava conversando com um desconhecido, ela reagiu:

— Afinal, quem é você, que entra em minha casa e fala comigo enquanto estou dormindo?

— *Sou Manoel, um amigo* — explicou ele, inclinando-se —, *mas todos me conhecem por Maneco.*

— Ah! Muito prazer, Maneco — disse, enquanto o examinava cuidadosamente. Depois, tentando se lembrar de algo, murmurou: — Olhando bem, parece-me que eu o conheço há muitos anos. Já nos encontramos antes?

Temendo que ela se lembrasse do passado numa regressão espontânea, ele rapidamente corrigiu:

— *Nem tanto tempo assim, Elisa. Fui encarregado de protegê--la enquanto dorme. Por isso estou aqui.*

— Ah! Então você é meu anjo da guarda? Ouvi falar sobre isso.

— *Menos... menos. Anjo da guarda é um Espírito de grande elevação a quem o Senhor encarrega de cuidar de alguém por toda a existência. No meu caso, sou encarregado de cuidar de você apenas por certo período* — corrigiu Maneco.

— Bem, se é assim, o que podemos fazer?

— *Podemos sair, passear, ajudar pessoas... Agora mesmo, para ter certeza de que está dormindo, vamos dar uma volta pela casa?*

Elisa concordou, animada. Foram para a sala, e lá ela se deparou com uma cena interessante. Sua mãe, fora do corpo físico, mostrava-se muito assustada ao ver um rapaz de roupa clara. Nesse exato instante, ela dizia:

— Você é um anjo mandado pelo Senhor para me socorrer?

— *Não sou anjo, Maria. Meu nome é César Augusto, e sou apenas um amigo que quer ajudá-la!* — retruquei, achando graça.

Mas a senhora não entendia, e nada a convencia do contrário. Na sua mente, eu era um anjo que Deus incumbira de socorrê-la. Tentando ajudá-la, dizia:

— *Maria, você precisa aproveitar a oportunidade que Deus lhe deu de ter dois filhos ótimos. São muito ligados ao seu coração e tudo fazem por você. Todavia, os vícios a afastam deles e geram enfermidades em seu organismo. Como veículo concedido por Deus para nossa existência na Terra, o corpo precisa ser respeitado, caso contrário, você será responsabilizada pelos danos que lhe causar, inclusive retornando mais cedo para a Verdadeira Vida. Entendeu?*

Naquele momento, Elisa, que me ouvira as palavras, emocionando-se, começou a chorar, apreensiva com a mãe, visto que entendera perfeitamente que ela poderia morrer mais cedo em virtude dos vícios.

Julgando que ela já tivera aprendizado e emoções suficientes para aquela primeira noite, Maneco levou-a para o quarto e a ajudou a se acomodar junto ao corpo físico, onde Elisa despertou em prantos. Todavia, Maneco, que ali permanecia, fez uma prece, envolvendo-a em emanações benéficas e tranquilizantes que logo a fizeram dormir de novo, permanecendo ligada ao corpo.

Quanto a Maria, também preocupada com as palavras do seu "anjo", voltou a se deitar e ali permaneceu pelo resto da noite. Entregou-se a sono tranquilo e salutar, pensando em tudo que ouvira. Após algum tempo, ouviu a porta que se abria. Viu Germano entrar, fechar a porta, colocar o chaveiro sobre o armário e tomar o rumo do quarto. Maria olhou o relógio: três horas e quarenta e cinco minutos.

Na manhã seguinte, Elisa despertou serena e animada. Tivera uma boa noite de sono, conquanto se lembrasse de ter sonhado bastante. Logo Germano acordou, tomou o café da manhã e, antes de sair, procurou pelo seu chaveiro. Nada. Irritado, começou a gritar:

— Tenho certeza de que o coloquei aqui em cima do armário!

— Mas aqui ele não está, Mano. Você deve tê-lo posto em outro lugar. Procure se lembrar — sugeriu a irmã.

— De jeito nenhum! Foi aqui! Alguém pegou!

— Quem iria pegar, Germano? — retrucou Elisa, irritada.

Nesse momento, acordando em virtude do barulho, Maria quis saber o que estava acontecendo. Informada, não teve dúvidas em esclarecer o assunto:

— Filho, suas chaves caíram atrás do armário. Pode procurar. Eu vi quando elas caíram.

— Você não poderia ter visto nada, mãe. Estava roncando quando cheguei. Além disso, já olhei atrás e não tem nada.

— O chaveiro caiu sobre um pano que foi colocado no lugar da goteira para não manchar o chão.

O rapaz lembrou-se de que vira mesmo um pedacinho do pano e o empurrara para baixo do armário. Então, abaixando-se, puxou o pano e encontrou o chaveiro sobre ele. Incapaz de se desculpar por ter sido tão grosseiro com a mãe, ele disse apenas:

— Tem razão, mãe. O chaveiro estava lá. Mas como pode ter ouvido, se roncava tanto? Nem sabe a que horas cheguei!

— Sei exatamente. Eram três horas e quarenta e cinco minutos.

O rapaz abriu a boca, perplexo. Não conseguia entender. Deu uma olhada para a irmã, que também estava surpresa. Germano gostaria de ficar e esclarecer o assunto, mas, como tivesse pressa, saiu correndo. Não podia chegar atrasado ao trabalho.

Elisa trouxe o café para a mãe, depois ajeitou os travesseiros para que ela pudesse se sentar confortavelmente e se acomodou ao seu lado. Olhou o semblante da mãe e notou que ela estava tranquila.

— Dormiu bem, mãe?

A senhora pensou um pouco e respondeu:

— Tive um sonho lindo, Elisa! Você acredita que fui visitada por um anjo?

— Anjo? Como assim? — indagou a filha, achando graça.

— Sim, um anjo! Ele veio para me alertar para os males dos vícios, pois eu posso morrer antes do tempo em virtude disso. Você acredita?

Naquele instante, Elisa começou a sentir uma vaga lembrança. Sim, também sonhara bastante. Recordou-se de ter conversado com um rapaz simpático. Mais do que isso! Lembrava-se agora de ter estado fora do corpo!

— Meu Deus, mamãe! Esta foi uma noite diferente mesmo!

E contou à mãe que acordara de noite e levara um susto ao ver seu corpo dormindo no leito! Um rapaz, cujo nome não lembrava, explicou-lhe que, em espírito, ela estava fora do corpo físico.

— Meu Deus! — exclamou. — É verdade, filha?

— Sim, mãe. E tem mais. Lembro-me agora que o rapaz me levou até a sala, e eu vi a senhora, também desperta em espírito, enquanto seu corpo continuava dormindo na cama! A senhora conversava com um moço a quem chamava de "anjo"!

— Verdade? Mas isso aconteceu mesmo, filha! Ele disse que era um anjo enviado para me proteger! — confirmou Maria, atônita.

— Então tudo isso é verdade? Quer dizer que, quando o corpo dorme, a alma fica livre para fazer o que quiser?!

Maneco e eu, ali presentes, trocamos um olhar e sorrimos com bom humor, satisfeitos diante do resultado da noite. Meu amigo comentou:

— *É. Só uma coisa não fica bem, César. Você se fazer passar por anjo!*

Abri os braços, confessando:

— *O que posso fazer Maneco? Quem mandou Deus ter-me dado os cabelos encaracolados?! Além disso, você é testemunha de que tentei esclarecer.*

— *Eu sei. Essa ideia vem das concepções tradicionalistas da religião, que estabelece para alguns a bênção da perfeição concedida por Deus, como é o seu caso. Para outros, como nós, pobres espíritos, a imperfeição. E, naturalmente, o céu, o inferno e o purgatório, conforme nossas ações, como destino eterno* — comentou Maneco, bem-humorado.

Estávamos assim conversando, quando Galeno chegou. Contamos ao nosso orientador as conquistas da noite, e ele nos parabenizou:

— *Ótimo trabalho. Mãe e filha parecem realmente muito bem. Com o socorro que foi prestado aos nossos irmãos Pedro e Belmiro, que agora estão sob os cuidados da mãe Adelina, a situação da família tende a melhorar. Temos uma excelente auxiliar na irmã Genoveva, colaboradora de uma Casa Espírita nesta cidade.*

Nesse momento, Maria, talvez inconscientemente sintonizando conosco ali presentes, com os olhos úmidos, intuitivamente se lembrava com profunda emoção da noite que tivera, acentuando:

— Elisa! Tenho certeza de que tudo isso que está acontecendo é por causa da conversa que tive com Genoveva. Tudo o que ocorreu esta noite bate com o que ela me contou!

— Eu sei, mamãe. Também sinto isso. É como se dona Genoveva, com sua visita, representasse uma nova etapa em nossa vida. Vou procurá-la e pedir que venha até aqui conversar conosco. O que acha?

— Muito bom. Tenho dúvidas e gostaria que ela me esclarecesse.

— Ótimo! Então vou telefonar para nossa amiga e marcar um encontro. Agora preciso trabalhar. Sei que é sábado, mas hoje tenho faxina para fazer, o que é bom, pois dinheiro a mais sempre vem a calhar. Fique com Deus, mãe!

Após a saída da filha, Maria continuou pensando, tentando se lembrar de tudo o que Genoveva lhe tinha dito. Ali presentes, aproveitamos para fazer uma oração, envolvendo-a em emanações de paz e luz.

Enquanto isso, Elisa tomava o ônibus, que a levaria mais rápido para o serviço. Chegando ao prédio, Oseias cumprimentou-a, sorridente:

— Bom dia, Elisa! Aqui está a chave do apartamento 613.

Ela cumprimentou o porteiro, pegou a chave e, encaminhando-se para a entrada do prédio, lembrou-se de algo e voltou. Chegando perto do rapaz, perguntou:

— Oseias, ontem você me disse que havia um rapaz comigo. Mas eu vim sozinha! Como pode ser isso?

Meio encabulado, ele abaixou a cabeça e se desculpou:

— Eu estava enganado, Elisa. Não ligue. Sou assim mesmo.

— Mas você me garantiu que chegou um moço comigo. Pode falar, quero saber a verdade.

Oseias pensou um pouco e depois concordou:

— Está bem. É verdade. Eu vi um rapaz, que chegou com você e subiu junto.

— Ai, Meu Deus! Subiu junto para o apartamento?!

— Sim. E hoje ele veio de novo.

Assustada, Elisa olhou em torno, meio incomodada. Depois quis saber o aspecto do rapaz, como estava vestido, ao que o porteiro respondeu:

— Ele é mulato, cabelos curtos, rosto arredondado, muito sorridente, e veste-se como um jovem da sua idade: *jeans* e camiseta.

Nesse momento, Elisa lembrou-se do sonho que tivera. Era ele! Tinha certeza!

— Você o está vendo agora?

— Sim. Está ouvindo nossa conversa, muito interessado e satisfeito.

— Muito bem. Então, pergunte o nome dele. Diga que eu quero saber.

Oseias sorriu e respondeu:

— Nem precisei perguntar. Ele escutou e disse que você o conhece. Chama-se Maneco.

— Maneco! Isso mesmo! Agora lembrei!

— Você já sabia o nome dele, Elisa?

Um pouco sem graça, ela respondeu, dando uma desculpa:

— Não, não sabia. É que na hora me lembrei de outra pessoa. Obrigada, Oseias. Mas depois, uma hora dessas, gostaria de conversar com você sobre esse assunto.

Mais animado, o rapaz colocou-se à disposição dela, sugerindo:

— O que acha se fôssemos tomar um lanche em algum lugar? Poderíamos conversar, e eu esclareceria tudo para você. Que tal?

— Acho ótimo! Mas sua esposa talvez não fosse gostar...

— Não se preocupe, Elisa. Sou solteiro e desimpedido.

— Ah! Melhor assim. Não quero problemas. Agora vou trabalhar. Depois voltaremos a falar sobre isso.

Elisa passou o dia todo encabulada com essa história do rapaz que dizia se chamar Maneco e pensava: "Que coisa estranha!".

13

Ambiente conturbado

Elisa tomou o elevador e logo estava dentro do apartamento. Com a presteza de hábito, fez a faxina, mas em momento algum esqueceu o assunto que tanto a incomodava: "Então, Maneco é meu protetor mesmo! Pois se ele me acompanha para todo lado! Pensando bem, devo me sentir feliz com a ideia. Bom saber que estou protegida".

Ao terminar o serviço, juntou suas coisas e, antes de sair, ligou para dona Genoveva, marcando um encontro. A senhora afirmou que iria até a casa dela, por ter mais facilidade de locomoção. Combinaram o horário, e, mais tranquila, Elisa deixou o apartamento. Na saída, entregou a chave para Oseias, que continuava na portaria. Ao vê-la, ele lembrou:

— Elisa, hoje eu deixo o serviço às dezesseis horas. Que tal nos encontrarmos para conversar?

— Tudo bem, Oseias. Tem alguma sugestão?

— Gosto de uma casa de lanches aonde costumo ir. Tudo que eles fazem é muito bom. A não ser que tenha outra sugestão...

— Para mim está ótimo. Onde fica?

Após Oseias passar o endereço, combinaram de se encontrar lá em torno das dezessete horas. Tudo acertado, Elisa foi para casa. Tinha pressa para fazer o almoço.

Abrindo a porta, sentiu um cheiro bom de tempero. Estranhou ao ver que a mãe não estava no leito e foi direto para a cozinha, encontrando-a no fogão a mexer as panelas. Desligando o fogo, naquele momento, Maria ia começar a limpar a alface, colhida do quintal.

— Mãe! Que surpresa agradável! Vinha preocupada com o horário, pois demorei mais do que esperava na faxina. Imaginei que a senhora estaria morta de fome!

Maria sorriu, passando o pé de alface para a filha:

— Então, lave a verdura e corte o tomate. O resto já está pronto, filha.

Como Germano naquele sábado trabalharia até mais tarde, elas almoçaram sozinhas, muito satisfeitas. Elisa contou para a mãe que tinha combinado um encontro com Genoveva, que viria no domingo à tarde, e justificou:

— Achei melhor assim, mãe, porque nesse horário o Mano vai jogar bola, então ficaremos sozinhas e livres para conversar.

— Concordo com você, filha. Ele não iria entender nem aceitar nossa conversa. Acho até que vou fazer um bolo de fubá para esperar nossa amiga amanhã.

— Pois faça, minha mãe. Ela vai gostar muito.

Depois do almoço, Elisa deitou-se para descansar um pouco. A semana tinha sido diferente, agitada, cheia de novidades, e ela se sentia cansada. Mais do que isso, um pouco abalada. Acordou por volta das três horas, tomou um banho, arrumou-se e informou:

— Mãe! Eu vou sair um pouco. Não devo demorar.

— Vai sair? E aonde vai? — quis saber Germano, que voltara do serviço e estava vendo televisão, sentado na velha poltrona na sala.

— Ora essa! Desde quando eu tenho que dar a você satisfação da minha vida, Germano? Toma juízo, rapaz!

Elisa saiu de casa rapidamente, sem ouvir o irmão, que continuava a reclamar. Por sorte um ônibus estava chegando, e ela fez sinal. Acomodou-se num dos bancos e em poucos minutos estava perto do endereço.

Com facilidade encontrou a lanchonete e logo viu Oseias, que a aguardava sentado numa mesinha na varanda. Ele se levantou sorridente para cumprimentá-la e confessou que estava preocupado com ela, pensando que não viesse.

— Por que não viria, Oseias? Afinal, sou a principal interessada!

O rapaz voltou a sorrir, concordando. Intimamente, porém, pensava: "O principal interessado sou eu. Deus é pai!".

Há algum tempo estava caído pela bela morena, que nunca lhe dera atenção. Sempre gentil, cumprimentava-o, mas era só. E, de repente, surgiu uma razão para poder aproximar-se mais dela, e não poderia desperdiçar a oportunidade.

Nesse momento o garçom trouxe o cardápio, e eles se concentraram no que iam pedir. Feitas as escolhas, enquanto aguardavam, puseram-se a conversar. Sem perder tempo, Elisa abordou o assunto que a incomodava:

— Oseias, estou curiosa. Então você consegue ver... "almas" do outro mundo? — indagou, abaixando a voz.

Ele balançou os ombros e confirmou:

— O que posso fazer? Vejo, sim! E faz muito tempo. Desde que eu era criança.

— Mas... você vê assim como está me vendo agora? — ela quis saber.

— Exatamente. Às vezes nem consigo distinguir se é uma pessoa como nós, encarnada, ou um desencarnado, tão real o espírito aparece!

— Interessante! E nunca teve medo? — voltou a perguntar.

— Não. Sempre encarei com naturalidade, até saber que as outras pessoas não viam o que eu estava vendo e estranhavam. Então, envergonhado, nunca mais comentei com ninguém, até o dia em que um senhor, meu vizinho, perguntou se eu via espíritos. Ele era uma pessoa muito boa, e não tive medo de confirmar. Com serenidade, ele me explicou que isso é um dom, e que eu não deveria me envergonhar dele. Era algo a mais que eu tinha, uma faculdade como ver, ouvir, falar. Desse modo, ele me levou a um centro espírita para poder aprender mais sobre esse e outros assuntos, e agora estou tranquilo. O "dom" não me incomoda mais. Às vezes ainda me engano, como no dia em que perguntei a você quem era o rapaz que a acompanhava.

Ambos riram bastante. Elisa concordou que ele a assustara. Nesse momento, o garçom chegou com os pedidos, e eles se entretiveram em saborear os quitutes. Enquanto isso, continuaram conversando. Ela não queria perder tempo.

— Diga-me uma coisa, Oseias. Quando você dorme também vê os espíritos?

— Quer saber se eu sonho? Sim, muitas vezes acontece! No começo, achava que tudo era sonho, mas fui aprendendo a identificar. Quando é um desprendimento do espírito, que aproveita a liberdade enquanto o corpo repousa, o "sonho" é mais real, mais vívido, e as emoções, mais intensas! Por que quer saber?

— Ah! Tive um sonho desses ontem! Realmente é bem diferente. Quanto ao rapaz que você viu junto comigo, também já o vi em sonho!

Então Elisa relatou, com riqueza de detalhes, o que acontecera com ela e com a mãe na noite anterior. Oseias ficou surpreso:

— Incrível, Elisa! Então você pôde comprovar que estava realmente dormindo e, ao mesmo tempo, desprendida em espírito, o mesmo acontecendo com sua mãe.

— Exatamente, Oseias. Acontecem na vida coisas realmente surpreendentes, não é? Nunca imaginei que isso pudesse ocorrer! Na verdade, considero que tive um curso rápido, aprendendo na prática!

Passaram o resto da tarde conversando muito à vontade. Era a primeira vez que se falavam fora do prédio, onde apenas se cumprimentavam. Agora se sentiam contentes de estar ali juntos, como se nunca tivessem feito outra coisa.

Além disso, Oseias era um rapaz bastante simpático, bem-humorado, e que sabia conversar, contando histórias de maneira agradável e divertida. Elisa estava encantada.

De repente, as luzes da rua se acenderam, e ela levou um susto.

— Meu Deus, dezenove horas! Nem percebi o tempo passar! É muito tarde, Oseias. Preciso ir embora. Agradeço-lhe pelo lanche e pela conversa, que foi tão boa. Obrigada! Até a semana que vem!

Ela saiu rápido, como se temerosa de algo. No fundo, sabia que Marquinho iria procurá-la, e não queria que ele soubesse que passara horas junto com o porteiro do prédio onde trabalhava. Ciumento, ele podia se transformar. Ficava muito desagradável quando desconfiava que pudesse estar sendo passado para trás.

Ao entrar em casa, Germano, que continuava entretido na televisão, logo lhe contou a novidade: Marquinho ficara esperando por ela e saíra furioso. Afinal, tinha esperado mais de uma hora e meia! Ao que ela respondeu que não marcara nada com ele e que não era obrigada a permanecer em casa, num sábado à tarde, esperando que ele aparecesse.

— Mas, afinal, onde você esteve, Elisa? — perguntou o rapaz.

— Fui visitar dona Genoveva. Algum problema?

A mãe, que acompanhava o diálogo, estranhou, uma vez que iriam se encontrar com Genoveva no dia seguinte, mas não disse nada. Logo Germano saiu para se encontrar com uma garota, e elas puderam conversar mais à vontade. Vendo que a mãe estava curiosa, ela explicou:

— Mãe, eu fui encontrar com Oseias, o porteiro do prédio, sobre o qual já lhe falei.

— Logo vi que não podia ter ido à casa de Genoveva, uma vez que ela vem aqui amanhã à tarde!

— Isso mesmo. É o rapaz que viu o moço junto comigo, lembra? Ele me confirmou tudo. Interessante, mãe, ele realmente vê os espíritos!

Nesse momento, escutaram alguém chegando e pararam de conversar. A porta abriu, e Marquinho entrou na sala, de cara fechada. Elisa o convidou para conversar na cozinha, deixando a mãe à vontade. O moço se sentou, lançando um olhar furibundo para Elisa. Ela começou a sentir grande mal-estar. Estava tensa, e seu coração batia acelerado, como se temendo algo. Tentava se controlar, mas pegou a garrafa térmica e as xícaras com as mãos trêmulas.

— Afinal, o que aconteceu para sair assim, sem dar notícias? — reclamou, com voz ainda pior que o olhar.

— Como assim, Marco Antônio? Não entendo! Nós tínhamos combinado alguma coisa e eu o deixei esperando? Peço-lhe desculpas se foi por isso. Porém, não me lembro de ter marcado nada com você — respondeu com voz tranquila e pausada, procurando recobrar a calma e se sentando para não cair.

Quando ela o chamava assim, é porque estava brava. Mais calmo, tentando se conter, ele prosseguiu:

— Realmente, não combinamos nada, mas... vim aqui, e você não estava... Ninguém sabia onde tinha ido... Enfim, fiquei preocupado!

Sob nosso amparo, Elisa readquiriu em parte o equilíbrio.

Calmamente, ela lhe serviu café, tomou também um gole e só depois respondeu, pesando bem as palavras:

— Bem, Marco Antônio. Se não havíamos combinamos nada, nada lhe devo. Quanto a ninguém saber onde eu estava, é porque não havia necessidade de falar. Afinal, sou livre, dona de meu nariz, pago minhas contas e sou responsável por minha vida.

— Calma, Elisa! Tudo bem! Acho que exagerei. Mas... nós temos um compromisso!

— Temos?! — respondeu a moça, surpresa. — Que eu saiba, nós não temos compromisso nenhum, Marco Antônio. E, antes que eu me esqueça, pode levar embora a caixa de cigarros e as duas garrafas de bebida que trouxe com você. Aqui nesta casa não entra mais nem uma coisa nem outra. Entendeu?

Marquinho, que da cozinha podia ver Maria na sala, olhou para ela pedindo apoio:

— Não trouxe para você, Elisa, mas para sua mãe. Não é, dona Maria? — afirmou levantando a voz.

Como a senhora abaixasse a cabeça sem dizer nada, ele prosseguiu:

— Dona Maria sempre me pede a "branquinha" e seus cigarros favoritos. Pois eles estão aí, ora essa!

Indignada com a atitude de Marquinho, que claramente desejava conseguir o apoio da sua mãe, ainda fragilizada pelos vícios, Elisa retrucou:

— Pois minha mãe não bebe nem fuma mais, Marco Antônio — falou, levantando-se da cadeira. — Agradeço sua gentileza, no entanto, repito: nesta casa não entra mais fumo nem bebida.

Ele respirou fundo, depois tentou consertar a situação, mais brando, convidando a namorada para dar uma volta.

— Calma, Elisa! Afinal hoje é sábado! Vamos dar uma saída, pois é conversando que a gente se entende. Sempre nos demos tão bem, boneca!

— Lamento, Marco Antônio. Fica para outro dia, está bem? Agora estou com muita dor de cabeça. É a enxaqueca que me ataca de vez em quando. Vou tomar um comprimido e cair na cama.

Entendendo que era definitivo, ele a beijou no rosto, desejou-lhe melhoras e, dando um boa-noite rápido para Maria, saiu porta afora.

Ao vê-lo fechar a porta atrás de si, Elisa deixou-se cair numa cadeira. Estava exausta!

— Filha, vá dormir! Parece esgotada!

— Eu vou, mãe. Depois de me livrar de tudo o que ele trouxe.

Elisa pegou uma sacola de supermercado, colocou dentro as garrafas e o pacote de cigarros e jogou tudo no lixo.

Após essa providência, enquanto voltava para dentro de casa, pensou melhor. Se cigarro e cachaça não serviam para sua mãe, também não serviam para ninguém. Voltou, retirou tudo do lixo, abriu as garrafas e despejou o líquido fora, depois pegou os maços de cigarro e os destruiu; só então jogou tudo no lixo.

Satisfeita, voltou para casa, fez um chá de erva-doce, colocou em duas xícaras e ofereceu uma delas à mãe.

— Beba, mãe. Estamos precisando nos acalmar. Amanhã vou dormir até cansar. Não quero me lembrar de namorado, de trabalho, de nada.

— Faz muito bem, filha. Agora vá dormir. Também estou com sono e vou cair na cama. Boa noite.

Elisa abraçou a mãe, desejando-lhe uma boa noite de sono, e foi para o quarto. Lá, sem testemunhas, ela agarrou o lençol, enfiando-o na boca, e pôs-se a chorar copiosamente.

Não queria que a mãe ouvisse. Ela estava em recuperação e precisava de ambiente mais tranquilo para vencer as tendências negativas que por tantos anos a tinham dominado.

Ali, junto dela, Maneco e eu tentávamos melhorar o ambiente. No entanto, Elisa estava muito abalada com a conversa que tivera com o namorado. Sem dúvida, também pelas companhias habituais dele. Muito mal assessorado, Marquinho relacionava-se com os infelizes do além-túmulo, em virtude das imperfeições que ainda trazia arraigadas no íntimo, consequência da sua baixa moralidade. Seus acompanhantes não puderam entrar, ficando na rua, porque o ambiente familiar estava preservado; porém, o próprio Marquinho estava envolto em uma vibração[23] muito baixa, o que contaminara o ambiente do lar.

Era madrugada quando Elisa conseguiu adormecer, após extravasar sua dor, inconformada diante da realidade de sua vida. Somente após orar bastante, suplicando ajuda a Deus, acalmou-se o suficiente para mergulhar em sono profundo, facilitado pelas energias com que a envolvemos.

E nós também pudemos relaxar um pouco. Maneco mostrava-se bastante preocupado com a situação de Elisa por causa da presença constante do namorado em desequilíbrio.

※

Na manhã seguinte, após algumas horas de sono, Elisa despertou melhor. Acordou tarde e logo sentiu o cheiro de café

---

23. Vibração é a força mental que cada espírito exterioriza de si mesmo, dependendo do teor dos pensamentos e sentimentos que emite; quanto mais elevados, melhor a vibração, quanto mais baixos, pior a vibração, gerando mal-estar.

coado na hora. Pulou da cama, vestiu-se e foi para a cozinha. Maria, que levantara mais cedo, colocara a mesa para o café e já começava a cuidar do almoço.

Ao ver a mãe na cozinha, entretida com os afazeres, Elisa se aproximou e a abraçou com carinho.

— Ah, mãe! Por que não me acordou? Dormi demais! Deixei tudo para a senhora fazer...

— Não, filha. Ao contrário! Quanto tempo você arcou com a responsabilidade da casa, enquanto eu ficava na cama, presa aos meus problemas? É mais do que hora de assumir a parte que me cabe nesta casa. Tome seu café!

— Então, sente-se aqui comigo. Vamos conversar um pouco, mãe. A senhora dormiu bem?

— Claro! Também, com um anjo como aquele cuidando de mim, do que mais vou precisar? — brincou a senhora, enquanto colocava café na xícara.

Um pouco preocupada, lembrando-se da discussão da noite anterior e dos "presentes" que Marquinho trouxera, perguntou com delicadeza:

— Mãe, a senhora ficou abalada ao ver "aquelas coisas" aqui em casa? Seja sincera, não precisa me esconder nada. Sei como deve ser difícil esse recomeço.

Maria abaixou a cabeça, encontrando forças para responder:

— Não pretendo esconder nada de você, Elisa. Foi difícil, sim! Eu via as garrafas e sentia o gosto da bebida na boca. Olhava o pacote de cigarros e sentia o cheiro no cérebro. É algo difícil de descrever. Mas você fez muito bem jogando tudo fora. Eu me senti tentada a voltar a beber e a fumar. Fiquei trêmula, confusa, fragilizada... nem sei dizer o que senti.

Maria parou de falar por alguns instantes, enxugando as lágrimas que desciam pelo rosto, e Elisa notou que só a lembrança daqueles momentos já a abalava, pois estava com as mãos tremendo. Contudo, a mãe continuou, abrindo um leve sorriso:

— No entanto, filha, quando estava me sentindo perdida, eu me lembrei daquele anjo, e ele me ajudou, fortaleceu-me. Comecei a rezar e logo fiquei muito melhor. Acho que adormeci, pois não me lembro de mais nada. Também, com um anjo cuidando de mim, que mais posso querer?

Elisa sorriu bem-humorada, elevando o pensamento a Deus, agradecida pelo socorro que fora dado à sua mãe. Depois, levou a xícara à boca e ficou parada, pensando. Após alguns segundos, murmurou:

— O que será que aconteceu esta noite? Parece-me que tive um sonho... mas não me lembro, mãe. Engraçado é que sinto que sonhei com o Marquinho, que ele se aproximava de mim com o dedo em riste, acusando-me de algo. Que estranho!

— Vai ver que ele, não contente com a discussão que vocês tiveram, resolveu continuar depois.

Elisa olhou para a mãe, preocupada:

— Acha mesmo, mãe?

— E por que não? Agora sabemos que, durante o período noturno, o espírito fica livre!

Ali perto, Maneco e eu trocamos um olhar de cumplicidade. Realmente, Marquinho tinha voltado para continuar a discussão com Elisa, mas nós evitamos um mal maior, conversando com ele e o levando de volta para seu corpo adormecido. Mesmo porque ele não entendia direito o que estava acontecendo e poderia querer falar com Maria, fazendo-a voltar a ser sua cúmplice como antes. Porém, graças à nossa ação, a mãe de Elisa dormia no leito e não sairia do corpo naquela noite, para recuperar-se da tensão emocional e física que enfrentara.

— Será, mãe? É possível, lógico! Mas será que ele veio me atazanar durante o sono? Cruzes! Tenho até medo de pensar! — ela parou de falar por momentos e perguntou: — Que cheiro é esse que estou sentindo, mãe?

— Ah! É o bolo que está no forno! — disse Maria, correndo para acudir o bolo que já parecia estar bem assado.

Ao tirá-lo do forno, a mãe perguntou se a filha queria um pedaço. Elisa recusou. Queria que Genoveva encontrasse inteiro o lindo bolo com que a esperava para o lanche.

14

A visita

Com ansiedade, mãe e filha aguardaram a chegada de Genoveva. Quando a generosa amiga bateu à porta, ambas se levantaram para abri-la, com grande e alegre sorriso. Abraçaram-na com o carinho e a satisfação das pessoas que sentem prazer em estar juntas. A visitante logo notou a mudança que se operara no ambiente da casa, antes escuro e carregado de emanações negativas, agora mais leve e claro, onde se percebiam paz e harmonia.

Sentaram-se na cozinha para conversar. A visita sorriu emocionada ao ver que era recebida com um café coado na hora e um apetitoso bolo de fubá. Servindo a senhora, Elisa não deixou de enfatizar:

— O bolo foi mamãe quem fez, dona Genoveva. Prove!

Genoveva levou uma garfada de bolo à boca e exclamou:

— Está delicioso! Vejo que muitas mudanças ocorreram nesta casa desde que aqui estive pela última vez, e olhe que se passaram poucos dias!

Notando o olhar que mãe e filha trocaram, a senhora dirigiu-se a Maria:

— Você está ótima, minha amiga, com excelente aparência! Mas não é apenas isso. Noto que, também espiritualmente, tudo mudou!

Com os olhos úmidos, a dona da casa acentuou:

— Tem razão, Genoveva, sinto-me muito bem mesmo. E tudo isso devo a você. A conversa que tivemos naquele dia me abriu os olhos e percebi que estava conduzindo minha vida de forma completamente errada, afundando-me nos vícios e piorando cada vez mais minha saúde.

Genoveva ouvia surpresa. Não imaginara que o diálogo com Maria tivesse surtido tanto efeito.

— Sem dúvida que o conhecimento das realidades espirituais é importante. Entretanto, não creio que só isso tenha gerado tamanha transformação, Maria. Tudo aqui está diferente! — completou Genoveva, admirada com as mudanças.

Elisa sorriu e disse:

— Dona Genoveva tem razão. Não foi apenas o que a senhora conversou com minha mãe que gerou tantas mudanças, mas sem dúvida foi o início delas. Vou lhe contar o que aconteceu.

E passou a narrar o sonho que tivera, no qual via também a mãe conversando com um jovem. Após relatar tudo em detalhes, que Genoveva acompanhou emocionada, Elisa concluiu:

— O mais importante, dona Genoveva, é que na manhã seguinte minha mãe me contou o sonho que tivera, e eu me lembrei de meu sonho daquela mesma noite. Acho que não foi isso que aconteceu. O mais extraordinário, e que veio a provar a veracidade da experiência que tivemos, é que meu irmão chegou de madrugada e minha mãe o viu, embora estivesse dormindo. Na manhã seguinte, Germano não achava seu chaveiro e ficou muito nervoso, pois tinha pressa para ir trabalhar. Nesse momento, a mãe acordou e perguntou o que estava acontecendo, e ele explicou que não achava suas chaves. Então, ela lhe contou que tinham caído atrás do armário. E o incrível é que o chaveiro estava exatamente onde ela dissera! Germano ficou perplexo, sem entender nada, pois afirmava que, como a mãe estava dormindo, e até roncava quando ele chegou, não poderia ter visto de forma alguma o chaveiro cair naquele lugar.

Elisa parou de falar por alguns instantes, recuperando o fôlego, e concluiu:

— Enfim, dona Genoveva, nossa experiência foi realmente surpreendente! Gostaríamos que a senhora nos explicasse melhor. Precisamos entender como tudo isso se processa.

Antes que Genoveva pudesse dizer algo, Maria, com olhos vivos mostrando sua ansiedade, exclamou:

— E tem mais!

— Tem mais? — repetiu Elisa, virando-se para a mãe e franzindo a testa.

— Sim, filha! O moço que viram ao seu lado, já esqueceu?

Elisa levou a mão à cabeça e confirmou:

— É verdade, dona Genoveva! O porteiro do prédio onde faço faxina perguntou quem era o rapaz que chegara comigo. Disse-lhe que viera sozinha, mas, curiosa, perguntei como era o moço que ele vira, e Oseias o descreveu: magro, estatura mediana, mulato, cabelo de corte baixo, sorridente. Pois era exatamente o rapaz que havia conversado comigo no sonho! A senhora acredita?!

Genoveva estava maravilhada com tudo o que ouvia, confirmando as informações:

— Realmente é muito interessante o que está acontecendo com vocês, e posso atestar a veracidade. Vejo dois rapazes: um mulato, que confirma a descrição do porteiro, e outro, de tez clara, que tem cabelos castanhos e encaracolados. Vejo também um terceiro: um senhor claro, de cabelos meio grisalhos e fisionomia simpática e agradável, envolto em discreta luminosidade. Esse senhor me pediu que lhes dissesse que são amigos e estão aqui para ajudar.

Maria segurou fortemente a mão da filha, ambas muito emocionadas, e disse:

— É a mão do Senhor que se espalma sobre nossas cabeças, Elisa! Graças a Deus!

Genoveva, igualmente denotando grande sensibilidade pela presença dos amigos espirituais, confirmou:

— Sim, minhas amigas. Vejo tudo isso como uma grande mudança que há de se operar sobre esta casa e seus moradores. Esses fenômenos que estão acontecendo mostram que existe um propósito maior em tudo isso: que é encaminhá-las para o entendimento das coisas espirituais

— Que grande mudança será essa? — indagou Elisa.

— Ignoro. Só sei que é algo muito importante e que mudará suas existências — respondeu Genoveva.

Elisa ficou pensativa durante alguns segundos, depois voltou a perguntar:

— E como faremos para entender esse "lado espiritual" da vida, dona Genoveva?

— Pelo estudo do Espiritismo, que nos esclarece acerca das leis de Deus e nos direciona para o progresso moral através dos ensinos de Jesus.

— Mas como fazer isso? — tornou Elisa, interessada.

— Sem dúvida poderiam começar a ler livros espíritas, aqui mesmo em sua casa, porém o entendimento é mais difícil, uma vez que as dúvidas virão, e vocês não terão quem possa saná-las. O que não acontecerá numa casa espírita, onde existem pessoas preparadas para isso. Se quiserem, sugiro um local onde participo e que não fica muito distante daqui.

— Iremos, sem dúvida — decidiu Maria, que completou: — Mas, sabe, Genoveva, eu mal sei ler e escrever!

— Não tem problema. Qualquer pessoa é capaz de entender as leis de Deus. Há um curso para principiantes, cujas aulas são importantes, porque ajudam no entendimento e abrem o campo de visão da própria vida. Quando quiserem, eu passo aqui para levá-las e apresentá-las ao amigo que ministra o curso.

Genoveva fez uma pausa e, intuitivamente, prosseguiu:

— O ambiente está tão agradável com a presença desses amigos, que seria bom fazermos uma oração. Depois faremos uma leitura para apresentá-las à obra que traz as lições morais de Jesus, *O Evangelho segundo o Espiritismo*. O que acham?

Ambas concordaram. Então, Elisa colocou sobre a mesa uma jarra com água a pedido de Genoveva, que tirou da bolsa um exemplar do referido livro e as convidou a orar.

Numa prece singela e comovente, a visitante pediu o amparo de Jesus e dos Espíritos amigos para aquele lar, para seus moradores e que fossem auxiliados no entendimento da lição que iriam ler.

Depois da oração, a senhora pediu que Elisa abrisse o livro ao acaso e lesse o texto da página, o que ela fez com muito respeito. Fechou os olhos e abriu na página de abertura do capítulo VII, que tem por título "Bem-Aventurados os pobres de espírito", cuja primeira lição era: "O que se deve entender por pobres de espírito".

Elisa leu o texto, surpresa. Ao terminar, comentou:

— Interessante. Eu também entendia por pobre de espírito a pessoa que não tivesse conhecimento, tola, sem inteligência. E vejo agora que não é nada disso!

— Por essa razão é que precisamos aprender, para entender melhor até o que pensamos e falamos. Como vocês puderam ver, este é um texto pequeno, mas de grande sabedoria — disse Genoveva, sorrindo.

— Aqui diz que as pessoas orgulhosas não admitem a existência de Deus porque não podem compreendê-lo. Como se julgam muito inteligentes, tomam sua inteligência como medida da inteligência universal, e, julgando-se aptas a tudo compreender, não podem crer na possibilidade do que não compreendem — lembrou Elisa.

— Exatamente, minha amiga. Elas não admitem Deus ou o mundo invisível, não porque esteja fora do seu alcance, mas porque o orgulho não as deixa admitir a ideia de algo que as faria descer do pedestal em que se colocam.

— Mas tudo isso é bobagem, porque um dia elas vão morrer também, não é Genoveva? O que adianta negar essa realidade, se elas terão que baixar a cabeça e admitir o erro que cometeram? — lembrou Maria, mostrando que entendera muito bem o que fora lido.

— Exatamente, Maria. Por isso Jesus diz que o Reino dos Céus é dos simples, porque ninguém poderá entrar nesse reino sem a simplicidade de coração e a humildade de espírito, como diz o texto.

Continuaram conversando sem se darem conta do tempo. As três sentiam-se envolvidas por grande bem-estar e harmonia. Elisa mostrava-se encantada com a obra, que explicava as lições de Jesus de forma clara e simples, fácil de entender. Ela folheava o livro, buscando os temas enfocados, e Genoveva, vendo seu interesse, informou:

— Este livro é para vocês, Elisa.

— Mas e a senhora? Notei que tirou da sua bolsa, então deve andar sempre com ele!

— Não se preocupe, Elisa. Tenho outros exemplares em casa. Levo sempre um na bolsa, para alguma eventualidade, como esta de hoje, em que pudemos orar juntas.

— Então nós lhe somos muito gratas por mais esta ajuda. E podemos orar e ler o livro sozinhas? — indagou Maria.

— Sim, sem problema. É só agir como fizemos hoje. No entanto, se quiserem melhor aproveitamento, seria bom escolherem um dia da semana e um horário certo para que os amigos espirituais possam estar presentes, visto que são muito ocupados. Quando assumimos uma responsabilidade semanal, eles estarão sempre presentes, assumindo o compromisso de nos ajudar. Normalmente iniciamos com uma prece, em seguida fazemos a leitura de um texto, conversamos sobre ele para entendê-lo bem e encerramos com outra prece. A isso chamamos: estudo do Evangelho no Lar. Entenderam?

Ambas haviam entendido. Mas Elisa lembrou a amiga de que ela ficara de explicar o que tinha acontecido durante aquele sonho tão real.

— Ah! É verdade! Não é difícil de entender, Elisa. Vocês sabem agora que são Espíritos, vestindo temporariamente corpos materiais para uma existência aqui na Terra. Pois bem. O corpo tem suas exigências, fica cansado com a rotina diária e precisa repousar, entregando-se ao sono noturno. Todavia, o Espírito, ser inteligente, não necessita de descanso. Então, quando o corpo adormece, os laços que prendem o Espírito ao corpo se afrouxam, e ele vai para o espaço aproveitar as horas de liberdade.

— Ah! Então por isso nos vimos fora do corpo — comentou Elisa.

— Exatamente. Compreendendo isso, tudo o mais fica fácil.

Mãe e filha trocaram um olhar de entendimento, mais familiarizadas com o assunto.

Após tomarem mais uma xícara de café com bolo, Genoveva se despediu, deixando o ambiente cheio de boas vibrações. Mas antes combinou o dia em que levaria mãe e filha para conhecer o Centro Espírita. O relacionamento entre as três mulheres tornava-se a cada dia mais estreito e interessante.

No mundo espiritual estávamos satisfeitos. Os primeiros passos haviam sido dados para aproximar nosso amigo Maneco da futura mãezinha no processo de renascimento que estava sendo programado.

No entanto, precisaríamos também nos aproximar do futuro pai, que nem de leve cogitava ter um filho. Porém, era exatamente desse contexto que o nosso candidato à reencarnação precisava, visto que, para se eximir da paternidade, havia feito com que Amanda, sua namorada na Itália, no final do século 19, provocasse um aborto.

Dessa forma, acompanhados de Galeno, certo dia fomos até a casa de Marquinho, aproveitando uma ocasião em que nenhum de nós tinha atividade marcada para aquela noite.

Chegamos por volta das 22 horas. O rapaz morava numa casa de alvenaria que, exteriormente, era bastante singela. No entanto, Maneco e eu, surpresos, vimos que havia grande aparato de vigilantes, encarnados e desencarnados, que se distraíam conversando para passar o tempo, acompanhados de enormes e agressivos cães do mundo espiritual. Passamos com tranquilidade pelos guardas, os quais, em virtude do baixo nível vibratório, não conseguiam detectar nossa presença.

Diferentemente do exterior, ao entrarmos na casa, pudemos notar que era até luxuosa, conquanto o ambiente espiritual escuro e um tanto viscoso. Junto dos amigos de Marquinho, que o aguardavam, outras entidades espirituais de baixa condição vibratória ali estavam também, como acompanhantes dele, pois se preparavam para uma noite de farra. Elas se banqueteavam na sala, comendo e bebendo o que havia de melhor. Um aparelho tocava música em som extremamente alto e estridente; isso nos desviou a atenção das letras e das danças com que os amigos do dono da casa se divertiam, acompanhando-as com palavrões e gestos baixos.

Passando por eles, nos dirigimos aos aposentos de Marquinho, que acabara de tomar um banho e se vestia de maneira extravagante e vulgar, embora se considerasse bem-arrumado. Um cheiro forte e atordoante de lavanda, que passara no corpo, impregnava todo o quarto.

Marquinho olhou-se num grande espelho, satisfeito, e deu por terminada a toalete. Dirigiu-se a um grande armário, abriu uma porta e, afastando os cabides de roupas, tirou o fundo. Havia um cofre, que ele abriu com facilidade após apertar algumas teclas. O interior estava recheado de dinheiro, cujo volume causaria espanto até a um magnata. Qualquer pessoa ficaria surpresa, imaginando de onde viria tanta riqueza, visto que Marquinho era um rapaz que se dedicava — como ele dizia candidamente — a serviços de corretagem. Com displicência, ele apanhou um monte de notas, sem se preocupar com a importância, dobrando-as e colocando-as nos bolsos da calça. Em seguida, sorridente, deixou o quarto, antevendo as loucuras que faria naquela noite.

Entrando na sala, cujo ambiente espiritual desconhecia, pegou as chaves do carro, e os demais amigos de farra, de ambos os planos da vida, o seguiram. Na direção, ligou o carro e partiu cantando pneus, acompanhado do bando que ocupava todo o espaço dentro do veículo e fora, pois as entidades iam empoleiradas nos para-choques, no teto, no capô. Se alguém as visse assim, pensaria com certeza tratar-se de uma visão infernal, no que não estaria completamente destituído de razão. Na casa permaneceram apenas os vigilantes, responsáveis pela segurança do local, tanto encarnados quanto desencarnados.

Quando chegou à boate, com um salão de tamanho regular, feio e escuro, àquela hora já repleta de pessoas, não passava das 22 horas. Antes de entrar, nosso instrutor explicou:

— *Manoel e César. Trouxe-os aqui para que tivessem ideia dos locais que nosso amigo Marco Antônio frequenta, das suas relações de amizade, e como ele é de fato, uma vez que o viram apenas na casa de Maria, local em que procura se preservar, não mostrando sua face real. Entremos. Preparem-se, porque o ambiente é bastante pesado. Não podem se deixar levar pelas imagens que irão ver, nem pelo baixo nível do local, saturado de emanações viciosas e sensuais. Escorem-se na oração, mantendo o pensamento elevado.*

Maneco e eu trocamos um olhar preocupado. Entramos. Já na porta de acesso, sentimos a pressão do ambiente. Do salão vinha uma fumaça escura e avermelhada, acompanhada de cheiros e sons desagradáveis. No entanto, era apenas o começo. Mulheres dançavam quase nuas, excitando os frequentadores, que gritavam e lhes jogavam dinheiro. A bebida corria solta e notamos que ali havia meninas ainda, que mal haviam entrado na adolescência, cuja aparência e comportamento eram de adultas — os rostos pintados e as roupas diminutas não nos impediram de notar que se tratava de crianças brincando de gente grande.

Seguimos atrás de Marquinho, que logo se acomodou com sua turma em uma mesa reservada. Envolvidos no turbilhão, pediram bebidas, comidas, e se entregaram ao prazer de estar num ambiente com o qual tinham muita afinidade.

Galeno se aproximou de Bruno, um dos companheiros de Marquinho, e notamos que se ligava ao rapaz pelo pensamento. Em seguida, Bruno se virou para Marquinho e perguntou:

— E a Elisa? Sabe que você está na farra?

— Claro que não, Bruno! Aquela lá é puritana demais! Jamais iria admitir que eu frequentasse um lugar destes!

— Mas você gosta dela que eu sei. O relacionamento é sério?

— Depende do que você chama de sério. Sou fissurado na Elisa, ela mexe comigo, mas se quiser saber se vou me casar com ela, esqueça. Não quero argola no dedo, apesar de Elisa viver pegando no meu pé. Olhe, cara, tenho que levar o namoro em banho-maria, sabe como é? Um presentinho aqui, outro ali, e vou levando até onde der!

O outro deu uma risada, pegou o copo de bebida, e, juntos, brindaram o momento. Com expressão de tristeza, Galeno nos convidou para sair, dizendo que víramos e ouvíramos o suficiente. Do lado de fora respiramos a longos haustos o ar puro da noite, livres do ambiente pesado da boate.

Maneco estava calado e introspectivo. Acheguei-me a ele e passei o braço pelos seus ombros, dando-lhe força. Ele fitou nosso orientador e, com tristeza, extravasou o que estava sentindo:

— *Somente neste momento pude sentir realmente como agi com Amanda no passado. Guardadas as proporções, Marquinho é exatamente como eu era: o mesmo comportamento, a mesma insensibilidade. Como lamento tudo o que fiz! Creio mesmo que mereço tê-lo como pai. Porém, sinto muita piedade por Elisa, que já sofreu antes e que passará novamente por experiência semelhante.*

Galeno nos lançou um olhar sério e compenetrado, entendendo o que estávamos sentindo, especialmente Maneco, e considerou:

— Tudo acontece como deve ser. O passado é uma incógnita que, pouco a pouco, vamos devassando, e que nos faz entender melhor nossas necessidades de reparação. No caso de Elisa, mesmo parecendo o contrário, nada do que está acontecendo representa injustiça. No fundo, ela também tem que passar por estas experiências, para obter aprendizado e reparação de faltas cometidas. Algum dia vocês ficarão sabendo. Por ora, o que viram hoje basta. Retornemos a Céu Azul!

Assim, elevando-nos no espaço, volitamos até nosso lar no mundo espiritual, com muitas interrogações na mente.

15

No Centro Espírita

Na quarta-feira, dia em que Genoveva viria buscá-las para conhecerem o Centro Espírita, mãe e filha se arrumaram com entusiasmo. Sentiam-se um pouco tensas, pois, na verdade, elas nada sabiam sobre Espiritismo, o que iriam encontrar lá, como eram as pessoas, o que faziam lá dentro. Tinham ouvido falar de umbanda, de candomblé, não de Espiritismo.

Quando Genoveva chegou, encontrou-as prontas e a aguardando na porta. Cumprimentaram-se com alegria e acomodaram-se no carro, que rapidamente as levou até o endereço. Maria e Elisa desceram do veículo, olhando em torno, examinando a construção desconhecida. Genoveva as tranquilizou:

— O local é muito simples, e acho que vão gostar. A entrada é logo ali!

Acompanhando a amiga, mãe e filha viram que várias pessoas chegavam e entravam pelo portão aberto. Havia um pátio florido e uma linda árvore que as encantou. O salão não era grande, mas caberiam umas cem pessoas sentadas confortavelmente, calculou Elisa. Tudo era claro e limpo. À frente, elas viram uma mesa com toalha branca e um arranjo de flores. Cerca de dez pessoas já estavam acomodadas, enquanto outras iam chegando. Logo foram envolvidas por música suave que tocava, convidando ao recolhimento.

Na hora aprazada, um senhor deu início à reunião, convidando uma senhora para fazer a prece inicial. Em seguida, passou a palavra para outro cavalheiro, que seria o palestrante da noite. Digno e respeitoso, ele cumprimentou os presentes:

— Que a paz de Jesus esteja com todos!

Depois, com surpresa e emoção, ouviram o palestrante falar de Jesus, baseando-se no texto: "Pedi e recebereis, buscai e achareis, batei à porta, e ela vos será aberta". Contando passagens da vida do Mestre, curas que Ele fizera, enfatizou que cada um deveria procurar Deus em seu coração, porque tudo o que pedissem receberiam. Enquanto ele discorria sobre o Evangelho, todos acompanhavam em silêncio, com interesse e encanto pelo conteúdo apresentado.

Após a palestra, voltou a música suave, e as pessoas, em fila, foram, aos poucos, sendo levadas para outra sala. Genoveva explicou, em voz baixa, que estava começando a parte de aplicação de energias através dos passes magnéticos. Ao chegar a vez delas, entraram numa sala estreita e comprida, onde havia cadeiras enfileiradas. Sentaram-se, e alguém se aproximou, colocando as mãos sobre suas cabeças. A sensação que Elisa teve foi indescritível; fechou os olhos e sentiu como se luzes penetrassem seu corpo, iniciando-se pelo centro da cabeça, bem no alto. Depois lhe serviram um pequeno copo com água, que ela tomou experimentando grande bem-estar. Ao deixar a sala de passes, a jovem sentia-se como que flutuando. Uma sensação de paz, harmonia e alegria interior inundou-a por inteiro. E então olhou para a mãe, que também mostrou no olhar que estava muito bem.

  Finalizada a aplicação de passes, uma senhora procedeu à prece de encerramento, e, em seguida, foram dados alguns recados. A reunião foi encerrada logo depois. Encaminharam-se para o pátio, e Genoveva as apresentou a algumas pessoas. De súbito, virando-se para o lado, Elisa viu um homem conhecido que se aproximava dela, risonho:

  — Elisa! Que surpresa encontrá-la aqui no Centro!

  — Oseias! Também estou surpresa em vê-lo! Venha, quero apresentá-lo à minha mãe e à dona Genoveva, nossa amiga.

  O rapaz sorriu e disse:

  — Bem, dona Genoveva eu já conheço aqui do Centro, mas sua mãe, não. Como vai a senhora, dona Maria? Prazer em conhecê-la! Sou amigo de Elisa, que admiro muito. Nós nos vemos pelo menos duas vezes por semana, pois sou porteiro de um dos prédios em que ela trabalha.

  — Ah! Muito prazer, Oseias. Elisa já havia me falado de você.

  — Bem, eu espero — disse, sorridente, e, dirigindo-se à outra senhora, completou: — Genoveva é companheira nossa de muito tempo, não é? Semanalmente nos reunimos para atividades aqui na Casa Espírita.

— Sem dúvida, Oseias. Então é você o tal amigo de Elisa?!

— Sim. Como eu disse, a conheço do prédio onde trabalho. E então, gostaram da reunião? — indagou, dirigindo-se à mãe e à filha.

Ambas tinham gostado, evidentemente. Genoveva pediu licença para se afastar um pouco, pois precisava falar com outra pessoa, enquanto os três continuaram conversando cordialmente. Aproveitando uma pausa que se fizera, Elisa disse a Oseias:

— Você não me falou que era este Centro que frequentava!

— Ah! É que conversamos por alto sobre esse assunto. Fico contente que esteja aqui, Elisa. Vai lhe fazer muito bem, pode acreditar.

Dialogaram por algum tempo, até que Genoveva se aproximou e apresentou o responsável pelo curso:

— Maria e Elisa, este é Romeu, o companheiro que ministra o curso para principiantes sobre o qual lhes falei.

Cumprimentaram-se. Mãe e filha ficaram de começar a frequentar o curso na próxima semana. Em seguida, despediram-se e retornaram para casa em companhia de Genoveva.

Ao parar defronte à casa de Elisa, Genoveva perguntou o que elas tinham achado da reunião. Ambas disseram que estavam ótimas e tinham ficado muito bem impressionadas, pretendendo frequentar a Casa Espírita.

— Fico contente que tenham gostado. De hoje em diante, sentirão cada vez mais bem-estar, pois o amparo espiritual estará envolvendo-as sempre, onde quer que estejam.

Agradeceram à Genoveva e despediram-se. Ao entrar em casa, as duas trocaram um olhar cheio de emoção.

— Nossa vida vai mudar, mãe. Eu sinto.

— Eu também, filha. Agora precisamos começar a orar pelo Germano, tão descrente o pobrezinho!

— Sem dúvida, mãe. Quem sabe o Mano melhora?

— Tenho fé em Deus! Vamos dormir? Tivemos um dia cheio hoje.

— Vamos, mãe. Também estou cansada. Boa noite.

— Boa noite, filha. Durma com Deus!

As duas se prepararam e logo estavam deitadas, dormindo profundamente.

*

Na manhã seguinte, Elisa despertou assustada, julgando que tinha perdido a hora de ir trabalhar. Levantou-se rapidamente, tomou um banho ligeiro e, após vestir-se, foi para a cozinha ver se tinha algo para comer.

Maria, que levantara bem mais cedo, coara o café e esquentara um pouco de pão que sobrara do dia anterior. Elisa pegou uma xícara com café e comeu um pedaço de pão. Depois, pegou suas coisas e correu para a porta. Não podia perder o ônibus. Felizmente, ele estava atrasado. Assim que ele chegou, subiu, acomodou-se num banco e começou a se lembrar da noite anterior e de Oseias. Ficou feliz ao pensar que ia vê-lo.

Ao chegar ao prédio, ficou frustrada. Desejava muito conversar com Oseias, mas naquela manhã era outro porteiro que estava de serviço. Entrou, tomou o elevador e logo se envolveu no trabalho. Nesse dia, era normal Elisa ficar até duas horas da tarde no apartamento. A patroa trabalhava na parte da manhã, e Elisa tomava conta da pequena Beatriz até a hora da mãe retornar. A patroa havia deixado pronto o almoço. Terminada a faxina, Elisa fez o prato da pequena, o seu também, e sentou-se perto da garotinha, ajudando-a a comer.

Depois, arrumou a cozinha e sentou na sala com Beatriz para ver televisão. Logo a menina dormiu. Nesse dia, quando a patroa chegou, como de hábito, ela fez um relato de tudo o que tinha acontecido:

— Dona Marta, a Beatriz comeu tudo direitinho e agora está dormindo. Deixei anotado o material de limpeza que está em falta, para a senhora comprar. Também notei que a torneira do tanque está vazando. Pedi na portaria que mandassem uma pessoa para fazer o conserto, mas infelizmente hoje não tem ninguém. Acho que é só. Bem, já vou indo, até a semana que vem!

A patroa agradeceu e lhe entregou a importância combinada.

— Obrigada, Elisa. Se não fosse você, eu não poderia trabalhar no período da manhã. Além disso, Beatriz te adora!

— Também gosto muito dela, dona Marta. Então, até quinta-feira!

Elisa saiu e, quando passou pela portaria, ainda olhou para ver quem estava lá. Era o mesmo porteiro de antes. Um pouco triste, ela foi embora. Queria tanto conversar com Oseias! Contar-lhe o que tinha sentido na reunião!

Dali foi para outra residência, passando a tarde inteira a trabalhar. Havia escurecido quando ela terminou a faxina. Elisa retornou para casa moída de cansaço.

Encontrou a mãe na cozinha terminando uma sopa que, pelo aroma, devia estar apetitosa. Aliviada, intimamente agradeceu à mãe, que a livrara da tarefa, pois estava tão cansada que não via a hora de tomar um banho, comer alguma coisa e ir para a cama.

Sentaram-se mãe e filha para jantar, quando Mano chegou intempestivamente, abrindo a porta e fechando-a com estrondo. Pisando duro, ele foi à cozinha e se jogou numa cadeira, com maus modos. Servindo sopa ao filho, Maria disse com voz branda:

— Mano, não bata a porta desse jeito, meu filho. Feche, apenas.

Ouriçado com as palavras da mãe, ele reagiu:

— Ah, é? Agora está toda delicada, mãe? O que aconteceu para mudar tanto?

— Não aconteceu nada, filho.

— Pois não acredito! Agora anda toda mansa, fala baixo, senta-se à mesa com a gente! Não estou entendendo! Ah! Também não tem bebido nem fumado! Isso não está me cheirando bem! O que houve? Está em outra? Talvez algo mais pesado?

— Isso é jeito de falar com nossa mãe, Mano?! Respeito é bom e necessário. O que é que está sugerindo?

De cabeça baixa, levando uma colher de sopa à boca, respondeu:

— Você sabe. Pensa que sou trouxa? Ninguém deixa o vício se não for por outro... mais forte! É isso o que eu penso, e ninguém vai me impedir de falar!

Revoltada com a atitude do irmão, Elisa retrucou:

— Pois você não sabe de nada. A mãe e eu fomos a um centro espírita ontem à noite.

Germano ergueu os olhos, surpreso, depois voltou a atenção de novo para o prato, colocando outra colherada de sopa na boca, como se ganhasse tempo para pensar. Em seguida, indagou lentamente:

— E com quem foram, posso saber?

— Claro que pode. Não é segredo. Fomos com dona Genoveva a um centro não muito distante daqui. Gostamos bastante!

O rapaz sacudiu a cabeça, murmurando:

— Só podia ser mesmo...

As duas trocaram um olhar e permaneceram caladas, achando que não valia a pena discutir com ele. Acabaram de comer em silêncio, recolheram os pratos e saíram da mesa, enquanto o rapaz servia-se de um pouco de café que sobrara na garrafa térmica.

Germano não iria admitir nunca, mas há dias estava encafifado com a melhora súbita da mãe. Pensava ele:

"Sem dúvida, foram surpreendentes os últimos dias. Onde já se viu viciado que não pede mais o produto do vício? A mãe nunca ficava sem reclamar quando não tinha fumo e nem bebida. Agora, levanta-se da cama, está mais serena, faz o serviço da casa, até cozinha! Como não estranhar? Mas eu vou ficar de olho, pois não acredito em milagres! Vou perguntar para o Marquinho. Ele deve saber o que está acontecendo. Ora se vou! Ninguém me passa a perna! Ah! Isso, não! Ninguém me engana. Sou muito esperto.".

No dia seguinte à noite, estavam acabando de jantar quando apareceu o namorado de Elisa. Entrou como se fosse o dono da casa, com seu jeito gingado de andar e um sorriso meio irônico afivelado no rosto.

— Cheguei, gente boa! Ainda tem um prato de sopa para mim?

Sem muita vontade, Elisa ergueu-se, foi até o fogão, onde estava a panela fumegante, e disse, como um convite:

— Acomode-se. Vou servi-lo.

O rapaz se sentou, batucando com os dedos na mesa ao mesmo tempo em que perguntava a Germano:

— E daí, meu irmão? Tudo em cima?

— Tudo. — Depois ele fez um gesto com os dedos e informou: — Quero levar um papo contigo, nada importante — completou, ao ver que a mãe e a irmã estavam de olho nele.

— Claro! Não tem problema.

Elisa colocou o prato na mesa e voltou a se sentar, continuando a comer. Pegou uma fatia de pão e tirou um pedaço para levar à boca, sem perder os dois de vista.

"O que será que estão tramando estes dois? Coisa boa não deve ser!", pensou.

Depois tentou conversar com o namorado:

— Trabalhou hoje, Marquinho?

— Deus me livre e guarde, boneca! Não estou de serviço. Ontem consegui fechar dois bons negócios que vão me render bastante. Para comemorar, resolvi tirar folga hoje e amanhã. Passei aqui para fazer um convite: quer tirar o dia para passear comigo amanhã?

A moça olhou para ele, surpresa, e respondeu:

— Esqueceu que tenho que trabalhar, Marquinho?

O rapaz jogou o corpo para trás e deu uma risada, irônico:

— Ah! Fazer faxina para os outros é algo realmente muito importante! Como você pensa pequeno, Elisa! Qual o problema de não ir trabalhar amanhã? Alguém vai morrer por isso? Pois faça a tal faxina outro dia, ora essa! Dê uma desculpa qualquer. Diga que está doente, que precisa viajar, que sua avó morreu... coisas assim! Quer saber? Suas patroas não vão dizer nada, elas têm medo de que você suma de vez e de não achar outra para colocar no lugar. Entendeu?

Elisa, sem poder acreditar, ouviu indignada tudo o que o namorado lhe dizia e respondeu com voz firme:

— Marquinho, esse comportamento é normal para você, que não tem responsabilidade. Comigo é diferente. Sempre aprendi que seriedade, dignidade, responsabilidade e confiança são fundamentais para quem quer ter o respeito das pessoas. Mesmo que ninguém saiba que estou mentindo, eu sei, e isso é suficiente. Então, respondendo ao seu convite: não, não tirarei folga amanhã para passear.

— Tudo bem, boneca! Irei sozinho. Isto é, se não achar uma garota mais esperta do que você e que queira passar um dia gostoso e relaxante comigo, gastando a grana e aproveitando a vida.

Depois, ele se virou para Germano:

— Vamos? Você disse que precisava falar comigo.

— Claro. Vamos.

Saíram os dois sem olhar para as duas mulheres. Abriram a porta, e, mesmo dentro de casa, elas podiam ouvir as gargalhadas que eles soltavam na rua. Maria tentou consolar a filha pelas palavras do namorado dela.

— Eles se entendem muito bem — murmurou a mãe.

— Pois é isso que me preocupa, mãe — respondeu Elisa com voz grave, cheia de tristeza.

— A mim também, filha. Apesar de grosseiro, sem educação, impulsivo, seu irmão é rapaz correto e trabalhador. Mas também ingênuo. Temo que ele seja envolvido por Marquinho. Perdão, filha. Não quero magoá-la. Sei que gosta muito de seu namorado, mas tenho cá comigo que ele não é o homem certo para você.

A jovem trocou um olhar com a mãe, fez um afago na mão dela e sorriu, mostrando certo desânimo:

— Não se preocupe, mãe. Penso o mesmo que a senhora. E, na verdade, nem sei se gosto realmente dele. Falta em Marquinho algo que julgo importante num homem: caráter. Assim, cada vez mais ele me decepciona. Vamos aguardar. Confio no amparo de Deus. É preciso dar tempo ao tempo. Que aconteça o melhor.

A jovem parou de falar e olhou o relógio:

— Boa noite, mãe. Vou dormir. Amanhã terei um dia cheio.

— Durma bem, filha.

16

Sonho e confusão

Ao saírem da casa, Germano e Marquinho conversavam animadamente. Mas, irritado com a namorada, Marquinho perguntou:

— E daí, Mano, desembuche. O que tem para me dizer? Notei que não queria falar na frente de Elisa e da sua mãe. O que aconteceu? Está me deixando curioso. Fala logo, cara!

— Algo que, no mínimo, achei estranho.

E Germano contou ao futuro cunhado o que ouvira da irmã e da mãe sobre a visita ao tal centro espírita, coisa que, realmente, ele não aceitava. E concluiu:

— Essa novidade está entalada aqui na minha garganta. O que será que elas foram fazer lá, Marquinho?

— Não sei. Talvez tenham ido apenas por curiosidade, ora essa! — respondeu, balançando a cabeça.

— E se não foram por isso?

— Relaxe. De uma forma ou de outra, nós ficaremos sabendo.

Mais adiante, eles se separaram. Germano foi para o centro da cidade, e Marquinho resolveu ver uns amigos que costumavam passar a noite em um bar ali perto. Tinha negócios a tratar com eles.

Deitada em seu leito, Elisa não conseguia conciliar o sono. Lembrava-se da conversa que tivera com a mãe e, preocupada, tentava encontrar uma saída para o problema. No início, ela era muito apaixonada por Marquinho. Ele tinha uma personalidade cativante, era decidido, criativo, sabia sempre como resolver qualquer dificuldade que surgisse, o que lhe inspirou segurança e encantamento. Depois, com o tempo e uma relação mais íntima, foi percebendo que aquilo que ela considerava como qualidade era apenas malandragem. E não era só isso. Outras coisas começaram a preocupá-la, especialmente o excesso de dinheiro.

Elisa era moça centrada, racional e inteligente. Em virtude das dificuldades em casa, com o dinheiro sempre escasso, ela se tornara cuidadosa ao gastar, só o fazendo quando preciso. Desse modo, estranhava não ver o namorado trabalhar e, no entanto, estar sempre endinheirado. Quando ela ficava pensativa, sem saber como resolver os problemas com os gastos da casa, as contas a pagar, ele dizia apenas: "Não se preocupe, boneca. Isso não é nada. Tenho o dinheiro de que você precisa". Elisa, aflita, respondia: "Não quero vê-lo endividado por nossa causa. Como vai pagar suas próprias contas?". Ao que ele respondia com uma gargalhada, acalmando-a: "Relaxe! Não me fará falta, pode acreditar".

Todavia, Elisa não conseguia ficar tranquila. Como? Se quando ela lhe perguntava onde estava trabalhando, ele respondia de forma evasiva e mudava de assunto? Depois, de tanto ela querer saber a verdade, Marquinho acabou por dizer que era corretor de imóveis, vendia carros etc., por isso nunca lhe faltavam recursos, pois sempre havia alguma comissão para receber. Depois dessa explicação, mais serena, Elisa acabou por esquecer o assunto. Até aquele dia em que, ao sair do serviço, defronte do prédio onde trabalhava, ela o viu na pracinha conversando com um rapaz, e o olhar do namorado era de alguém preocupado em não ser visto ou com medo de alguma coisa.

Desse dia em diante, Elisa ficou apreensiva com o problema de Marquinhos. Por que tanto medo? Por que o olhar e a expressão tão tensos? Que segredo ele guardaria? Por que não confiar nela, que o amava? Se não tinha confiança na mulher que dizia amar, é porque o segredo não era boa coisa. Mas o quê?! Estaria ele sendo ameaçado por alguém? E por quê?

Elisa fazia-se mentalmente essas e outras perguntas, sem obter as respostas de que tanto precisava.

Nessa noite, cansada de tanto pensar, ela orou fervorosamente pedindo:

— Meu Jesus! Preciso muito de amparo nesta minha vida. Não quero parecer ingrata, mas o namorado que o

Senhor me enviou, a meu pedido, tem comportamento estranho, não me diz a verdade, e temo estar sendo enganada. Por piedade, Senhor, ajuda-me a resolver esse problema, que deve ser pequeno para o Senhor, mas que para mim é fundamental! No entanto, não quero só pedir, mas também agradecer pelas mudanças que aconteceram em nossas vidas. A amizade de dona Genoveva muito nos tem ajudado; os conhecimentos da Doutrina Espírita, que abriram nossas cabeças, e a ida ao Centro foram uma boa e agradável surpresa. Muito obrigada por tudo, Senhor. Ampara também minha mãe e meu irmão Germano, e também aqueles que convivem conosco, nossos vizinhos, amigos, as minhas patroas e suas famílias. Que eu possa ter uma boa noite de sono. Ah! E também que eu possa encontrar meu anjo da guarda. Obrigada, Jesus. Vela pelo meu sono, e até amanhã. Amém.

Elisa, mais serena, virou-se para o lado e logo adormeceu.

Em virtude de sua preocupação com o namorado ao se deitar, quando despertou em espírito continuou com os mesmos questionamentos. Assim, sem se dar conta, foi em busca do rapaz, que continuava no mesmo bar, bebendo e jogando sinuca com amigos.

Elisa notou que andava pelas ruas sem saber para onde ia. Em razão da noite muito escura e sem lua, ela sentiu um pouco de medo. No entanto, sem que a jovem notasse, Maneco a acompanhava, protegendo-a. De repente, ela se deu conta de que, sem perceber, encaminhara-se para um boteco de péssima categoria. Viu uns homens mal-encarados que bebiam, enquanto outros, já bêbados, dormiam sobre as mesas. Algumas mulheres sem compostura, vestidas de maneira vulgar e usando palavreado baixo, bebiam e fumavam junto dos homens. De repente, nesse amontoado de gente, ela divisou o namorado com outro rapaz, numa mesa de bilhar. Atraída por ele, aproximou-se e estranhou as maneiras dele, que também lhe pareceram vulgares. Conversava no mesmo padrão grosseiro dos demais, o que ela notou pelos palavrões que ele dizia quando uma bola não entrava na caçapa.

Elisa ficou observando-o enquanto ele conversava com o amigo. Depois, eles mudaram de assunto, falando de coisas que ela não entendia, mas que sentia não serem boas. Notou que entabulavam uma negociação, porém as palavras lhe eram incompreensíveis, como se falassem de forma cifrada. Desejou se aproximar mais, pois parecia que ele ainda não a tinha visto. No entanto, alguém pôs a mão em seu braço, impedindo-a. Virou-se e, surpresa, reconheceu Maneco.

— O que está fazendo aqui?

— *Estou protegendo-a. Este ambiente não é para você, Elisa. Venha comigo!*

— Quero falar com Marquinho! Ele me deve umas explicações. Nunca pensei que ele frequentasse um ambiente como esse! — reagiu, decidida.

Maneco considerou:

— *Cada um é atraído para onde estão seus desejos, suas preocupações. Como você, Elisa, que veio em busca do namorado, assim também ele está no ambiente que procurou.*

— Vou falar com ele! — insistiu ela, dando alguns passos em direção ao rapaz.

Sem conseguir impedi-la, Maneco acompanhou-a. Chegando perto do namorado, Elisa pegou-lhe no braço, enquanto dizia:

— Marquinho! O que está fazendo aqui? Não me responde? Marquinho!... Marquinho! Estou falando com você!...

No entanto, o rapaz continuava a conversar e a jogar, sem lhe dar a mínima atenção. Sentindo-se desprezada, sem poder acreditar em tamanha indiferença, Elisa começou a chorar. Maneco pegou-a pelo braço e conduziu-a para fora daquele ambiente pesado e infecto. Sob o céu estrelado, ele a consolou:

— *Elisa, seu namorado não pode vê-la. Você está aqui com seu corpo espiritual, enquanto ele está acordado. Por isso não pode perceber sua presença.*

Surpresa, Elisa olhou para o rapaz que lhe falava:

— Quer dizer que estou "dormindo"? Então amanhã posso me lembrar do que aconteceu agora?

— *Sim. Você poderá se lembrar desse episódio como se fosse um sonho desagradável.*

— Ah! Mas por que Marquinho está naquele bar horroroso?

— *Cada um de nós é atraído por aquilo que lhe interessa, Elisa. Certamente ele tem alguma razão para estar lá. Mas não se preocupe. Vamos aproveitar para dar um passeio? Você vai conhecer um jardim muito agradável.*

Então, segurando a mão dela, Maneco alçou-se no ar, volitando pelo espaço. Ao ver que estava "voando", Elisa experimentou agradável sensação de liberdade e paz. Logo eles desceram em um jardim encantador, onde grandes árvores estendiam suas ramagens, lindas flores multicoloridas brotavam do solo, enfeitando e perfumando o local. Havia muita paz e tranquilidade, e o vento parecia trazer uma doce melodia.

Sentaram-se num banco acolhedor, e Elisa permaneceu quieta, embevecida na contemplação da beleza do lugar, enquanto o ruído das águas de um regato que corria alegremente entre as pedras a envolvia em suaves sensações de harmonia. Maneco mantinha-se calado, deixando-a aproveitar aqueles momentos agradáveis, em que a voz parecia desnecessária. Algum tempo depois, Elisa perguntou em voz branda, não desejando macular a leveza do ambiente:

— Onde estamos? Aqui parece ser o paraíso!

— *É apenas um lugar de paz para quem deseja pensar, meditar, encontrar-se.*

— Sinto-me como se estivesse no Céu. Um lugar abençoado que convida à oração.

— *Sim, os seres que se mantêm ligados com a espiritualidade, que buscam a elevação dos sentimentos, sentem-se inspirados à oração, no encontro com o ser superior que existe em cada um de nós, o "eu divino", conectando-se às esferas mais altas.*

Maneco permitiu que Elisa aproveitasse um pouco mais daquele ambiente, depois a convidou a regressar, o que fizeram rapidamente.

Logo Elisa despertou em seu leito. Não se lembrava do que acontecera, mas grande sensação de paz e harmonia lhe inundava o íntimo. Sentia que estivera em local muito especial, embora não se recordasse de nada. Apenas lhe vinha à memória o semblante do rapaz que ela chamava de seu "anjo da guarda". Depois, o sono a envolveu de novo para só acordar na manhã seguinte com o despertador.

Estava bem-disposta, alegre, feliz. Tomou banho, arrumou-se e foi trabalhar, sentindo que tudo estava diferente naquela manhã. Maria, acostumada com a filha, estranhou tanto bom humor, ao que ela respondeu, tomando o último gole de café:

— Mãe, eu não sei o que aconteceu, mas estou em estado de graça! Espero que nada tire a minha paz! Fique com Deus, mãe!

— Que Deus a proteja, minha filha! Tenha um bom dia!

Elisa saiu de casa cantarolando uma melodia muito em voga. Em pouco tempo estava chegando ao endereço do prédio onde iria trabalhar. Desceu do ônibus e, de súbito, viu o namorado do outro lado da avenida, defronte de um bar, conversando com alguém.

Novamente notou o ar cauteloso, como se ele temesse ser visto ali. Naquele momento, voltaram-lhe à mente imagens estranhas de Marquinho num bar, altas horas da noite, junto de pessoas pouco recomendáveis, a jogar sinuca.

"Coisa estranha!", pensou. Na mesma hora, teve o impulso de ir falar com ele. Não iria perder a oportunidade de saber o que ele estava aprontando. Decidida, atravessou a avenida. Ao vê-la, Marquinho ficou pálido.

— O que está fazendo aqui, Elisa?

— Outra vez a mesma pergunta, Marquinho? — respondeu com outro questionamento, colocando a mão na cintura, o que fazia quando estava brava. — Esqueceu que trabalho aqui perto, naquele prédio?

Mudando de expressão, ele se tornou mais manso:

— É verdade, doçura. Sempre esqueço! Também, com tantos problemas que tenho na cabeça...

— Pois não me parece. Sempre que o vejo, você está desocupado. Por falar nisso, o que estava fazendo naquele bar ontem à noite?

De chofre Elisa fez a pergunta, mas nem ela mesma sabia a razão. Depois, ficou espantada com suas próprias palavras: "Mas o que estou dizendo? Não sei nada disso!", pensou.

Perplexo, o rapaz a levou para um banco da pracinha, vazia àquela hora. Elisa notou que as mãos dele tremiam. Sentaram-se, e ele quis saber:

— Quem lhe disse que eu fui a um bar?

— Ninguém me disse. Eu vi!

— Como "viu"? Era de madrugada, e você não poderia ter visto! — contra-atacou o rapaz.

— Ah! Quer dizer que estava mesmo lá?! Naquele bar cheio de gente mal-encarada, jogando sinuca com um cara, enquanto mulheres bebiam e fumavam, dando gargalhadas e contando piadas sujas?

— Não é possível! Quem foi que lhe contou? Quem foi o dedo-duro? — indagou nervoso.

— Ninguém! Já não disse que eu vi, com estes olhos?

Marquinho passava a mão nos cabelos, incapaz de acreditar, pensando: "O que mais ela terá visto?". Em seguida, prosseguiu:

— Então como é que "eu" não vi você, Elisa? Ninguém me disse nada!

A moça ficou pensativa, depois respondeu:

— Não sei. Acho que você não podia me ver.

— Eu não podia te ver?! Você quer me deixar maluco?

Percebendo que o rapaz estava realmente muito nervoso, Elisa respondeu:

— Também não sei explicar. Acho que eu sonhei.

Ouvindo a explicação dela, Marquinho arregalou os olhos, assombrado. "Será que tem a ver com a ida de Maria e

Elisa ao Centro Espírita?" — pensava perplexo. — "Só podia ser! Elisa nunca fora dada a coisas desse tipo!".

Arrependida do que dissera, a jovem desculpou-se:

— Não deveria ter falado essas coisas, Marquinho. Esqueça. Agora preciso ir trabalhar. Estou muito atrasada. Depois conversamos.

— Tudo bem. Mais tarde a gente se vê.

Elisa atravessou a avenida e entrou no prédio. Oseias, que estava na portaria, abriu rapidamente o portão, e ela subiu como um foguete, chorando. O rapaz deixou seu posto na portaria e correu atrás dela.

— Elisa! Elisa! O que está acontecendo? — quis saber, preocupado.

— Nada, Oseias. Deixe-me em paz!

— Vi você chorando e achei que devia saber o que houve. Como deixá-la em paz? Somos amigos, Elisa! Não confia mais em mim?

— Peço-lhe desculpas. Confio sim, Oseias. Depois conversaremos. Agora estou atrasada para a faxina.

— Está bem. Então, se precisar de alguma coisa, se quiser conversar, ligue para a portaria e irei em seguida.

Ela agradeceu e entrou no prédio, chamou o elevador e logo estava no apartamento. Em seguida, se jogou no sofá, soluçando.

"Por que fui falar aquelas coisas para o Marquinho? Não devia ter aberto minha boca de sapo! Agora o que ele vai pensar de mim? Que estou ficando louca! Ai, meu Deus! Ajuda-me! Minha cabeça está muito confusa".

Elisa ainda chorou mais um pouco, mas depois foi se acalmando, como se alguém ali a estivesse confortando.

Sentindo-se melhor, lembrou-se da faxina e partiu para o trabalho. Já perdera muito tempo!

Mais tarde tocou o interfone. Era Oseias. Queria saber como ela estava. Elisa disse que estava bem, mas não podia conversar àquela hora, embora precisasse de um ombro amigo.

— Pois já encontrou. Que tal sairmos para comer alguma coisa na hora do almoço? Saio ao meio-dia.

— Está bem. Até lá terei terminado meu serviço.

17

Briga no restaurante

Terminada a faxina, Elisa desceu e se encontrou com Oseias, que a aguardava para o almoço. Ele sugeriu um restaurante ali perto, cuja comida era simples, mas muito boa.

Caminharam até o local e escolheram uma mesa mais afastada, de modo que pudessem conversar com certa privacidade. Fizeram os pedidos, e, enquanto aguardavam, o rapaz a examinava discretamente. Por fim, ele comentou:

— Elisa, realmente você não está muito legal hoje.

— É verdade, Oseias. Minha vida virou de cabeça para baixo — concordou tristonha.

— Conte-me o que a aflige. Sabe que pode confiar em mim. Afinal, para que servem os amigos?

Elisa sorriu, achando graça, e voltou a concordar:

— Tem razão, Oseias. Somos amigos, não é? Na verdade, você é o único amigo que eu tenho. Além da minha mãe e de dona Genoveva, não existe mais ninguém em quem eu possa confiar.

O rapaz corou ligeiramente e, colocando a sua mão sobre a dela, disse:

— Você não imagina a satisfação que sinto ao ouvi-la falar assim. Agradeço-lhe a confiança. Abra-me seu coração, sei que está sofrendo.

— Bem. Tem acontecido algumas coisas estranhas que têm a ver com Marquinho, meu namorado. Vou lhe contar Oseias.

Elisa respirou fundo e começou a falar de tudo o que acontecera desde a véspera, do sonho que tivera e como, não se contendo, naquela manhã, ao encontrar Marquinho perto do prédio, sem querer cobrara do namorado o fato de ele estar naquele bar altas horas da noite. Era natural que ele estranhasse, visto que ela não poderia, nem deveria, estar na rua àquela hora!

Ao ver o garçom chegar trazendo os sucos, ela parou de falar e esperou que ele se afastasse. Em seguida, tomou um gole do suco de abacaxi, olhou para o rapaz do outro lado da mesa e perguntou:

— Oseias, entende que confusão eu armei? Não deveria ter falado nada! Na verdade, desde criança ouvia minha mãe dizer um ditado popular muito conhecido e verdadeiro: em boca fechada não entra mosquito. Só que agi ao contrário, comprometendo-me! Como alguém que não acredita em nada, tal o Marquinho, iria acreditar que eu "vi" o que ele estava fazendo, embora estivesse dormindo tranquilamente em meu leito?!

O rapaz ficou pensativo por alguns instantes. Depois, dispôs-se a falar. Quando o garçom chegou com os pratos, esperou que fossem servidos e disse:

— A comida está com excelente aspecto! Vamos comer antes que esfrie. Bom apetite!

Após dar algumas garfadas, Oseias sugeriu:

— Elisa, estive pensando. Voltando ao seu problema e sendo bem sincero, não vejo outra saída senão a verdade. Explique a seu namorado como essas coisas podem acontecer; fale sobre a realidade da vida espiritual, sobre o período de sono noturno, quando o espírito goza de maior liberdade de ação e pode entrar em contato com outras pessoas, ir a lugares diferentes... enfim, tudo aquilo que você já sabe.

Elisa ouvia com atenção, analisando cada palavra dele. Depois, pegou o guardanapo, limpou delicadamente os lábios, e considerou:

— Meu amigo, você não conhece o Marquinho. Ele tem cabeça dura! Só acredita naquilo que pode ver, tocar e experimentar.

Continuaram conversando, sem perceber que o movimento do restaurante aumentara, e as mesas estavam todas praticamente ocupadas. De súbito, ouviram um ruído estridente ao lado. Uma voz gritava a plenos pulmões, e eles julgaram que a confusão fosse na mesa ao lado.

— É assim que você age, sua traidora?! Almoçando com seu amante, aproveitando a vida, enquanto que, ao meu lado, cobra que não trabalho?!

Logo às primeiras palavras, eles se viraram para saber o que estava acontecendo, surpresos com a gritaria. Elisa gelou. Perplexa, reconheceu o namorado, que, vendo-a com outro homem, sentia-se enganado por ela. Todos os olhares convergiam para eles. Cheia de vergonha, ela corou. Tentando apaziguar a situação, procurou manter a calma e considerou:

— Marquinho, não é o que você está pensando. Oseias é o porteiro do prédio onde trabalho e meu amigo. Sente-se aqui conosco e poderei lhe explicar tudo.

— Julga mesmo que vou ficar junto com vocês? — vociferou ele, com palavrões.

Oseias levantou-se, rubro de cólera:

— Não ofenda Elisa, porque ela não merece. Não há nada entre nós, eu juro! Somos apenas bons amigos, nada mais!

Marquinho, porém, cujo sangue subira à cabeça, tinha os olhos injetados, vermelhos, e não conseguia mais pensar. Dominado pela ira, deu um soco no outro, que caiu estatelado no chão. Horrorizada, Elisa lançou um olhar de reprovação ao namorado e se abaixou para acudir o amigo:

— Oseias! Oseias! Você está ferido?

Enquanto isso, o salão estava em polvorosa. Alguns fregueses se aproximaram para apartar a briga, enquanto os garçons tentavam segurar o agressor, colocando-o para fora do estabelecimento. Um senhor ajudou Oseias a se levantar. Não ficara muito machucado; apenas um fio de sangue corria no canto da boca, porém se sentia atingido em sua dignidade, em sua honra, ao receber a afronta e não ter tempo de defender Elisa, que chorava ao seu lado. Não havendo mais clima para comer, Oseias quis pagar a conta, mas o garçom não recebeu. Em casos como esse, o dono do estabelecimento ordenava que o problema fosse resolvido o mais rapidamente possível, para a tranquilidade voltar ao ambiente. Então, Elisa e Oseias saíram, retornando ao prédio. Lá, procuraram um local mais discreto, fora do trânsito dos moradores, para se recuperarem da cena horrível na qual foram envolvidos.

Elisa, cheia de vergonha, pediu desculpas ao amigo pelo comportamento do namorado. Como Oseias estava bem e precisava retomar seu posto, ela se despediu dele e entrou no prédio. Apesar do ocorrido, tinha outra faxina para fazer naquela tarde.

Sozinha no apartamento onde iria fazer a faxina naquela tarde, ela pôde chorar à vontade enquanto trabalhava. Elisa não via mais condição de ela e Marquinho continuarem juntos. Aliás, desde algum tempo vinha se sentindo desestimulada a manter aquela relação.

Ao terminar a faxina, mais serena, desceu e, ao passar pela portaria, viu Oseias sério, triste, com uma marca no rosto, que certamente estaria roxa no dia seguinte. Parou, aproximou-se da janelinha e novamente pediu-lhe desculpas pelo que o namorado fizera.

— Você não tem que me pedir desculpas, Elisa. Não fez nada. Estávamos apenas almoçando como bons amigos. Não se preocupe comigo, estou bem. E Marquinho? Você já pensou no que vai fazer? Como vai falar com ele?

— Não, Oseias. Mas pensei bastante e de uma coisa estou certa: não quero mais compromisso com ele. Hoje, com a cena que ele armou, foi o ponto-final. Para mim basta!

O porteiro se controlou, porém mostrou certa esperança no olhar:

— Tem certeza disso, Elisa? Não vai se arrepender?

— Não. Estou decidida, Oseias. Tudo acabou entre nós. Bem, agora preciso ir. Até segunda-feira!

Elisa desceu os degraus e foi embora. Oseias sentiu grande alegria. Valera a pena até o soco no rosto!

※

Quando Elisa chegou a casa, pela sua expressão, Maria notou que algo tinha acontecido. A moça contou o encontro no restaurante com Oseias, que terminara de maneira tão desagradável.

— E agora, minha filha?

— Agora não quero mais nada com o Marquinho, aquele brutamonte que derrubou meu amigo com um soco. Onde já se viu?

— Não vai se arrepender, Elisa? Afinal, vocês estão juntos há tanto tempo!

— Não, mãe. Eu era apaixonada pelo Marquinho, mas agora não sinto mais nada por ele, pode acreditar. Ao contrário, sinto-me livre, desimpedida.

Sem que esperassem, o rapaz apareceu à hora do jantar. Cumprimentou a todos. Germano mostrou satisfação ao ver o cunhado. Mãe e filha responderam secamente ao cumprimento.

Naquele momento, Germano, Elisa e a mãe tomavam sopa, e Marquinho, de pé, trazia a expressão compungida, pálida, diferente da de costume, de rapaz alegre, falador e comunicativo.

— Elisa, não vai servir seu namorado? — perguntou o irmão, repreendendo-a.

— Não. Ele pode se servir sozinho — respondeu ela, séria e desinteressada.

O recém-chegado pegou um prato, serviu-se no fogão e sentou-se à mesa, junto com a família. Depois, antes de começar a comer, disse:

— Elisa, você deve estar estranhando minha presença. Eu vim porque preciso muito conversar com você.

— Coma. Depois vou pensar no assunto.

Marquinho pegou um pedaço de pão e, com a cabeça baixa, começou a tomar a sopa em silêncio, interrompido apenas pelas perguntas de Germano, às quais ele respondia em voz baixa. Ao terminar, dirigiu-se à sala onde Maria e Elisa assistiam à televisão.

— Elisa, podemos conversar agora? — perguntou, com voz humilde.

Sem uma palavra, ela se levantou e caminhou até a porta da rua, seguida por ele. Lá fora, Marquinho falou à namorada do seu arrependimento, do quanto a amava e do quanto tinha medo de perdê-la.

Elisa continuava com o olhar perdido ao longe, sem emitir uma palavra que fosse. Ele insistiu:

— Não vai dizer nada? Não vai me dar a oportunidade de me explicar?

— Como pode justificar as palavras que me disse, Marco Antônio? As ofensas que me dirigiu? — ela retrucou, magoada.

— Coloque-se no meu lugar, Elisa! E se fosse você a me encontrar com uma garota qualquer, num restaurante, conversando animadamente, com intimidade? O que faria? Acharia natural? Afinal, tenho meus brios! Amo você, Elisa, e fiquei com medo de perdê-la. E outra coisa! Você anda muito estranha. Na noite passada me cobrou por estar num bar jogando e bebendo em companhia de outras mulheres. Como soube disso? Ou alguém lhe contou ou você passou por lá e me viu. Foi muito estranho, porque você se referiu a detalhes que, da rua, não poderia ter visto. Fiquei incomodado, sem saber o que pensar!

Ouvindo o rapaz falar, Elisa passou a refletir e se lembrou do conselho de Oseias: a verdade é a melhor opção. Então, ela enxugou uma lágrima que teimosamente corria pelo seu rosto e concordou.

— Tem razão, Marquinho. Vamos sentar neste banco aqui, e lhe conto como tudo aconteceu.

Sentaram-se, e Marquinho, ansioso, esperava que ela falasse. Criando coragem, Elisa começou:

— Marquinho, eu vou lhe contar coisas nas quais talvez você não acredite, mas que representam a mais pura verdade. Na noite passada, fui deitar preocupada com você e com nossa relação. Também é verdade que me aflijo por saber que você não trabalha e anda sempre endinheirado. Fico tensa, angustiada...

— Mas, querida, eu trabalho! E trabalho muito, por isso ganho bem e posso viver com algum conforto! Pode acreditar! Pergunte a meus...

A moça o interrompeu, balançando a cabeça, enquanto dizia:

— Não se justifique nem me interrompa. Deixe-me falar.

— Está bem, querida. Continue.

— Assim, pensando em você, adormeci. Logo me vi saindo de casa e andando pelas ruas. Estava tudo escuro e deserto; o bairro todo estava dormindo. Meus passos me levaram àquele bar que você tão bem conhece. Confesso-lhe que estranhei estar ali. Aquele ambiente sórdido não me atraía em nada, mas então por que eu estava ali? De repente, vi você jogando sinuca com um cara. Aproximei-me, e vocês estavam conversando, mas eu não entendia o que diziam. Parecia linguagem cifrada. Eu via as mulheres de má vida, com roupas chamativas e de cores berrantes, cheias de maquiagem, em sapatos de saltos altíssimos, algumas com copo de bebida, fumando muito!

À medida que ela falava, Marquinho foi ficando cada vez mais impressionado pela riqueza de detalhes que da rua ela não perceberia, informações que nem mesmo alguém que bancasse o alcoviteiro jamais pensaria em transmitir. Não. Elisa parecia estar vendo as imagens! Mas como?

Após alguns segundos, ela prosseguiu, relatando tudo o que tinha acontecido naquela noite.

— Desejei me aproximar mais, pois parecia que você não tinha me visto ainda. No entanto, alguém pôs a mão em meu braço, me impedindo. Virei e, com surpresa, reconheci meu amigo "anjo", que afirmou estar ali para me proteger. Disse a ele que queria falar com você, porque nunca pensei que frequentasse um ambiente como aquele, mas ele me assegurou que não iria adiantar e me falou: "Estou protegendo-a. Este ambiente não é para você, Elisa. Venha comigo!". Mas eu insistia em falar com você, Marquinho, só que você não me ouvia. Então, o "anjo" me convidou a sair dali e dar um passeio em um jardim muito agradável. E foi o que fizemos. Depois, ele me levou de volta para minha casa.

Terminando de falar, emocionada com a lembrança, Elisa fez uma pausa e, em seguida, concluiu:

— Confesso que essa foi a melhor experiência que já tive na vida. Marquinho. Acredite você ou não, o que lhe contei é a pura verdade. A opção é sua. Acredite se quiser. Agora vou entrar. Boa noite.

Sentindo a frieza da namorada, Marquinho reagiu. Agarrou-a pelo braço e lhe rogou:

— Não vá embora. Temos ainda muito que conversar, Elisa!

— Não! O que eu tinha a dizer, já disse. Agora depende de você. Pense bem. Depois voltaremos a falar sobre o assunto.

Assim dizendo, Elisa deu as costas e entrou em casa. Marquinho, vendo que não tinha opção, foi embora de cabeça baixa, pensando em tudo o que ouvira.

18

Experiência noturna

Marquinho retornou para sua casa refletindo em tudo o que ouvira. Elisa não era pessoa de dizer mentiras. Então, se ela disse estar falando a verdade, é porque ela acreditava naquilo que havia dito, que poderia ser realidade ou não.

Acelerando o carro, ele percorreu as ruas movimentadas àquela hora. Parou em um semáforo e continuou pensando. E se perguntasse a alguém? Mas a quem? Não conhecia nenhum espírita! Estava fora de cogitação. Nesse instante, ele se lembrou de um conhecido que tinha ligação com "essas coisas do outro mundo". É verdade! Simplício poderia esclarecê-lo melhor. Não era espírita, mas costumava ler sobre o que acontecia com os mortos, ou espíritos. E decidiu: "Vou procurá-lo!".

Assim que chegou em casa, largou as chaves sobre a mesinha, perto do telefone. Acomodou-se numa poltrona, tirou o fone do gancho e discou um número.

— Simplício? Aqui quem fala é Marquinho.

— Olá, Marquinho! Como vai?

— Tudo bem. Estou precisando falar com você, é possível?

— Claro! Só não pode ser agora porque estou atendendo uma pessoa. Se quiser vir daqui a meia hora, estarei livre e poderemos conversar.

— Estarei aí sem falta. Pode me aguardar.

O rapaz pegou novamente as chaves do carro e saiu. Quando chegou ao endereço, Simplício estava esperando. Com seu corpo avantajado, cumprimentou o visitante, convidando-o a entrar, e pediu que se sentasse. Após trocarem algumas palavras, o homenzarrão perguntou:

— Estou às suas ordens, Marquinho. O que manda?

— Bem. Tenho uma namorada, Elisa, que me disse coisas estranhas hoje. Estou aqui para saber se pode ser verdade o que ela me falou. Vou lhe contar o que aconteceu.

E Marquinho narrou ao conhecido tudo o que ouvira da namorada, sem esquecer nada. Ao terminar, abriu os braços, fez cara de dúvida e completou:

— Os fatos são esses que lhe contei. Queria saber, Simplício, se isso pode realmente acontecer. Será verdade?

O outro balançou a cabeça, deu um sorriso e começou a falar:

— Como não? Todos nós podemos ter experiências desse gênero, só que, ao acordarmos, muitas vezes não nos lembramos.

— Todos nós?! Explique melhor.

Ajeitando o corpo volumoso na cadeira, Simplício esclareceu:

— Marquinho, a imortalidade da alma é uma realidade. Somos um espírito que se utiliza de um corpo físico para viver aqui na Terra. Durante o sono, o espírito fica mais livre e vai para o espaço resolver seus problemas, ter encontros, enfim, fazer aquilo que melhor lhe apraz. Não há dúvida quanto a isso. Só vai depender dos interesses da pessoa. Tenho estudado bastante o assunto, que muito me interessa.

— Entendi. Quer dizer que, se quisermos conversar com alguém, podemos fazê-lo?

— Isso mesmo. Por esse motivo, a oração é importante, para nos preservar de perigos nesse outro mundo em que vamos entrar.

— Quer dizer que Elisa estava mesmo dizendo a verdade! — murmurou pensativo.

— Não posso lhe assegurar, mas tudo leva a crer que sim, amigo. Pelo que você me contou, achei o relato muito lógico. Ela precisava falar com você; dormiu e foi procurá-lo!

— Exatamente. Foi isso o que ela me disse. Simplício, eu agradeço sua ajuda. Realmente foi de grande utilidade. Obrigado e boa noite!

Marquinho saiu daquela casa mais leve, mais relaxado, pensando em sua namorada: "Então, tudo o que Elisa disse é verdade! Ela é uma moça muito especial mesmo".

Assim pensando, foi para casa. Colocou o carro na garagem, não se dando conta de tudo o que acontecia à sua volta: as entidades espirituais que guardavam a residência e os enormes cães que ladravam no jardim. Entrou. Igualmente não percebeu os espíritos que se mantinham de pé, andando de um lado para outro; os que estavam acomodados nos sofás com toda a familiaridade, como se estivessem em sua própria casa, alguns até estirados, dormindo, e os que aspiravam com satisfação as emanações das garrafas de bebida do barzinho num dos cantos da sala.

Marquinho esvaziou os bolsos da calça e foi ao banheiro. Ainda era cedo, mas tinha vontade de deitar e refletir sobre o que tinha ouvido naquela noite. Tirou as roupas, colocou um *short* folgado e se deitou, pensando em procurar Elisa no dia seguinte para dizer que acreditava em tudo o que ela dissera.

Logo adormeceu, mas despertou de repente e olhou em torno. Acreditou-se acordado e resolveu levantar. Tinha muito o que fazer, e não podia perder tempo. De súbito, viu que alguém entrava em seu quarto. Eram três companheiros de farra, que vinham convidá-lo para fazer um programa.

— O que vocês estão fazendo aqui? Como entraram no meu quarto?!

As três entidades de aspecto incomum riram, trocando olhares de entendimento:

— *Como assim, companheiro? Estamos aqui para levá-lo para um programa especial. Você vai gostar, pode acreditar em nós!*

Indignado, Marquinho abriu a porta e os enxotou do quarto. Ao transpor o limiar da porta, porém, viu que sua casa fora invadida por um bando de pessoas.

— O que está acontecendo aqui? Parem já de beber meu uísque! Tirem os sapatos do meu sofá! Quem lhes deu tamanha liberdade? Quero todo mundo pra fora daqui! Já!

— *Mas somos seus amigos, Marquinho! Sempre gostou de nós! Cuidamos da sua casa quando dorme, acompanhamos você quando vai para as boates! Não nos conhece mais? Hoje não vai sair para aproveitar a noite, divertir-se?*

Estupefato, ele rodou nos calcanhares e voltou para o quarto. Antes de se deitar, viu um rapaz sentado numa poltrona, num canto. Irritado, questionou:

— E você, cara, o que está fazendo aqui? Também me esperando para cair na farra? Não viu que botei todo mundo pra fora?

O moço era mulato, cabelos cortados, de aparência simpática, e sorriu ao ouvi-lo falar.

— *Não, Marquinho. Não sou acompanhante das suas noites de farra. Estou aqui para ajudá-lo.*

— Ajudar-me em quê?!

— *Primeiro, deixe que eu me apresente: sou Maneco Siqueira, a seu dispor.*

— Então, agora que já fomos devidamente apresentados, quero saber o que deseja realmente, Maneco Siqueira.

Maneco voltou a sorrir, achando graça na forma como o outro falava.

— *Vou lhe dizer. Sou aquele que Elisa chama de seu "anjo da guarda". Não pertenço mais ao mundo terreno e gosto de auxiliar as pessoas em tudo o que posso. Você, por exemplo, está me vendo porque está dormindo em seu leito. Não acredita? Pois então olhe!*

Marquinho virou-se para a cama e, assombrado, viu um corpo deitado.

— Sou eu! E como estou aqui conversando com você?

Maneco explicou que, quando o corpo dorme, o espírito fica livre para ir aonde quiser. Marquinho se lembrou:

— Exatamente como Simplício me disse...

— *... e como Elisa também lhe explicou* — complementou Maneco.

— É verdade, e eu não acreditei nela. E esses caras que estão dentro de minha casa? Não sei como eles entraram aqui!

— *Foram convidados por você mesmo.*

— Como assim?

— *Ora, com seu comportamento, suas atitudes, seus sentimentos, ligou-se a eles, que gostam das mesmas coisas que você. Basta que mude, através da elevação do seu pensamento e orações, que eles irão embora.*

— Ah! Complicado de entender, Maneco!

— *Não é complicado, amigo. "Onde está teu tesouro, ali estará também teu coração", disse Jesus. Nosso tesouro, neste caso, representa nossos interesses. Você fará sempre o que deseja, mas será responsável pelas consequências que gerar com suas atitudes. Entendeu?*

— Entendi. Mas todos eles estão aqui porque me acompanham nas farras?

— *Não. Uma parte deles tem a ver com suas atividades durante o dia.*

— Não entendo. Por que me acompanham?

— *Marquinho, eles têm os mesmos interesses que você. Essa turma é o que, na Terra, se diz "pau para toda obra". São eles que o assessoram para que seus negócios ilícitos deem certo, pois também tiram proveito disso.*

Lembrando-se das suas ações escusas do dia a dia, preocupado com o volume do problema, cuja extensão não imaginava, o rapaz balançou a cabeça:

— Entendi — e de repente confessou: — Estou me sentindo tão cansado!

— *Volte ao leito e durma tranquilo. Ficarei por aqui* — sugeriu Maneco.

Marquinho deitou e ficou encolhido, sem saber o que pensar. Lembrou-se de que Maneco acabara de lhe dizer o mesmo que Simplício, sobre a necessidade de rezar para ter bons sonhos. Então, ensaiou a oração do Pai-Nosso, a única da qual se recordava em parte. Acabou por adormecer.

Na manhã seguinte, ao acordar, resolveu conversar com Elisa o mais rápido possível. Como ainda era cedo, tomou um banho, se arrumou, foi até um bar nas imediações e tomou um cafezinho, só para despertar. Depois rumou para a casa da namorada, que ainda não deveria ter saído para trabalhar. Bateu palmas, e Elisa veio atender à porta, abrindo uma pequena fresta.

— O que houve? Caiu da cama? — indagou ela com certa ironia.

Fingindo não notar, ele disse:

— Preciso conversar com você. Ainda bem que a encontrei em casa. Se aceitar, dou-lhe carona até o serviço.

Elisa concordou e abriu mais a porta:

— Está bem. Entre, acabei de passar um café.

Marquinho acompanhou-a até a cozinha, onde dona Maria já estava sentada. Cumprimentou-a e sentou-se também. Elisa lhe serviu café, acompanhado de pão com manteiga e de um resto de bolo de fubá do dia anterior.

Ao terminar, despediram-se de dona Maria e foram para o carro. Durante o trajeto, trocaram algumas palavras triviais. Ele estacionou o carro perto do prédio onde Elisa iria trabalhar, desligou o veículo e virou-se para ela:

— Elisa, querida, eu vim falar com você porque acredito em tudo o que me contou.

— Não diga! E como chegou a essa conclusão?

— Conversei com uma pessoa que me explicou que "essas" coisas podem realmente acontecer. Desculpe-me, minha prenda.

— Ah! Você veio me procurar não porque tinha acreditado em mim, mas porque "alguém" lhe disse que realmente é verdade?

Um tanto desconcertado, ele concordou:

— Tesouro, eu precisava fazer isso. Não tinha ideia de que tais coisas pudessem acontecer! Acredite na minha boa vontade e no meu amor. Assim que fui informado de como isso acontece, fiz questão de vir correndo lhe dizer e pedir perdão!

Segurou com delicadeza a mão dela e balbuciou:

— Você me perdoa?

Sem outra saída, ela concordou:

— Está bem. Eu perdoo.

Marquinho a abraçou, aliviado, dando-lhe um beijo. Incomodada por essas efusões em público, perto do prédio onde trabalhava habitualmente, Elisa se esquivou:

— Está bem, Marquinho. Agora preciso entrar. Tchau!

— Tchau, doçura! Até mais tarde!

Ligou o carro, que arrancou com o ruído possante do motor. De repente, ele se lembrou do sonho que tivera! Pisou fundo no breque, e o carro parou chiando. Atrás, um veículo quase bateu no dele por causa da freada brusca, e o motorista passou gritando um palavrão. Mas ele nem se importou, imerso em suas lembranças. Estacionou o carro direito e ficou pensando: "É verdade! Sim, tinha um monte de gente em casa e apareceu um rapaz chamado... como era mesmo? Não me recordo, mas sinto que é importante Elisa saber! Que droga! Tenho que esperar até a noite para contar a ela aquele sonho tão interessante.".

Elisa teria uma manhã de muito trabalho, o que era bom, visto que a impedia de pensar. Quando ela passou pela portaria, Oseias ainda não estava de plantão. Mas assim que ele chegou, ligou para ela. Ele queria saber se a moça estava bem.

— Sim, Oseias, eu estou bem. Depois conversamos.

Naquele dia a faxina era no apartamento de dona Marta, a senhora cuja filha, Beatriz, ficava sob seus cuidados. O porteiro a convidou para almoçar, mas Elisa explicou que não poderia sair. Iria fazer a refeição no apartamento.

— Tudo bem. Eu me esqueci desse detalhe. Marcaremos outra hora para conversar, está bem?

Despediram-se, desejando mutuamente um bom almoço, mas Oseias se sentiu frustrado. Desejava muito encontrar com Elisa novamente.

Eram seis horas da tarde quando Elisa deixou o prédio. Marquinho a esperava, estacionado ali perto. Ao vê-la, foi ao seu encontro e gentilmente abriu-lhe a porta do carro.

— Como foi seu dia? — perguntou interessado.

— Foi normal, com bastante serviço. Gosto de trabalhar no apartamento de dona Marta. Ela tem uma filha adorável, a Beatriz. Gosto muito dela. Aliás, gosto muito de crianças. E você?

— Gosto também, mas nem tanto. Os pirralhos dão trabalho, choram, fazem birra! Eu tinha um sobrinho que era desse jeito. Um horror! Felizmente ele cresceu!

Elisa ouviu tudo o que ele disse, permanecendo calada. Em seguida, murmurou:

— Nem todas as crianças são iguais, Marquinho. Você não vai querer ser pai?

— Ah! Claro que sim, doçura. Mas eu pretendo antes aproveitar a vida. Criança não dá sossego. Só quando dorme. Mas não é sobre isso que eu gostaria de falar com você hoje. É sobre algo que aconteceu e que me deixou admirado!

Ela se virou para ele, curiosa, aguardando a novidade:

— Quando chegarmos a sua casa, com tranquilidade, eu lhe conto.

Elisa concordou e fizeram todo o trajeto calados. Em frente à casa dela, Marquinho estacionou o carro e disse:

— Elisa, querida, sabe que tive uma experiência parecida com a sua?

— Como assim?

— Deixe-me contar, e você entenderá.

Então Marquinho relatou a ela tudo o que lhe havia acontecido, inclusive que ele conhecera aquele que ela chamava de seu "anjo da guarda".

— Como é o nome dele mesmo? Não, não diga! Deixe-me lembrar! Já sei! Maneco Siqueira! Ele é mulato, magro e simpático.

Elisa exultou, especialmente porque o namorado deixaria de duvidar dela, incomodando-a com seu ciúme.

Para cativá-la mais, ele prometeu:

— Querida, quando você for ao Centro Espírita, quero ir também. Fiquei curioso e interessado, pois nunca imaginei que essas coisas pudessem acontecer realmente.

Elisa respirou fundo, cheia de esperanças. Não é que seu namorado estava mudando mesmo?!

✻

A partir desse dia, tudo foi caminhando para melhor. Sempre que Elisa e a mãe iam à casa espírita com dona Genoveva, Marquinho as acompanhava. Assim, elas acabaram dispensando a carona da amiga, pois o namorado de Elisa as levava.

Elisa estava contente. Marquinho parecia bastante interessado em conhecer o Espiritismo, o que a enchia de esperanças. Oseias, contudo, ao se encontrar com Marquinho no centro, sentia-se incomodado. No fundo, ele não acreditava na mudança do rapaz.

Na primeira noite em que eles se encontraram na Casa Espírita, Maria, que estava perto, apresentou-os. Ambos trocaram um aperto de mão, sem muita vontade e sem falar que já se conheciam. Ambos lembravam-se muito bem da briga no restaurante, que os marcara profundamente. Logo Oseias pediu licença e se afastou, alegando que precisava conversar com alguém.

19

A reunião

Conforme frequentava o centro espírita, ouvia palestras, lia mensagens e comprava livros, Marquinho ia mudando. Cada vez mais o conhecimento do mundo espiritual entrava em sua vida. Ao ser informado de que o livre-arbítrio dirige nossos passos e de que somos livres para tomar decisões, mas ficamos escravos das consequências que geramos com nossas atitudes, ele ficou preocupado.

Alguns dias antes ele acordou, lembrando-se de um sonho que muito o impressionara. Via sua casa guardada por alguns homens e enormes cães agressivos. Sentiu vontade de conversar com alguém sobre esse sonho, pois lhe parecera muito real. Como ele não tinha cachorros em casa, não sabia a que atribuir tal sonho.

A oportunidade surgiu, certo dia, após o término da reunião pública. Era costume ficarem conversando no pátio, e Marquinho, ao ver Homero, um dos orientadores da casa espírita, sozinho, resolveu aproveitar para desfazer suas dúvidas. Então, aproximando-se, começou a conversar com ele e acabou por contar-lhe o sonho que tivera. Concluiu perguntando:

— Qual seria o significado desse sonho, Homero?

Gentilmente, o trabalhador da casa explicou:

— Seu sonho, Marco Antônio, tem a ver com o modo como conduz sua existência. Esses cachorros estão ali para protegê-lo. De alguma forma, são colaboradores das suas atividades, seja no plano físico ou no plano espiritual.

Homero calou-se por alguns segundos, deixando que o interlocutor refletisse sobre a razão de ter necessidade de tais seguranças. Marquinho se lembrou:

— Curioso o que você me disse, Homero. Lembro-me, também, de outra situação em que me vi em casa dormindo. De súbito, a porta do quarto foi aberta, e uns caras entraram com toda a liberdade, como se fôssemos velhos amigos. Convidavam-me para sair. Sabe como é, aproveitar a noite... Aquilo me causou estranheza, pois eu não os conhecia. Deu para entender? É normal isso?

— Entendi perfeitamente — disse Homero, e prosseguiu: — Marco Antônio, somos responsáveis pelas companhias que escolhemos. Certamente, esses espíritos são ligados a você pelos seus desejos, vontades, tendências e ações. Confesso-lhe que, quando me falou dos cães, senti grande mal-estar íntimo. Eles são muito ferozes.

— Interessante. Nunca pensei que no mundo espiritual existissem animais!

— Como não? Os animais também são seres que estão progredindo. Assim, reencarnam como nós, seres humanos, com a diferença de que suas existências são mais curtas e retornam ao corpo físico em menor espaço de tempo, por não estarem sujeitos à expiação, apenas ao processo evolutivo. Voltando ao mundo espiritual, muitos, como cavalos e cães, que prestam colaboração alegremente, são auxiliares devotados dos espíritos no socorro aos necessitados. No entanto, pode acontecer também, não raro, que, em virtude de erros clamorosos no passado — quando agiram com máxima crueldade e ferocidade, mesmo em relação a seus irmãos em humanidade — e de sua baixa condição moral, espíritos acabem tomando a forma de animais pela ação de poderosos magnetizadores. Muitas vezes, o próprio espírito faltoso, sob a ação do sentimento de culpa, do remorso torturante, em processo de auto-hipnotismo, vai repetindo para si mesmo a ideia de que é um animal, deteriora o perispírito, plástico por natureza, e, pela indução, plasma a forma do animal com o qual sente semelhança. Em outras situações, entidades que causaram muito mal a outros, que guardam sentimentos de agressividade, maldade, violência, ódio, rancor, acabam tão centralizadas em pensamentos com esse teor destrutivo que, pela indução magnética de espíritos mais experientes que dominam as regiões trevosas, ensejam o retorno à forma animal que melhor lhes exprima a condição de moralidade espiritual. Todavia, eles não perdem o que conquistaram, apenas se ajustam temporariamente à nova forma, obedecendo às ordens de seres vingativos e cruéis.

Marquinho estava assombrado e boquiaberto com as revelações. Agradeceu as explicações de Homero, que ainda sugeriu:

— Marco Antônio, creio que deveria ler a obra *Libertação*, do Espírito André Luiz, recebida pelo extraordinário médium Francisco Cândido Xavier, que trata desse assunto.[24]

O rapaz agradeceu novamente e se afastou. Precisava pensar no assunto. Entendeu que tanto os espíritos que vira em sua casa quanto os cães estavam ali em razão das suas atividades fora da lei.

Muito assustado, ele sentiu um calafrio que o envolveu da cabeça aos pés, eriçando-lhe os pelos de todo o corpo. Com medo, pediu licença a Elisa, explicando-lhe ter se lembrado de algo importante e que, por esse motivo, precisaria ausentar-se antes. Elisa o liberou, mas notou algo estranho.

— Você está bem, Marquinho? Parece pálido, tenso!

— Não, estou bem. Talvez seja uma gripe, pois senti um arrepio no corpo. Mas estou bem, pode acreditar. Só preciso me ausentar mais cedo. Como vocês gostam de ficar conversando, peço-lhes que hoje peguem carona com dona Genoveva.

— Não tem problema. Pode ir, Marquinho. Nossa amiga nos levará de volta para casa, fique tranquilo. Até amanhã!

Ao procurar Genoveva, Elisa não a encontrou. Perguntou a Oseias, que lhe informou prontamente:

— Dona Genoveva já foi embora, Elisa. Estava com pressa hoje. Porém, se estiver precisando de condução, poderei levá-las com muito prazer.

— Obrigada, Oseias. Aceito.

Como os demais começaram a se despedir, Oseias aproximou-se de Maria e de Elisa, colocando-se à disposição delas.

---

24. Capítulo V, "Operações Seletivas".

— Está mesmo na hora, Oseias. Amanhã começamos a trabalhar cedo.

— O carro está logo ali — disse ele, indo na frente e abrindo a porta para que elas se acomodassem.

Maria entrou atrás, e Elisa na frente. Chegando a casa, a mãe desceu, despedindo-se de Oseias, e Elisa, tentando ser gentil, perguntou se ele gostaria de tomar um café. O rapaz recusou o oferecimento, não querendo incomodá-la àquela hora da noite, mas demonstrando que gostaria de continuar conversando um pouco mais, indagou:

— Elisa, como você está? E seu relacionamento com Marquinho? Não temos tido oportunidade de conversar e fico preocupado.

— Estou bem, Oseias. Marquinho agora parece diferente, mais acessível. Enfim, vou levando!

Segurando o volante, suas mãos se crisparam. Pensativo, ele retrucou:

— Esse seu "vou levando" me deixou preocupado. Está acontecendo algo que eu não saiba? Diga, por favor! Sou seu amigo e só quero ajudá-la, Elisa!

— Fique tranquilo, não está havendo nada. Eu é que me sinto estranha às vezes. Nem sei explicar. Deixa pra lá! Oseias, obrigada pela carona. Até amanhã!

— Até amanhã, Elisa.

O rapaz ligou o carro e foi embora, pensativo. Elisa não o convencera. Aquela saída rápida mostrava que ela temia falar demais. O que estaria acontecendo?

Elisa entrou e foi direto para o seu quarto. Sentia grande vontade de chorar.

A verdade é que, agora que Marquinho resolvera frequentar a Casa Espírita, que se mostrava cordato, Elisa não entendia o que estava acontecendo em seu íntimo. Tanto desejara que ele mudasse — o que estava acontecendo agora —, porém, no fundo, parece que isso não a interessava mais, ou, pelo menos, não a interessava como antes.

"O que será que está havendo comigo?", pensou.

Sentia-se satisfeita, sim, pela mudança que percebia em Marquinho, não por ela, mas por ele mesmo, que estava dando novo rumo novo à sua vida, pelo menos ela acreditava nisso.

No entanto, também reconhecia que alguma coisa não ia bem lá dentro do peito. Pressentia que algo fosse acontecer, o que a deixava tensa, preocupada.

Chorou... Chorou muito... Até que adormeceu de cansaço.

Na manhã seguinte despertou mais animada e foi para o serviço. Oseias não estava na portaria. Elisa trabalhou o dia todo sem descanso. Ao entardecer, deixou o prédio, cumprimentando Oseias rapidamente.

Ali perto, viu o carro de Marquinho estacionado e se aproximou. Entrou, e eles se beijaram. O namorado a convidou para dar um passeio.

— Afinal, Elisa, nós quase não temos saído juntos — concluiu.

— Tudo bem, Marquinho. Deixe-me só avisar minha mãe, para que ela não fique preocupada se eu demorar.

Marquinho a levou para casa, e Elisa rapidamente avisou a mãe. Depois voltou para o carro e perguntou ao namorado:

— Para onde vamos?

— Bem. Pensei em darmos uma volta. Depois a gente resolve o que vai fazer.

Elisa concordou, e, assim, eles acabaram ficando horas juntos. Parecia que tudo voltara a ser perfeito entre eles. Marquinho mostrava-se mais gentil, agradável e simpático, o que a fez lembrar-se dos primeiros tempos de namoro.

Era madrugada quando ele a trouxe de volta para casa. Despediram-se, e Elisa entrou. Maria, que não estava acostumada a esses programas da filha, inquieta, ficou esperando-a. Ao ver a mãe dormindo de novo na sala, como no tempo em que tinha problemas, estranhou:

— Mãe, vá dormir em seu quarto!

Abrindo os olhos e espreguiçando-se, Maria comentou:

— Você chegou tão tarde hoje! Algo especial?

Risonha, Elisa concordou.

— Sim, mãe. Marquinho e eu acertamos os nossos ponteiros. Agora acho que é pra valer!

A mãe sorriu de leve, como se não estivesse muito certa de que era o melhor para a filha, mas não deixou de cumprimentá-la.

— Parabéns, filha. Espero que você seja muito feliz.

— Eu também, mãe. Eu também. Vamos dormir?

Encaminharam-se para seus quartos e logo estavam dormindo.

Algum tempo depois, Elisa sentiu-se fora do corpo. Olhando para os lados, notou que ali estavam outras pessoas. Estranhou. Todavia, o ambiente calmo e envolto em emanações de branda luminosidade a tranquilizou.

Reconheceu um senhor de cabelos brancos que já vira antes; seu "anjo" Maneco; outro rapaz, de cabelos encaracolados, que também conhecia ; além de sua mãe e de Marquinho, o qual se sentia meio desambientado. Havia ainda outras pessoas que ela "sentia" que conhecia, mas não se recordava de onde as tinha visto.

Nesse momento, o senhor de cabelos brancos, que era Matheus, foi para perto dela e, estendendo a mão para Marquinho, aproximou os dois. Com infinita ternura, dirigiu-se a ambos:

— *Elisa e Marco Antônio! Aqui estamos reunidos nesta hora para que, com o amparo de Deus e de Jesus, possamos firmar um compromisso de entendimento entre ambos.*

Sob as vibrações etéreas do ambiente, diante daquele ser envolto em claridade azulada e que exteriorizava tanta paz e amor, naturalmente ambos se ajoelharam reverentes, sentindo a importância daquela hora.

Matheus calou-se por alguns instantes. Depois colocou as mãos sobre a cabeça dos jovens, elevou a nobre fronte para o Alto e suplicou:

— *Senhor Deus, nosso Pai de Excelso Amor! Neste momento nos reunimos para selar um compromisso entre Elisa e Marco Antônio, aqui presentes, de modo que a existência deles se revista de mais importância e estímulo para prosseguirem juntos e realizarem a programação estabelecida ainda no plano espiritual. Também está presente nosso querido amigo Manoel, cuja romagem terrena já esteve, em mais de uma existência, vinculada a este jovem casal.*

Fazendo um gesto para Galeno, o amigo espiritual pediu--lhe que aproximasse nosso querido Maneco, extremamente emocionado, para perto do casal ajoelhado.

Conforme olhava para Elisa e Marco Antônio, Maneco foi se modificando aos poucos, sem perceber, até exibir a aparência que tinha séculos atrás. Elisa e Marquinho olharam para ele, assustados:

— Rodolfo! — exclamou Elisa num grito sufocado, perplexa.

— *Sim, Amanda, sou eu! Eu, que muito tenho sofrido desde aquela época em que a atingi, e você caiu perdendo o bebê, nosso filho! Em vão supliquei seu perdão, você não o aceitava. Depois, no século 19, como o escravo Inácio, desde pequeno encantara-me pela sinhazinha Suzana, que me rejeitava sempre, embora anos mais tarde usasse meus préstimos para livrá-la de todo o serviço sujo, comprometendo-me perante mim mesmo e perante Deus.*

— Acha que devo perdoá-lo por tudo o que me fez, Rodolfo? Julga mesmo que merece meu perdão? Não sabe o que sofri sozinha, após perder nosso filho, com minha mãe doente e sem recursos para viver! — respondeu, levantando-se.

Naquele momento, em virtude das reminiscências, ela foi se modificando, também e voltando a ter a aparência de Amanda, como ele a havia conhecido àquela época.

Rodolfo ajoelhou-se à frente de Amanda, implorando uma nova oportunidade.

Nesse instante, Matheus aproximou-se e, colocando a mão sobre a cabeça de Amanda, ponderou:

— *Minha irmã! Quem de nós está isento de erros? Quem de nós pode atirar a primeira pedra, acusando seu irmão? Durante inúmeras existências, vamos gerando laços de amor e ódio, até que o sentimento maior prevaleça, elevando-nos moralmente. Quantas vezes você recusou o amor que ele lhe oferecia, de mãos estendidas, ignorando o apaixonado que morria a seus pés, sem o bálsamo da sua graça? Quantas vezes arremessou-o para o crime, aproveitando-se do amor que ele sentia por você? Ah! Minha irmã! Sem conhecer todo nosso passado de erros, não podemos atirar pedras nos outros. Construiremos nossa trajetória espiritual baseando-nos em ilusões passageiras.*

Matheus calou-se por alguns instantes, dando-lhe tempo para refletir. Em rápido retrospecto, ela se viu como uma jovem e bela sinhazinha, cheia de preconceito, que maltratava seus escravos, especialmente Inácio, que crescera ao lado dela e a quem encarregava de seus assuntos sigilosos.

Matheus aguardou que ela voltasse, depois prosseguiu, com carinhosa inflexão:

— *Assim, aceita, querida irmã, a mão que ele generosamente lhe estende agora, buscando a reconciliação. Rodolfo, ou Inácio, deseja apenas aproximar-se de você; deseja que o agasalhe em seu regaço para que o ódio se converta em sacrossanto amor! Não lhe negue esta oportunidade de retorno à carne, pois ele precisa disso para prosseguir sua jornada espiritual.*

Assim falando, a generosa entidade aproximou um do outro. Finalmente, Amanda estendeu a mão a Rodolfo, liberta do desamor:

— Aceito. Vamos recomeçar, Rodolfo. Será meu filho do coração, assim como serei para você a mãezinha amorosa e diligente.

Ambos se abraçaram, e, naquele momento, Matheus reuniu num mesmo abraço Elisa, Maneco e o pai, Marco Antônio.

A reunião foi encerrada em transportes de alegria.

Todos estavam satisfeitos. Elisa e Maria retornaram aos seus respectivos corpos, adormecidos, e os demais encarnados retornaram para suas casas, auxiliados pelos amigos espirituais.

Elisa imediatamente despertou. Sentou-se na cama com a sensação de que algo de muito importante havia acontecido naquela noite. Procurou acalmar-se, conquanto sua sensibilidade lhe dissesse que fora tudo muito bom, que problemas sérios seriam solucionados a partir daquela data.

Pegou a pequena moringa que ficava na mesinha ao lado da cama, colocou água no copo e tomou um gole. Depois, satisfeita intimamente, tornou a se deitar e dormiu.

✳

Na manhã seguinte despertou animada, tomou banho, arrumou-se e encontrou a mãe na cozinha, pensativa, com a mão segurando a caneca de café. Sentou-se e quis saber, enquanto também se servia:

— Por que tão pensativa, minha mãe?

Com ar distante, Maria respondeu lentamente:

— Não sei, minha filha. Acordei com a sensação de que estive numa reunião muito importante, porém não me lembro de nada...

Elisa sorriu concordando. Sim, ela também se recordava de algo assim, de pessoas que ela sabia serem conhecidas de longo tempo, mas não se lembrava de onde nem quando as conhecera.

Ambas ficaram absortas, até que Elisa se lembrou de que precisava correr. Estava atrasada para o trabalho. Deu um beijo na mãe e saiu apressada porta afora.

20

Departamento de Reencarnação

Terminada a reunião no mundo espiritual, todos estavam satisfeitos. Uma etapa fora encerrada, e agora outra se iniciaria, repleta de trabalho e de bênçãos.

Maneco, que reassumira sua aparência atual, vendo Matheus, que terminava uma conversa com duas senhoras, aproximou-se dele e considerou:

— *Assistente Matheus, eu lhe agradeço o empenho em me aproximar de Elisa. Parece que agora tudo vai caminhar bem, não acha?*

O carinhoso amigo espiritual pensou um pouco e ponderou:

— *Sem dúvida, Manoel. No entanto, não podemos considerar o projeto ganho. O que você viu hoje é apenas o começo. Temos ainda um longo trecho a percorrer antes de nos considerarmos vencedores. Obter*

246

a adesão de Elisa foi fundamental para darmos prosseguimento ao processo.

— Qual será o próximo passo?

— Fazer um estudo detalhado das suas necessidades e potencialidades, com vistas a um novo mergulho na carne. Dentro de alguns dias, após dar sequências às prioridades, iniciaremos essa parte do projeto. Você será notificado. Até lá, mantenha-se sereno, ore bastante e procure estreitar as relações com seus futuros pais. Samuel, a partir daqui, será seu orientador. Reporte-se a ele sempre que precisar.

Junto de Maneco, acompanhei o diálogo de ambos, pois tinha que me manter a par da situação, já que eu recebera a incumbência de acompanhá-lo e ajudar em tudo que fosse possível. Nessa época eu ainda não sabia, mas o projeto de nossos superiores previa que eu, no futuro, pudesse relatar esse caso aos amigos encarnados.

Maneco agradeceu ao nosso bondoso assistente e, como estava liberado das suas funções, assim como eu, daí em diante meu amigo permaneceria a maior parte do tempo em contato com Elisa e Marquinho, acompanhando-os em suas atividades diárias, tarefa essa nada fácil de executar. Maneco teria que se desdobrar para estar junto de seus futuros pais, pelo menos nas horas mais importantes.

Elisa, sua querida futura mãe, era tarefa fácil. Ela mantinha um padrão de vida normal, tranquilo e respeitável; sua rotina resumia-se ao trabalho de diarista, à frequência à Casa Espírita em determinado dia da semana e às obrigações no lar.

Marquinho, porém, não dava moleza; era "osso duro de roer", como diríamos enquanto habitantes do planeta. Maneco tinha que se esforçar para acompanhá-lo, pois os relacionamentos do futuro pai eram de baixo nível.

Meu amigo dava o máximo de si, procurando orientar Marquinho para que não entrasse em fria, buscando alertá-lo a pensar melhor antes de se envolver em negócios escusos e livrá-lo de discussões e brigas com seus violentos parceiros, além de toda sorte de situações difíceis. Nessas ocasiões, não raro, Maneco era obrigado a pedir auxílio, suplicando ajuda dos amigos espirituais quando via a situação fugir do controle, de modo que não corresse o risco de ficar sem seu futuro pai. E eu, como permanecia junto dele, também sofria nesses momentos, socorrendo-o sempre que possível.

Certa ocasião, Maneco, em um grupo do qual participavam somente os que estivessem estudando sobre o tema reencarnação, inquiriu seu orientador:

— *Samuel, não dá para me arranjarem outro pai?*

Com fisionomia grave, o orientador pensou um pouco, analisando o rapaz, depois devolveu a pergunta:

— *Existe alguma razão especial para este seu pedido, Manoel?*

— *Sem dúvida. Do jeito que as coisas andam, creio que será difícil eu conseguir reencarnar. Ou então já vou nascer sem pai!*

Não obstante a seriedade do assunto, a expressão de Maneco, de olhos arregalados, fez com que os amigos rissem do seu medo, e até Samuel não pôde deixar de achar graça, antes de responder:

— *Não, Manoel. Seu processo foi estudado minuciosamente, e Marco Antônio é o ideal para assumir a sua paternidade.*

— *Bem, se não há outro jeito, vou ter que me desdobrar* — respondeu ele um tanto desolado.

Um anjo em nossa vida   249

Notando seu estado, Samuel considerou com leve sorriso:

— *Não me parece que a situação seja tão grave assim, Manoel. Sempre precisamos contar com a melhoria das pessoas, e seu futuro pai pode nos surpreender. Além disso, meu caro amigo, não se esqueça de que você estará perto de Elisa, alguém que muito ama. Certamente inúmeros espíritos dariam tudo para tê-la como mãe.*

Aquelas palavras levantaram o ânimo de Maneco e o meu também, pois igualmente me sentia "cansado" de ter que ficar apartando brigas o tempo todo. Ele respondeu emocionado:

— *Tem toda razão, Samuel. Não posso desanimar diante do primeiro obstáculo. Ter Elisa como mãe é extremamente importante para mim. Poder estar ao lado dela, conviver com ela, receber seus afagos... Não há o que pague tantas bênçãos!*

— *Então, meu irmão, permaneça firme em seu posto, pois não será por muito tempo. Logo o processo entrará em nova etapa, e você terá outras preocupações.*

Notei que aquelas palavras mexeram com Maneco, que ficou apreensivo. Arregalou os olhos, levantando as sobrancelhas interrogativamente, num jeito seu muito característico.

— *É?*

— *Sim! Terá que dar prosseguimento ao processo reencarnatório. Não é isso que deseja?* — tornou Samuel.

— *Sem dúvida!*

— *Então, contenha sua ansiedade e ore bastante, Manoel.*

Em seguida, considerando encerrada a reunião, um dos nossos fez uma prece, e logo estávamos liberados. Os demais, curiosos, vieram conversar com Maneco, fazendo-lhe mil perguntas.

Todavia, como o tempo avançasse, acabamos nos dispersando, uma vez que os demais iriam trabalhar no dia seguinte.

Maneco e eu também nos dirigimos às nossas casas. De manhã, bem cedinho, voltaríamos às nossas atividades na Crosta. Era preciso que estivéssemos a postos antes de nossos tutelados despertarem.

※

Uma semana depois, fomos chamados de volta a Céu Azul pelo Orientador Samuel. Deveríamos nos apresentar à hora marcada na sala de Matheus, no Centro de Estudos da Individualidade, tão nosso conhecido.

Maneco estava ansioso. Com certeza teria novas informações sobre sua reencarnação. Acalmei-o, fizemos uma oração e demandamos ao local. Ao entrar na sala ampla e clara, logo vimos Samuel, que nos aguardava conversando com Matheus.

Trocamos cumprimentos, e, sem mais delongas, o assistente Matheus comunicou a meu amigo:

— *Manoel, hoje você conhecerá o nosso Departamento de Reencarnação. É importante para que entenda todo o processo de renascimento, o que certamente lhe dará condições para se informar sobre a preparação do próprio corpo. Samuel os acompanhará.*

Assim, despedindo-nos de Matheus, agradecidos, fomos para a rua acompanhando Samuel, que sempre era companhia agradável e interessante. Caminhamos por algum tempo em meio a grandes árvores e belo jardim, no centro do qual havia uma bela fonte em que jorros de água límpida elevavam-se no ar de forma artística, descrevendo movimentos luminosos, para depois cair sobre um tanque raso, porém largo. Logo vimos uma construção extensa e elegante. Ampla rampa era a porta de acesso pela qual transitavam muitas pessoas indo e vindo.

Meu coração bateu mais forte, e, certamente, pelo olhar que me lançou, o de Maneco também. Adentramos um átrio grande e quadrado. A luminosidade natural vinha do teto bem elevado, compondo magnífico vitral que mostrava uma cena de Maria de Nazaré tendo ao colo Jesus, seu filho.

O quadro nos emocionou pela pureza de linhas, pela expressão de Maria e do recém-nascido, e pelas cores que ganhavam brilho diferente conforme o ângulo pelo qual se olhava. No centro desse átrio havia duas esculturas, modelos masculino e feminino de belíssimos corpos humanos, em material transparente e luminoso, que nos permitia vislumbrar-lhes os organismos em pleno funcionamento.

De imediato, recordei-me de André Luiz, que, em um de seus livros[25], fizera o relato de esculturas existentes na cidade espiritual Nosso Lar, as quais deveriam ser semelhantes a estas que tínhamos diante de nossos olhos. Lembro-me de que, à época que li o texto, fiquei fascinado. Conquanto a descritiva do autor fosse primorosa, deixando-me bastante impressionado, agora, pessoalmente, posso afirmar: as esculturas eram realmente magníficas! Eu ficaria ali durante horas, vendo aqueles organismos em funcionamento, apesar de não ter grandes conhecimentos de biologia, salvo aqueles adquiridos no colégio. Assim, imagino a emoção que André Luiz, sendo médico, sentiu diante de tais maravilhas.

---

25. Refere-se o autor à obra *Missionários da Luz*, de autoria do Espírito André Luiz, psicografia de Francisco Cândido Xavier, Editora FEB.

Então, sem poder desviar o olhar dos modelos, perguntei a Samuel:

— *São as mesmas que existem em Nosso Lar?*

O orientador, sorrindo diante da minha perplexidade, esclareceu:

— *Não, César. São cópias, em tamanho menor, porém com o mesmo primor de técnica. Aliás, todas as colônias espirituais com Departamentos de Reencarnação possuem modelos parecidos com estes, de modo que todos que ali entrem possam sentir idêntica reverência pelo organismo material, muito mais aperfeiçoado, que nos permite renascer no planeta tantas vezes forem necessárias para o burilamento do ser imortal. Observem os órgãos, o funcionamento do coração, os sistemas sanguíneo e linfático, a musculatura, o sistema nervoso, as glândulas, que desde o cérebro até a área genésica criam um sistema luminoso e interligado sob a direção da epífise no centro da cabeça.*

Realmente eram maravilhas que tínhamos sob nossas vistas. Ambos os modelos eram luminosos, e cada sistema, cada órgão, aparecia em cores diferenciadas. Naquele momento, uma reverência imensa a Deus, Criador de tudo o que existe, encheu-me de amor e veneração. E pensar que, na Terra, os seres humanos não se dão conta da maravilha de organismo que possuem, dilapidando-o sem qualquer respeito.

Analisando aquelas perfeições, curioso, indaguei:

— *Samuel, você falou sobre colônias espirituais, como Céu Azul, que possuem tal departamento. O que acontece com Espíritos que estão em regiões mais densas de sofrimento e que precisam reencarnar?*

— *Nesses casos, que se contam aos milhões, os necessitados recebem a ajuda de benfeitores espirituais ligados a eles, familiares, amigos ou Espíritos encarregados por Nosso Pai de assisti-los. Não*

raro, nem sabem que serão levados à encarnação, tal o estado em que se encontram. Muitos, em virtude dos males que causam às coletividades, são "internados" na carne como um mal menor. Porém, existem infinitas situações que podem ocorrer, pois as decisões de Nossos Maiores são adotadas de acordo com as condições e necessidades de cada um. De qualquer forma, ninguém fica sem o amparo divino.

Como não tivéssemos muito tempo, Samuel sugeriu que nos encaminhássemos para o interior do prédio. Andando por larga galeria, vimos muitas salas, cujas paredes transparentes nos permitiam vislumbrar seu interior e o movimento intenso em todas elas. Víamos espíritos conversando, recebendo instruções, lendo folhas semelhantes às de papel. Samuel nos informou serem mapas de corpos orgânicos, necessários ao planejamento da reencarnação, confeccionados por especialistas na área biológica, cujos conhecimentos são fundamentais para a elaboração do modelo físico do futuro reencarnante.

Examinávamos tudo, até que chegamos a uma sala em que um senhor de pele morena, cabelos e barba castanhos, curtos, nos recebeu com largo sorriso:

— Samuel! Prazer em tê-lo aqui conosco! Sejam bem-vindos!

— O prazer é nosso, Euclides. Trouxe dois amigos para conhecerem o Departamento: Manoel e César Augusto — disse, apresentando-nos.

Euclides cumprimentou-nos sorridente, considerando:

— Realmente, aqui há muito a se aprender. Especialmente se a pessoa planeja retornar ao mundo material em nova encarnação, não é, Samuel?

O orientador trocou um olhar conosco e esclareceu:

— Exato, Euclides. Temos aqui o nosso Manoel, que está iniciando o planejamento do seu retorno às lides terrenas.

— Ah! Então, realmente necessita impregnar-se de conhecimentos, que lhe serão de bastante utilidade no futuro. Veja, Manoel! Aqui temos um mapa cromossômico que me chegou esta manhã. Em virtude das necessidades cármicas e evolutivas, este espírito deverá renascer portando algumas disfunções no campo energético, com relação ao fígado, bastante danificado no passado por uma vida dedicada às libações alcoólicas. Como tem conquistado méritos por seu trabalho aqui no mundo espiritual, nosso amigo renascerá num corpo material perfeito. Todavia se, com o correr dos anos, sentir tendência novamente para o alcoolismo, irá disparar um sistema que provocará problemas no fígado, obrigando-o a repensar seus hábitos.

— Como se fosse uma trava de segurança, evitando mal maior? — indaguei impressionado.

— Exatamente, César Augusto. É medida de contenção, a pedido do próprio interessado, que teme uma recaída no vício. Desde que se mantenha fiel aos propósitos estabelecidos, tudo correrá bem, e nada terá a temer. Caso contrário, entrará em ação o determinismo da Lei Divina.

— Mas ele não escolheu livremente o que iria passar na existência, exercitando o livre-arbítrio? — indagou Maneco, curioso.

— Correto, Manoel. Contudo, o livre-arbítrio utilizado para nossas escolhas aqui no plano espiritual ressurgirá na carne como determinismo da Lei, pois "aqui" nós exercitamos a liberdade de escolha com consciência das nossas necessidades reais, o que não ocorre quando habitantes do planeta.

Estávamos impressionados. Quantos problemas poderiam ser assim resolvidos, evitando-se uma nova queda!

Denotando ter percebido nosso pensamento, Euclides considerou:

— *Sem dúvida! Porque não se trata apenas de vícios, mas de tudo o que signifique possibilidade de queda para o espírito. Quem fala demais poderá optar pela mudez; quem só vê o lado negativo de tudo, optar pela cegueira; quem teme ser arrastado pela beleza física, optar por um problema de pele que dificulte a vaidade, ou uma disfunção na glândula tireoide, por exemplo, que trará modificações ao corpo, resultando em magreza excessiva ou tendência à obesidade, e assim por diante.*

— *E tais pedidos ocorrem com frequência?* — quis saber Maneco.

— *Sim, Manoel! Muito mais do que se possa imaginar. No entanto, ao retornar ao mundo físico, esquecidos de que pediram tal medida de contenção, com frequência reclamam das doenças que os atacam, e que na verdade representam verdadeiros presentes do Alto, bênçãos que lhes permitem evitar danos maiores ao espírito imortal.*

Maneco quedou-se, pensativo, depois tornou:

— *Euclides, e no meu caso? Poderia escolher tal cuidado no planejamento do futuro corpo?*

— *Teríamos que analisar seu passado, as consideradas quedas recorrentes e também seus créditos adquiridos no labor do bem, para fazermos uma avaliação justa e correta.*

Como não dispúnhamos de muito tempo, Samuel agradeceu ao amigo Euclides e despedimo-nos dele. Abraçando Maneco, ele disse:

— *Se for o caso, eu me coloco à disposição para ajudá-lo no estudo do organismo mais adequado às suas necessidades. Conte comigo, Manoel!*

Por mais algum tempo, percorremos as salas, vendo tudo o que ali era feito, analisando a importância daquele departamento. Ao sairmos, já descendo a rampa, Maneco comentou:

— Quanto cuidado para programar um corpo físico que, no futuro, os encarnados irão estragar, sem considerar o esforço despendido na sua elaboração. Quanta gente trabalhando para ajudar a definir cada detalhe, cada pequena peça orgânica, para que tudo transcorra da melhor maneira durante a existência!

— Tem razão, Maneco — concordei. — E depois, ao renascer, reclamam de tudo: dos olhos, da pele, dos cabelos, da altura, do corpo que poderia ser mais magro ou mais cheinho, e assim por diante. Ou então: Por que fui nascer em tal família? Por que sou obrigado a ter tal profissão, e não aquela que eu queria? Por que nasci tão pobre, quando tantos nascem em berço de ouro?

Samuel, que ouvia o nosso comentário, aduziu:

— Meus amigos, as barreiras do corpo material são grandes, se o espírito não procurou conservar no íntimo o que realmente se propôs a fazer após o renascimento. É por isso que não adianta o espírito retornar às lides terrenas sem estar preparado para o que terá de enfrentar. Quando consciente da situação, das suas verdadeiras necessidades, conquanto sob a bênção do esquecimento, no fundo o espírito sabe como deve agir: que precisa aceitar a família e ajudá-la, ou ser ajudado por ela; que deve contentar-se com o que tem, pois dinheiro em excesso não lhe faria bem; que a profissão, qualquer que seja, é bênção que lhe dá sustentação na vida, e que deve ser encarada por ele com seriedade e responsabilidade, procurando fazer o melhor que puder. Assim agindo, mesmo sem a lembrança nítida do que deve fazer, o espírito age com consciência, aproveitando a vida e candidatando-se sempre mais ao auxílio divino que faz por merecer.

Ouvindo Samuel falar, ambos ficamos pensativos. Cada qual refletindo na própria realidade espiritual.

21

Pedido de casamento

$\mathbf{A}$ partir desse dia, tudo foi se processando de maneira mais rápida. Certa ocasião, antes de dar entrada no Departamento de Preparação para Renascimentos, Maneco compareceu a uma reunião do grupo mediúnico do qual fazia parte na crosta.

Após as comunicações de entidades programadas para atendimento socorrista, no momento em que a reunião já caminhava para o final, bastante emocionado, Maneco aproximou-se da médium, a qual passou a expressar-lhe o pensamento. Contou aos companheiros encarnados que estava ali para se despedir, pois em breve iria reencarnar. E concluiu:

— *Peço a todos que não se esqueçam de mim. Vou precisar muito de suas orações, pois voltar à carne é uma decisão muito séria. Porém, estou confiante. Quem sabe até, um dia, lá no grupo de auxílio às gestantes, ao verem um mulatinho no colo da mãe, vocês irão se lembrar de mim? Nesse caso, podem apostar que sou eu mesmo!*

Todos riram, embora as lágrimas lhes aflorassem nos olhos nesta despedida do amigo com quem não sabiam quando e se voltariam a ter contato[26].

Cantaram uma música a pedido de Maneco, e ele voltou para junto de nós. Todos, encarnados e desencarnados, estávamos comovidos. Eu, especialmente, que me afeiçoara mais a ele, sentia-me como se estivesse perdendo um pedaço de mim, mas logo me recuperei para animá-lo:

— *Para que essas lágrimas, Maneco?! Você vai estar no colo da mamãe que tanto queria e terá em nós um bando de babás devotadas. O que mais pode desejar?*

Maneco abraçou-me, rindo por entre as lágrimas, e concordou:

— *Eu sei. Confio em vocês.*

Alguns dias depois, em uma reunião formal do nosso grupo, no plano espiritual, o amigo despedia-se de todos nós. Ao final, Samuel orou emocionada:

— *Senhor Deus, Pai generoso, fonte de toda a luz! Jesus, Mestre incomparável e Amigo! Com os corações repletos de gratidão, neste momento vos agradecemos pela oportunidade de trabalho e redenção que se oferece ao nosso amigo Manoel, que parte em busca de novas conquistas no planeta. Após este tempo de convivência, Senhor, é com carinho inexcedível que nos despedimos dele, conquanto não o percamos de vista, pois está atrelado ao nosso coração.*

---

26. Segundo as anotações feitas em cada reunião, a despedida de Maneco Siqueira aconteceu no dia 30 de novembro de 1999. (Nota da médium)

Samuel calou-se por alguns segundos, depois prosseguiu:

— *Diante da grave decisão tomada por Manoel, desejamos vos pedir que possamos auxiliar o amigo, orientando-o quando necessário, para que siga confiante no projeto escolhido. Porém, Senhor, se ele titubear, que sejamos sempre companheiros presentes e atentos, assistindo-o em todos os momentos. O retorno ao divino envoltório de carne que vós lhe concedeis lhe permitirá exercitar tudo o que aprendeu aqui no Mundo Maior, mantendo-se de consciência alerta e evitando novas quedas. Além de sedimentar os laços de afeto com os entes queridos, ressarcindo-se de graves erros do passado. Assim, Senhor, que nosso amigo Manoel possa sair vitorioso do projeto que logo irá iniciar. E que ele sinta-se protegido em todos os momentos por nós, seus amigos e companheiros espirituais. Que a vossa paz nos inunde de bem-estar, alegria e disposição para o trabalho enobrecedor! Obrigado, Senhor!*

Terminada a oração, despedimo-nos e, na manhã seguinte, acompanhamos Maneco até o local onde ficaria se preparando para a nova reencarnação.

Certa noite, algum tempo depois, assessorados pelos benfeitores espirituais, com extremo cuidado, nosso grupo conduziu Maneco para a crosta terrestre. Estávamos num veículo espaçoso, para maior comodidade dele. Difícil explicar o processo pelo qual nosso amigo havia passado. No entanto, notei que o reencarnante perdera em substância: seu corpo espiritual tinha passado por um processo "restringimento", isto é, tornara-se bem menor, ao passo que, embora consciente, sentia-se bastante fraco e sonolento. Ele olhou para mim e, num sopro de voz, murmurou:

— *Não se esqueça de mim, César. Ajude-me!*

Entendi perfeitamente que se referia à sua preocupação com a nova etapa de vida.

— *Maneco, mantenha-se tranquilo. Tudo vai dar certo. Nós estaremos sempre vigilantes e perto de você. Não o deixaremos sozinho. Confie em Deus!*

Ele me fez, com os olhos, um sinal de assentimento.

Logo chegamos ao local. Era noite, mas teríamos que esperar várias horas para que os responsáveis pudessem iniciar o processo propriamente dito. Maneco foi acomodado em pequeno quarto, sem dúvida o local mais tranquilo da casa, enquanto nós nos mantínhamos por perto, para ajudá-lo em qualquer eventualidade.

Mais tarde, Marco Antônio trouxe Elisa para casa. Sem saber a razão, ela desejava que o namorado ficasse. Ele a pedira em casamento, e Elisa aceitara, sentindo-se satisfeita; no fundo, tinha dúvidas quanto ao comportamento de Marquinho, mas, pelo tempo de namoro, achou que era o melhor a fazer.

Em conversa com a mãe da noiva, dias antes, o candidato a marido explicava:

— Dona Maria, amo muito sua filha e desejo me casar com ela. No entanto, no momento, minha situação econômica não permite. Então, pensei em fazermos uma reunião íntima para informar aos amigos da nossa união. Depois, o mais rápido possível, concretizaremos nosso casamento. O que acha?

A mãe de Elisa, que só desejava ver a filha feliz, não impôs resistência, sabendo que Elisa amava o rapaz. Além disso, ele se comprometera a casar com ela assim que pudesse. Logo, não seria ela que oporia resistência à união dos dois.

Então, naquele dia, Maria recolheu-se mais cedo, deixando a filha e o futuro genro conversando.

✳

Na manhã seguinte Elisa despertou com sensação de que algo importante acontecera àquela noite, porém, por mais que tentasse, não conseguia se lembrar.

Arrumou-se e foi para a cozinha, onde a mãe já fizera o café, cujo aroma rescendia pela casa toda.

— Dormiu tarde ontem, filha?

— Não, mãe — respondeu um tanto encabulada, ao ver que o noivo entrava na cozinha, espreguiçando-se.

— Ah! Entendi — murmurou a mãe, abaixando a cabeça, discreta.

— Querido, venha tomar café!

Marquinho beijou a testa de Elisa, sentando-se ao lado. Em seguida serviu-se de café, enquanto a noiva passava manteiga numa fatia grande de pão caseiro e colocava na frente dele. Só então ele cumprimentou a futura sogra.

— Bom dia, dona Maria! Dormiu bem? — perguntou, tentando conversar.

— Muito bem. Você também deve ter dormido bem, não é?

— Sem dúvida — respondeu ele, trocando um olhar com Elisa.

— Espero que não tenha esquecido o que me prometeu ontem à noite.

— Prometi alguma coisa? — indagou fazendo cara de surpresa. Ao ver a expressão grave de Maria, deu risada. — Estava brincando, sogrinha! Claro que me lembro. Vou me casar com Elisa, sim.

— Ainda bem — disse ela, pegando uma trouxa de roupas para lavar e saindo para o quintal.

Elisa e o noivo acabaram de tomar café e se levantaram. Ela pegou a bolsa, com pressa de sair para o trabalho, e o rapaz prontificou-se a levá-la. Em alguns minutos, o carro estacionava diante do prédio. Eles se despediram, e Elisa entrou.

Cumprimentou o porteiro, que era um senhor calvo, de uns 70 anos, que vivia reclamando de tudo.

— Bom dia, "seu" Duarte!

— Bom dia — respondeu ele, de cara fechada, como se não visse razão para tanto otimismo.

Mas ninguém conseguiria acabar com o bom humor de Elisa naquele dia tão bonito. Entrou no prédio, tomou o elevador e, em alguns segundos, abria a porta do apartamento. Guardou a bolsa, trocou de roupa e pegou o material de limpeza.

Ao passar o pano na sala, Elisa parou para olhar a paisagem que se avistava da grande janela da sala. O dia estava magnífico, e ela sentia uma alegria tão grande, tão intensa, que não cabia no peito. Como se falando para si mesma, murmurou:

— Parabéns, Elisa! Você agora é uma moça comprometida. Logo terá sua casa e poderá mobiliá-la como bem quiser. Terá um marido para cuidar... e quem sabe um filho?

Eufórica, ela dançou pela sala por alguns segundos. Depois, parou pensativa.

"Claro que estou feliz pelo meu casamento com Marquinho, mas... não sei. No fundo, tenho dúvidas se ele será um bom marido... Parece que ele é tão diferente de mim!".

— Ora, deixe pra lá! Não deve ser importante. Preciso é correr com a limpeza antes que a patroa chegue para o almoço — disse em voz alta.

Terminou a faxina, e logo a dona da casa chegou. Conversaram, e Elisa passou os recados telefônicos, a lista de produtos de limpeza de que iria precisar da próxima vez, além de gêneros alimentícios de que notara a falta. A senhora pagou-lhe o dia de trabalho, e se despediram.

Elisa desceu e, certa de que era o Duarte que estava na portaria, nem olhou para a janelinha, a fim de evitar-lhe o mau humor. Nisso, ouviu alguém dizer:

— Ei! Não cumprimenta mais os amigos? Que bicho a picou?

Virou-se surpresa e viu, com a cabeça para fora da janelinha, não o porteiro mal-humorado, mas seu amigo.

— Oseias! É você que está aí?! E o Duarte?

— Passou mal e foi para o pronto-socorro.

— Ah! Deve ter ficado sufocado com seu mau humor — disse sem pensar.

Depois, vendo a expressão entre surpresa e risonha de Oseias, desculpou-se:

— Não me leve a mal, Oseias, mas o Duarte é tão desagradável às vezes! De qualquer modo, não deveria ter feito esse comentário maldoso. Será que é grave o estado dele?

— Ainda não sabemos, Elisa. O síndico levou-o ao hospital. Assim que voltarem, seremos informados. Mas você não deixa de ter razão, Elisa, quanto ao Duarte. O estado de saúde dele deve, sim, sofrer com seu estado emocional. Nossos pensamentos, sentimentos e emoções dizem como nós somos, e o organismo, diante dessa carga toda, se ressente.

— É verdade, Oseias. Precisamos orar por ele. Afinal, não sabemos como é sua vida, os problemas que enfrenta. Não podemos julgar.

— Isso mesmo. Vamos orar. A prece pode ajudá-lo bastante. Você vai ao Centro amanhã?

— Sem dúvida. Agora tenho que ir. Outra faxina me aguarda. Fique com Deus, Oseias! Até amanhã!

— Até amanhã, Elisa!

22

Decepção

Algum tempo depois, às sete horas da manhã o despertador tocou, como sempre. Elisa tentou se levantar e não conseguiu; um estranho torpor a dominava. Tinha consciência de que precisava trabalhar, mas um sono invencível apoderara-se dela, e não conseguia levantar sequer a cabeça do travesseiro.

Estranhando a demora da filha, a mãe chegou até a porta do quarto e, vendo-a deitada ainda, aproximou-se perguntando:

— Filha, não vai trabalhar hoje? Está doente?

Abrindo os olhos, a moça respondeu apática:

— Mãe, eu não sei o que está acontecendo comigo. Não estou bem. Por favor, telefone para dona Dulce e diga que não vou hoje. Depois combinaremos outro dia desta semana para a faxina.

A mãe concordou e saiu do quarto. Ali perto havia um telefone público. Naquela manhã Elisa dormiu até a hora do almoço. Depois se levantou, ainda que com dificuldade, tomou um banho frio e se sentiu mais disposta. Na parte da tarde foi para a faxina normalmente.

Após um tempo, Elisa sentiu um mal-estar muito grande, acompanhado de náuseas, e correu para o banheiro, vomitando tudo o que tinha comido. Trêmula, sentindo-se fraca, sentou-se no sofá sem saber o que fazer, que atitude tomar. Depois, como precisasse terminar a faxina, continuou trabalhando, embora sem muita condição.

Ao chegar, a patroa estranhou-lhe a palidez, e Elisa se justificou:

— Devo ter comido algo que não me fez bem, dona Eulália. Deixei uma lista de compras para a senhora na mesa da cozinha. Até a semana que vem!

Elisa tomou o ônibus torcendo para que tivesse um lugar vago para se sentar. Não tinha, mas um cavalheiro cedeu-lhe o lugar, e ela agradeceu com um sorriso. No entanto, o cheiro de suor e de óleo diesel a incomodava. Desceu no primeiro ponto, passando mal novamente, e vomitou ali mesmo, na calçada. Completou o resto do trajeto a pé.

Entrou em casa e foi direto para o quarto, jogando-se no leito. Maria foi atrás dela.

— O que houve, Elisa?

— Não sei, mãe. Passei o dia todo me sentindo mal. Acho que alguma coisa que comi não me caiu bem no estômago.

— Fique deitada. Vou lhe fazer um chá.

Quando voltou, Maria a encontrou dormindo. Deixou a caneca de chá na mesinha de cabeceira e saiu fechando a porta.

"O melhor é mesmo descansar. Amanhã Elisa estará recuperada", pensou ela.

Na manhã seguinte Elisa acordou bem. Saiu para o serviço e, no ônibus, ia pensando:

"Muito estranho o que me aconteceu ontem. Nunca tive problemas de estômago. E aquela sonolência o dia todo, a dificuldade para levantar da cama? O que estará acontecendo comigo?".

Nesse momento uma senhora grávida sentou-se ao seu lado. Falante, a mulher pôs-se a conversar com ela, contando-lhe sobre os desconfortos da gravidez, o mal-estar, as náuseas, o sono, o inchaço nas pernas e muito mais, que Elisa nem conseguia escutar. Em sua cabeça ficava martelando aquela ideia insistente: "Náuseas? Sono? E se eu estiver grávida?!".

Lembrando-se das últimas vezes em que estivera com Marquinho, sentiu-se tranquila; sempre fora precavida. Ah!... De repente ela se lembrou, num susto, que no último encontro não tiveram os cuidados necessários. Agora Elisa não tinha mais dúvida: estava em processo de gestação. Decidiu que, tão logo se confirmasse a gravidez, falaria com o noivo.

Iria marcar consulta no médico, mas a agonia era tanta que não conseguiu esperar. Antes de se dirigir aonde teria serviço, entrou numa farmácia e comprou um teste de gravidez. Chegando ao endereço da faxina, aplicou o teste. Confirmado. Ela estava grávida. Quando fosse ao médico, seria apenas para fazer a primeira consulta como gestante.

Elisa telefonou para o noivo marcando um encontro para aquela noite. Iriam jantar em um restaurante bastante conhecido deles, tranquilo e acolhedor. Ao chegar em casa, ela tomou um banho rápido, arrumou-se e ficou esperando Marquinho chegar. Ele buzinou, e ela despediu-se da mãe, saindo rápido. Ao entrar no carro, o noivo deu-lhe um beijo.

— Tudo bem, doçura?

— Tudo bem, querido. Estava com saudades! Você não tem aparecido!

— Estive um pouco ocupado nestes últimos dias. Sabe como são os negócios!

"Não, não sabia como eram os negócios dele", pensou, mas se absteve de comentar.

Rapidamente chegaram ao restaurante. Acomodaram-se em sua mesa preferida, escolheram o prato e, enquanto aguardavam, ficaram conversando. Elisa pediu um suco, e ele, uma bebida qualquer.

Começaram a comer, e, após tomar um gole da bebida, o rapaz perguntou:

— Doçura, você disse que precisava falar comigo. O que é?

— Depois conversaremos. Não é assunto para se falar no meio de um jantar e com pessoas em torno, Marquinho.

— Ah! Tudo bem. Hum! Está uma delícia esta comida!

— O cozinheiro daqui é realmente muito bom! — ela concordou.

Acabaram de comer, ele pediu mais uma bebida, e o tempo foi passando. Quando ele terminou aquela garrafa, pediu outra, e Elisa já estava impaciente. Se dependesse do noivo, eles ficariam ali até de madrugada. Em dado momento, ela sugeriu:

— Querido, melhor irmos embora. Está ficando tarde.

Com voz empastada, ele ameaçou pedir outra bebida, mas ela o impediu:

— Não. Agora chega, Marquinho. Você já bebeu demais.

Após pagar a conta, eles saíram. Defronte da casa dela, ele parou o carro.

— Você não queria falar comigo, Elisa?

Ela respirou fundo e considerou com seriedade:

— Queria, sim. Mas não pode ser hoje. Pelo menos não no estado em que você está. Amanhã conversaremos, está bem?

Ele reclamou, afirmando que estava sóbrio, mas concordou e saiu cantando pneus. Triste, lamentando a oportunidade perdida, Elisa entrou em casa. Seu irmão estava assistindo à televisão.

— Não tenho visto Marquinho. Ele está bem? — perguntou Germano.

— O que você acha? Sair cantando pneus acontece quando ele está de porre.

— Você não entende os homens, Elisa. Você é chata! Vai acabar perdendo o cara.

— Pensamos de maneira diferente, Mano. Só isso!

Elisa deixou-o falando sozinho e foi para o quarto. Deitou-se preocupada e frustrada. Tinha urgência de contar ao noivo sobre o seu estado, uma vez que o assunto dizia respeito a ambos.

Arrumou-se, fez uma prece e deitou mais tranquila.

Na tarde do dia seguinte o noivo foi buscá-la à saída do serviço. Ao ver o carro, Elisa dirigiu-se para lá. Acomodou-se, e ele a beijou, convidando:

— Vamos tomar algo? Aqui perto tem um barzinho em que servem uns petiscos muito bons!

Elisa respondeu taxativa:

— Não. Precisamos conversar, querido. Leve-me para casa, sim?

Marquinho colocou o carro em movimento sem dizer uma palavra. Chegando diante da casa de Elisa, ele parou e desligou o motor. Só então se virou para ela:

— Muito bem. Estou à sua disposição. O que há de tão importante que você precisa conversar comigo?

Elisa pensou em preparar o ambiente, informando-o sobre o mal-estar que vinha sentindo e as dificuldades que estava atravessando, mas, de súbito, disse simplesmente:

— Estou grávida.

— O quê?! — ele reagiu, levando um susto.

— Estou esperando um filho seu, Marquinho. O nosso filho!

O rapaz fitou a noiva com olhos esbugalhados.

— Como aconteceu isso? Você não se cuida?

— Claro que, sim, querido! Mas aconteceu! Foi naquela última noite que passamos juntos, lembra?

Calado, expressão dura, ele não dizia uma palavra, olhando fixo à frente. Elisa fitava-o esperando uma palavra de compreensão, de carinho. Nada. Enfim, perguntou:

— Não tem nada a me dizer, Marquinho?

— Tenho. Esse filho não é meu!

— Como assim, Marquinho? Há quanto tempo nos conhecemos, saímos juntos? Agora estamos noivos, vamos nos casar... E você tem a cara de pau de dizer que esse filho não é seu? Por quem me toma? — disse a moça, nervosa e perplexa diante da ofensa e incapaz de acreditar naquelas palavras que ouvira.

— É isso mesmo. Pensa que me engana? Você deve ter saído com outros caras e agora pensa que vai me impingir a sua "cria". Pra cima de mim, não! Sou esperto, manjo dessas coisas e sei me defender muito bem de mulheres como você.

A princípio Elisa olhou-o espantada. Não parecia o mesmo rapaz que ela conhecia há tanto tempo. Depois, sem conseguir se conter, pôs-se a chorar, não acreditando que o homem que ela amava, que a pedira em casamento, era alguém tão sem princípios. Ao vê-la em lágrimas, ele gritou:

— Fora do meu carro! Não venha fazer dramas pra cima de mim! Chega! Nunca mais quero ver você. Desapareça!

Como ela ainda demorasse um pouco para sair, procurando entender o que estava acontecendo, a razão daquela atitude, ele abriu a porta e a empurrou para fora com violência, deixando-a caída no solo. Depois, acelerou o carro e saiu em grande velocidade, cantando os pneus.

E Elisa ficou lá, no chão, chorando a morte de suas ilusões, até que alguém que ali passava ajudou-a a se levantar e entrar em casa. Felizmente a mãe já tinha se recolhido e Germano não chegara ainda. Assim, foi ao seu quarto, fechou a porta e se deitou de roupa e tudo.

Naquela noite Elisa não dormiu. Ao amanhecer o dia estava com os olhos inchados de tanto chorar. Cansada, acabou adormecendo um pouco. Não queria pensar em nada, lembrar-se de nada.

A mãe, ao perceber que ela não saíra do quarto, foi ver o que estava acontecendo.

— Elisa, não vai trabalhar hoje?

— Não, mãe. Estou com muita dor de cabeça.

— Você não anda boa mesmo, filha. Outro dia teve problema de enjoo, agora é dor de cabeça. O que estará acontecendo? Vou trazer um remédio, vai fazer-lhe bem.

— Não, mãe. Não precisa. Só quero descansar.

— E se alguém procurar você?

— Diga que não vou trabalhar hoje.

— Quer que avise Marquinho? Ele poderá levá-la a um médico!

— NÃO! Não telefone para ele! Eu a proíbo de fazer isso!

Maria entendeu. A razão da dor de cabeça da filha era briga com o noivo. De cabeça baixa, saiu do quarto sem dizer mais nada. À tarde alguém bateu na porta. Era Oseias, que vinha saber notícias de Elisa. Maria explicou:

— Oseias, Elisa não acordou bem. Por favor, se alguém perguntar, diga que ela não irá fazer faxina hoje.

A vontade de Oseias era poder ver Elisa, porém, como Maria não o tinha convidado a entrar, ele disse apenas:

— Diga a Elisa que estive aqui, dona Maria. Fiquei preocupado porque noto que ela não tem andado bem, sempre pálida, triste... Mas obrigado. Diga-lhe que desejo suas melhoras. Até logo!

— Muito agradecida, Oseias, por sua gentileza. Transmitirei à minha filha o seu recado. Até logo!

Uma semana depois, Elisa continuava sem sair do leito. Maria, não aguentando mais aquela situação, em determinado momento sentou-se na beirada da cama e pressionou a filha:

— Elisa, você não tem se levantado, não tem comido nada, e assim não pode continuar. Deu-me ordem para não falar com seu noivo, e eu respeitei. Agora, acho que é tempo de ser franca e me dizer o que está acontecendo realmente.

Elisa respirou fundo e disse com voz sumida:

— Não tenho mais noivo. Não quero mais saber dele. Marquinho me magoou muito. Nunca mais quero vê-lo.

— Tudo bem, filha. Eu lamento, pois ele parecia ser bom moço!

— Tudo mentira. Ele é um canalha. Não quero mais ouvir falar dele. Acabou. Entendeu, mãe?

— Sim, filha. Respeito sua vontade. Conheço você, sei que é moça séria e responsável até demais. Se pensa assim, deve ter suas razões.

— Obrigada, mãe. Quando puder, eu conto para a senhora o que aconteceu. Agora não tenho estrutura.

A mãe balançou a cabeça em sinal de assentimento e deixou o quarto.

Elisa começou a pensar sobre o que deveria fazer. Lembrava-se do bebê que crescia em sua barriga e sabia que não era possível esconder a situação por muito mais tempo. Logo todos perceberiam a verdade. Precisava conversar com alguém que pudesse ajudá-la, orientá-la.

Nesse instante lembrou-se: Genoveva! Como não pensara nela antes? Sempre se mostrara tão amiga! Fora ela que a encaminhara ao Centro Espírita, que tanto tinha ajudado a ela e a mãe.

Resolveu se levantar, tomar banho e procurar Genoveva.

23

A verdade vem à tona

Elisa sequer telefonou avisando Genoveva de que iria fazer-lhe uma visita. Tinha certeza de que a encontraria em casa naquele horário, e a amizade entre elas permitia essa liberdade. Assim, tomou um banho demorado, que lhe deu forças para enfrentar a situação, arrumou-se e, diante da mãe, que estranhou vê-la pronta para sair, deu uma desculpa:

— Preciso me justificar perante minhas patroas. Fique tranquila, mãe. Não vou demorar.

— Tudo bem, filha. Vá com Deus!

Defronte da casa de Genoveva, tocou a campainha, e logo a porta se abriu. Contente por ver Elisa, a quem muito estimava, a dona da casa convidou-a para entrar. Abraçaram-se, e, sentindo

278

o aconchego daquela mulher tão boa e compreensiva, cujas vibrações elevadas a envolviam com afeto, Elisa não se controlou mais e pôs-se a chorar. Ao vê-la naquele estado, Genoveva abraçou-a ainda mais ternamente e, levando-a para dentro, fez com que se acomodasse no sofá, sentando-se ao seu lado. Tomou a mão de Elisa nas suas e perguntou delicadamente:

— O que está acontecendo, minha querida, para que esteja neste estado?

Elisa olhou-a e recomeçou a chorar. Genoveva foi até a copa, pegou um copo de água e entregou-o à visita junto com um lencinho de papel. A moça agradeceu e, enxugando as lágrimas, desculpou-se:

— Perdoe-me, Genoveva, por vir procurá-la assim... Não tenho o direito de tumultuar sua vida.

— Ora, Elisa, para que servem os amigos se não for para ajudar numa hora de necessidade? Conte-me, querida. O que a aflige tão profundamente?

Elisa pensou em fazer o que era mais certo explicando a situação, tentando justificar-se, mas, como fizera com Marquinho, disse apenas:

— Estou grávida.

Genoveva juntou as mãos sobre o peito, enquanto seu rosto resplandecia com uma expressão de encantamento, os olhos brilhando de satisfação ao dizer:

— Mas que excelente notícia, Elisa! Meus parabéns! Uma nova vida é sempre motivo de muita alegria e comemoração!

Diante dessa reação tão diferente da amiga, tão efusiva, Elisa recomeçou a chorar, lembrando-se do antigo noivo.

— Mas por que as lágrimas, meu bem?

— Ah, Genoveva! Marquinho renegou o filho, que afirma não ser dele, e o noivado foi desfeito — explicou a jovem, enquanto lágrimas voltavam a brotar de seus olhos.

— Esse rapaz mostrou apenas não merecer nem a você nem a seu filho, querida. Não se preocupe com isso. O Senhor confiou em sua capacidade para ser mãe e entregou-lhe um espírito para amar, educar e criar! Não é maravilhoso?! Pode contar comigo para o que for preciso. Vamos fazer um enxoval lindo para seu bebê. Olhe, tenho aqui algumas peças que eu mesma faço e que agora já são suas.

Pedindo licença à jovem, Genoveva saiu da sala e voltou logo depois com uma grande sacola. Abriu-a. Estava repleta de roupinhas de bebê, que deixaram Elisa maravilhada com a delicadeza das peças: blusinhas, mantas, casaquinhos, sapatinhos e muito mais.

Passaram momentos agradáveis vendo o enxoval e conversando. As roupinhas exalavam um delicioso cheirinho de bebê, graças ao perfume que Genoveva carinhosamente colocava entre as roupas. Elisa pegou uma delas, levou ao rosto e aspirou o delicado perfume, confessando:

— Genoveva, eu jamais vi roupinhas tão belas! Não sabia deste seu talento!

— É que eu preciso aproveitar meu tempo, Elisa. Sou sozinha e aposentada, como você sabe, e tento utilizar as horas livres da maneira mais útil e agradável possível. Mas me diga, Maria já sabe que será avó?

Elisa balançou a cabeça negativamente, explicando à amiga que sua mãe era muito radical e não iria aceitar uma filha grávida e solteira. Pensando sobre isso, o olhar de Elisa voltou a se entristecer, escurecendo a alegria que tinha sentido pouco antes. Genoveva percebeu que a amiga estava voltando ao estado emocional de tristeza com que chegara e reagiu:

— Querida Elisa, quero estar junto de você quando contar a novidade a sua mãe. Não vou admitir vê-la triste de novo. Como afirmei, uma nova vida é motivo para comemoração, não para lágrimas e brigas. Aliás, você já viu o começo da vida? Não? Então vou lhe mostrar. Tenho aqui um livro com lindas imagens, desde a fecundação até o nascimento. Espere um pouco, vou buscá-lo.

Elisa ficou curiosa com a novidade. Era um livro grande que Genoveva colocou no regaço da jovem amiga e foi folheando as páginas, feitas de um tipo especial de plástico transparente. A cada nova etapa, mostrava o crescimento do embrião, depois do feto, e as alterações no organismo da mãe. Emocionada, Elisa olhava as imagens, fazendo perguntas às quais Genoveva respondia com prazer. De repente, ela indagou:

— Genoveva, eu confesso que ignorava completamente a complexidade que é a formação de um novo ser. Como estará meu bebê agora?

— Com quanto tempo você calcula que ele esteja? Quando veio sua última menstruação?

Elisa pensou um pouco e respondeu. Genoveva voltou algumas páginas e apontou:

— Sua gestação está, aproximadamente, entre cinco e seis semanas. Como pode ver, Elisa, seu bebê tem entre 1,5 e 4 centímetros. Nesse estado, as mudanças são rápidas. Como pode ser visto pelas gravuras, o sistema nervoso central, os músculos e os ossos começam a tomar forma. Não é maravilhoso?!

Elisa olhava aquelas imagens com verdadeiro deslumbramento.

— É impressionante, Genoveva! Ele ainda não tem nem cinco centímetros, mas seu desenvolvimento e conquistas já podem ser observados!

— Isso mesmo, Elisa. E ainda há pessoas que não acreditam em Deus! Acham que tudo que existe se deve à Natureza. Mas quem fez a Natureza?

— Há pessoas que são tão orgulhosas que não admitem nada acima nem além delas. Sabe Genoveva, antes de conhecer o Espiritismo, muitas coisas eu não conseguia entender da maneira como as religiões apresentam. No entanto, sempre acreditei num Ser Supremo, Criador de tudo o que existe. E agora, com os conhecimentos que tenho adquirido, percebo a lógica que há em tudo. E devo isso a você, minha amiga.

Genoveva sorriu e acentuou:

— Tudo o que você aprendeu deve a si mesma, Elisa. A Doutrina Espírita pode analisar os fatos, orientar, explicar, ponderar. Mas se você não quiser aprender, passará por tudo sem aceitar nada como verdadeiro. Na vida, tenho encontrado pessoas que são assim. Preferem não enxergar para não serem obrigadas a mudar de comportamento, de atitude. Na verdade, o que elas evitam é saber que estão agindo errado, pois teriam a obrigação moral de ser diferentes.

— Tem razão, Genoveva — concordou Elisa. De repente, olhou o relógio e se assustou: — Como já é tarde! O tempo passou e nem percebi. Preciso ir embora.

— Espere um pouco. Nem fiz um café para nós! — desculpou-se a outra.

— Agradeço-lhe, amiga. Fica para outro dia. Minha mãe deve estar preocupada. Apareça lá em casa e tomaremos esse café juntas, está bem? Aproveitarei sua presença para informar minha mãe sobre a gravidez. Obrigada por tudo. Cheguei aqui arrasada e saio com outra disposição de ânimo. Nem sei como lhe agradecer.

— Não precisa. Sua amizade para mim é o suficiente. Dê um abraço na Maria por mim. Assim que puder irei até lá. Precisamos falar com ela o quanto antes. O tempo passa rápido, e logo você não poderá mais esconder seu estado. E como sua mãe ignora a gestação, eu levarei a sacola com as roupinhas de bebê.

— Isso mesmo, Genoveva. Mas, depois da nossa conversa, o que minha mãe acha não tem mais tanta importância para mim. Estou fortalecida e sei o que desejo: quero meu filho.

Despediram-se, e Elisa saiu sorridente, mais aliviada e serena.

※

Alguns dias depois, na presença de Genoveva, que tornou tudo muito natural e que deu a maior força para sua jovem amiga, Elisa contou à mãe que ela iria ser vovó. Maria ficou pasma diante da novidade e perguntou:

— Filha, eu sei que você e Marquinho estavam brigados por alguma razão. E agora? Como ele aceitou a ideia de ser pai? Amoleceu o coração?

Elisa trocou um olhar com Genoveva, respirou fundo e respondeu:

— Foi exatamente por saber da minha gravidez que ele e eu discutimos, mãe. Marquinho teve a ousadia de rejeitar o filho, alegando que não era dele. Que eu, certamente, teria saído com outros.

— Meu Deus! — exclamou a mãe, revoltada. — Então o que ele pensa de você, minha filha? Que é uma moça qualquer, que vive na rua? Amanhã mesmo vou falar com ele. Ah, se vou! Ele teve a capacidade de vir até esta casa pedi-la em casamento e agora trata você assim? Não vou aceitar de jeito nenhum. Ele que me aguarde...

Elisa e Genoveva trocaram um olhar e, ao mesmo tempo, reagiram com um sonoro NÃO! E a filha explicou:

— Mamãe, a senhora não vai fazer coisa nenhuma. Agora sou eu quem não quer esse homem.

Ao que Genoveva completou, firme:

— Maria, sua filha tem razão. É melhor um filho não conhecer o pai do que ter um pai nestas condições. Elisa não seria feliz com ele. Porém, tenho certeza de que essa criança trará muita alegria e felicidade a esta casa. Mais tarde, esse tal de Marquinho vai se arrepender amargamente pelo que está fazendo à Elisa. Pode apostar.

Com as mãos no rosto, Maria chorava de decepção, amargura, tristeza. Sua filha, moça boa, reta, digna, não merecia ser mãe solteira. Genoveva entendeu o que se passava na cabeça dela e considerou:

— Maria, tudo isso passa. O mais importante é que o Senhor acreditou nas possibilidades de Elisa gerar um filho e dar o melhor de si mesma.

— Pensa realmente assim, Genoveva? — ela perguntou, tirando as mãos do rosto.

— Claro que sim, Maria! Se Deus não acreditasse em Elisa, ela nem teria ficado grávida. Fique tranquila! Daqui a algum tempo você nem estará mais pensando nisso. Não há nada que possa mudar mais a nossa cabeça do que uma criança. Quando ele abrir os olhinhos para o mundo, você esquecerá tudo o mais.

— Você falou "ele". Mas também pode ser "ela"! — disse, enxugando as lágrimas do rosto enquanto sorria com outra disposição.

— É cedo para dizer, Maria. No entanto, sinto aqui dentro — e apontou o coração — que será um menino. Porém só o tempo poderá confirmar ou não minha intuição.

Elisa permaneceu calada, acompanhando o diálogo entre as duas. Sentia-se emocionada. Tinha sido mais fácil do que pensara. A presença de Genoveva havia facilitado bastante a situação.

Quando a amiga, após tomarem um café com biscoitos, despediu-se alegando ter outro compromisso, Elisa a abraçou com infinita ternura, dizendo baixinho:

— Nem sei como lhe agradecer pela ajuda, Genoveva. Deus lhe pague!

— Não fui eu, Elisa. Foram os amigos do outro plano que envolveram sua mãe em emanações de paz, facilitando a conversa. Até amanhã na reunião, querida.

Após a saída de Genoveva, Maria foi ver a sacola de roupas que a amiga trouxera. Julgando ser de roupas usadas, uma vez que Genoveva, vez por outra, trazia peças que não lhe serviam mais, Maria se emocionou ao ver as lindas peças de enxoval de bebê. A futura avó ria e chorava diante de cada uma, pensando no nenê que, dentro de alguns meses, iria vestir aquelas roupinhas tão delicadas e cheirosas.

A sós, mãe e filha se abraçaram com carinho. Estavam felizes, cheias de esperança em dias melhores.

Os amigos espirituais ali presentes também festejaram, confraternizando-se pelo êxito do diálogo entre as três mulheres encarnadas.

No dia seguinte Elisa contou a novidade a Germano, que ficou espantado. Ao saber que Marquinho rompera o noivado com a irmã, ficou furioso.

— Então esse cara não conhece você, Elisa? Nunca a vi com outro homem!

E ele ficou falando em tudo que iria fazer contra o ex-candidato a cunhado. Quando ele se cansou, vendo que elas estavam serenas, parou de falar. Elisa aproveitou a pausa para explicar:

— Mano, não quero que você se meta com ele. Melhor esquecer o assunto. Ele não quer o filho, tudo bem. Essa criança será tratada com muito amor aqui em casa. Isto é o que importa. E ponto-final. Não quero mais ouvir falar dele. Vou trabalhar. Fiquem com Deus!

Assim dizendo, Elisa saiu de casa com a cabeça erguida. Levou a mão à barriga, onde crescia um bebê, e elevou o pensamento a Jesus, agradecendo pelo filho que ia nascer.

Chegou ao prédio risonha e cumprimentou Oseias. O rapaz correspondeu ao cumprimento, arregalando os olhos, surpreso.

"O que pode ter acontecido? Elisa, que ultimamente não estava bem, até adoentada, mostra uma fisionomia alegre, radiante. Preciso saber o que está acontecendo com ela!", pensou.

Naquele dia não houve oportunidade de conversarem. Quando Elisa terminou o serviço e saiu, ele estava ausente da guarita.

"Não faz mal. Mais tarde nos veremos no Centro Espírita, e lá terei mais facilidade para me aproximar de Elisa", resolveu Oseias, depois que ficou sabendo que ela já havia ido embora.

Assim, animado, ele não via a hora de terminar seu horário na portaria.

24

Compromisso noturno

Naquela noite, após a palestra, Oseias viu Elisa conversando com alguns amigos e se aproximou. Cumprimentaram-se sorridentes, e ela comentou:

— Durante o dia nem vi você, Oseias. Devia estar ocupado com alguma coisa muito importante.

— Passei o dia consertando um encanamento quebrado e acabei ficando todo molhado. Um rapaz, morador do prédio, mais ou menos do meu tamanho, emprestou-me uma roupa para que eu terminasse meu turno. Senão, teria que voltar para casa daquele jeito: encharcado! — completou com bom humor.

Imaginando a situação, Elisa riu bastante, especialmente pela maneira como ele contara o caso. Oseias olhou para ela. Com o semblante iluminado pelo sorriso e com os olhos brilhantes, estava linda! Então ele comentou:

— Elisa, eu fico feliz por vê-la assim alegre, bem-disposta. Confesso que estava bastante preocupado com você. Passava por mim triste, calada, e seus olhos não brilhavam mais como duas estrelas, como agora. Entendi que deveria estar atravessando momentos difíceis e, por isso, sempre fazia preces pedindo a Jesus que a ajudasse a resolver a situação, qualquer que fosse. Graças a Deus, você voltou a ser o que era.

Emocionada, ela ouviu-o falar com o coração, abrindo-se de afeto por ele, que sempre fora um bom amigo, o melhor que jamais tivera. Da sua cabeça e do seu peito partiam vibrações de carinho, luminosas, que o atingiam, produzindo-lhe grande sensação de bem-estar.

— Agradeço-lhe, Oseias, por sua preocupação comigo. Realmente agora estou bem, porém creio que você merece saber a verdade. Afinal, logo todos irão saber! Vamos nos sentar naquele banco ali? — apontou Elisa para um banco de madeira que ficava debaixo de uma árvore.

No caminho, o coração dele batia acelerado, temendo o que ela poderia lhe dizer. Sentaram-se, e ele nada perguntou. Pacientemente esperou que ela falasse. Elisa permaneceu calada por instantes, depois revelou:

— Oseias, eu vou ser mãe.

O rapaz abriu a boca, pasmo. Esperava qualquer coisa, mas não aquela notícia. Então suas esperanças tinham ido por água abaixo. Agora ela se casaria com aquele malandro, e ele ficaria sozinho e amargurado para sempre. Segurou-se para evitar que os olhos lacrimejassem. Não desejava que ela notasse o quanto aquela notícia o abalara.

— Não vai me dizer nada? Está chocado? — indagou Elisa, diante do silêncio dele.

Percebendo que precisava falar alguma coisa ante o que passava pela cabeça dela, ele explicou:

— Não, não é o que está pensando, Elisa. Ao contrário. Um filho é motivo para comemoração. Meus parabéns! Seu namorado deve estar muito contente, presumo.

Ela sorriu melancólica, e o brilho dos olhos se apagou. Surgiu uma grande tristeza no rosto quando disse:

— Não. Ele rejeitou o filho.

— Mas... por quê? Eu adoraria ser pai! — exclamou Oseias, corando.

— Ele diz que não é o pai da criança que estou esperando.

— Esse cara é um canalha, Elisa! Deixar de casar com você, que qualquer homem sonharia ter como esposa e mãe dos seus filhos? Ele provou que, além de tudo, é burro. Deixar escapar uma oportunidade dessas!

Por entre as lágrimas, Elisa sorriu ante a veemência do comentário dele.

— Obrigada, Oseias. Mais uma vez, você prova que é um verdadeiro amigo. Que Deus o abençoe por essas palavras que levantaram meu ego! Mas, acredite, nem todo mundo pensa como você.

— Eu sei. Tem gente que aproveita esse momento para dar o fora da situação.

— Foi exatamente isso que aconteceu, Oseias.

— Marco Antônio provou que não tem maturidade para ser pai. Aliás, não tem maturidade para nada, Elisa.

As palavras dele e a maneira como foram ditas fizeram com que ela ficasse preocupada.

— Como assim, Oseias? Sabe de alguma coisa que ignoro?

— Bobagem. A gente que fica ali na portaria vê e ouve muita coisa. Mas deixa pra lá! Acho que você se livrou de maiores problemas no futuro.

Trocou um olhar com Elisa e tomou a mão dela na sua:

— Quero que você saiba de uma coisa: em qualquer circunstância você pode contar comigo. Seja para o que for e o que precisar, a qualquer hora estarei à sua disposição. Entendeu?

Elisa sorriu por entre as lágrimas e o abraçou carinhosamente. Ele também estava emocionado.

— Acho que é hora de irmos embora. Parece que dona Genoveva está procurando você, Elisa.

Ela enxugou o rosto e se despediu dele:

— Então, até amanhã. Obrigada por tudo, Oseias.

— Até amanhã. Durma bem.

Elisa caminhou apressada até a amiga, que a esperava. Já na rua, encaminharam-se para o carro. Genoveva colocou o veículo em movimento e, sem tirar os olhos do trânsito, comentou:

— Pela expressão de vocês, sua conversa com Oseias deve ter sido séria.

— É verdade, amiga. Contei-lhe que estou esperando um filho. Afinal, mais dia menos dia, ele ficaria sabendo mesmo. Melhor que saiba por mim.

— Pois é! — Genoveva ficou calada por alguns segundos, depois prosseguiu. — Sabe o que eu penso, Elisa? Que vocês fariam um par perfeito. Ele é o homem certo para você, ainda não percebeu? Além disso, está apaixonado por você!

— Apaixonado? Por mim? Quem disse isso, Genoveva?

— "Eu" estou dizendo. Só um cego não vê!

Elisa calou-se, entregue aos seus pensamentos. E se isso fosse verdade? Sua mãe ficaria muito contente, pois sempre o admirara. Desde que começaram a frequentar a Casa Espírita, Maria teve oportunidade de conversar mais com ele, e o rapaz a conquistara pela simpatia, pela dignidade, pela responsabilidade que demonstrava em tudo que fazia.

Não tocaram mais no assunto. Despediram-se diante da casa de Elisa, prometendo se encontrar no sábado, quando teriam uma atividade assistencial no Centro Espírita.

Elisa entrou em casa e viu que a mãe já se recolhera. Maria não estava muito bem, estava com uma indisposição e não fora à reunião àquela noite. A filha dirigiu-se ao quarto da mãe para ver como ela estava; como dormisse tranquila, deixou o quarto e foi para a cozinha. Lá, abriu a geladeira e serviu-se de um resto de suco que sobrara, pegou um pedaço de pão com manteiga e sentou-se para comer.

Logo Elisa estava deitada. Queria dormir, mas não conseguia. Virava-se de um lado para o outro, ajeitava as cobertas, fechava os olhos, e nada. As horas passavam, e ela não conseguia pegar no sono.

Em sua mente surgia sempre a imagem de Oseias conversando com ela. Lembrou-se de um dia em que almoçara com ele. A presença dele lhe trazia confiança, paz, segurança. De repente, aconteceu a briga no restaurante, e tudo mudou. Eles tiveram que evitar serem vistos juntos, pois Marquinho era homem violento. Ainda sentia vergonha quando se lembrava dos olhares dos fregueses fixados neles no restaurante e das cenas de violência que fora obrigada a presenciar.

Apesar de aquele incidente ter acontecido já há algum tempo, Elisa sentiu o rosto novamente corar de vergonha diante da violenta agressão.

Elisa suspirou pensando naquele dia. Infelizmente, ele tanto insistiu, que ela acabou reatando o namoro. Ficaram noivos e programaram o casamento... Até o momento em que lhe contou sobre a gravidez.

Mas o que Genoveva lhe disse àquela noite balançou seu coração. Seria verdade que Oseias a amava realmente? Ele era muito discreto. Não tinha namorada; caso contrário, ela saberia. Nunca o vira com outra moça.

Elisa suspirou novamente e elevou o pensamento ao Alto pedindo:

— Pai do Céu! Ajudai-me a resolver minha situação. Ilumina-me para que eu possa fazer sempre o melhor, pois quero o bem de todos; porém, especialmente, o do meu bebê, este serzinho que está crescendo em minha barriga e que eu já amo, mesmo sem saber se é menino ou menina. Que as vossas bênçãos nos envolvam e que eu encontre o discernimento necessário para tomar as melhores decisões. Obrigada, Pai, por tudo o que o Senhor nos tem dado, e protegei-nos hoje e sempre. Assim seja!

Após essa prece, Elisa virou-se para o lado e dormiu.

Acordou com a estranha impressão de que havia alguém no seu quarto. Empurrou a coberta e preparava-se para levantar quando o viu.

— Oseias! Como entrou? O que está fazendo aqui?

— Não podia esperar para conversar com você, Elisa! Preciso saber se você ainda ama aquele homem — disse o rapaz, aproximando-se, ansioso.

— Quem? Marquinho? Não, claro que não. Pode ser que eu tenha algum dia sentido amor por ele. Agora só tenho desprezo.

— Então, você aceitaria se casar comigo?

Ao ouvir essas palavras, ela sentiu uma grande emoção, como se tivesse sido atingida nas fibras mais profundas da alma. Sem saber o que dizer naquela hora, ela gaguejou:

— Ca... casar com você?! Mas, Oseias, nem somos namorados...

— Aceita? Quero dar a você e ao bebê uma vida segura, boa e serena.

— Por quê? — ela perguntou, olhando-o interrogativamente, com o coração batendo forte.

— Porque... Porque eu amo você, daria tudo na vida para tê-la ao meu lado, não entende?

— Ah! Agora, sim. Se fosse só porque estou grávida e para dar um pai ao meu filho, eu não aceitaria seu pedido de casamento.

Diante dessas palavras, Oseias se ajoelhou aos pés dela, murmurando:

— Então você aceita?

— Aceito.

De um salto, ele se ergueu e a abraçou com infinito amor. Sentia-se recompensado por ter falado com ela abrindo seu coração. Eles se olharam e trocaram um beijo apaixonado.

De repente, ela ouviu a voz de alguém que a chamava:

— Elisa! Acorde, filha! Está na hora de levantar.

Ela despertou e levou um susto. "Onde está Oseias? Estava aqui um minuto atrás!". Viu a mãe, olhou em torno, examinou o quarto, que estava do mesmo jeito de sempre. Tudo fora um sonho.

Enquanto pegava a roupa e se dirigia ao banheiro, pensava: "Só podia ser sonho mesmo. Bom demais para ser verdade.".

Debaixo do chuveiro, ela não conseguia esquecer as palavras dele, o carinho, o beijo...

"Bem. Melhor deixar a situação como está. Não posso ficar presa a um sonho, por melhor que tenha sido. Que estranho! Oseias me pediu em casamento! E mais estranho ainda é que eu aceitei! Mas como aceitei tão depressa?".

Ela tomou um café rápido e correu para o ponto de ônibus. Estava no horário e, se perdesse aquele, teria que esperar outro e acabaria chegando tarde ao serviço. Logo viu o veículo virando a esquina e respirou aliviada. Entrou e sentou-se. Olhando pela janelinha, não parava de pensar em Oseias. Logo mais se encontraria com ele. O que iria acontecer? Ela corou só de pensar.

Foi com o coração aos saltos que Elisa chegou ao prédio de apartamentos. Oseias não estava na portaria. Menos mal. Não teria de enfrentá-lo.

Subiu os degraus de acesso à porta de entrada, quando o viu no saguão terminando de conversar com uma moradora. Oseias virou-se e a viu chegando. Eles trocaram um olhar, e ela corou. Num átimo, naquele olhar, ela percebeu que ele também se lembrava do sonho. Oseias se aproximou, abriu a porta do elevador para ela e disse com delicadeza:

— Bom dia! Tive uma noite maravilhosa. E você, Elisa?

— Bom dia, Oseias. Eu também — admitiu, corando.
— Ah! Podemos conversar mais tarde?
— Claro! Após o serviço.
— Eu espero você, Elisa. Ansiosamente.

Ela corou de novo e, desviando-se dele, entrou no elevador com medo do que poderia acontecer ali no saguão. Durante todo o dia Elisa só pensava no encontro que teria com aquele que, até o dia anterior, considerava como seu melhor amigo.

Terminado o serviço, Elisa desceu. Oseias também estava encerrando seu turno e a esperava. Caminharam juntos até uma pracinha nas imediações e sentaram-se em um banco. Estava anoitecendo. Ambos estavam constrangidos, sem saber como começar. Elisa olhou para as copa das árvores, para os pássaros que procuravam os ninhos para o repouso noturno. Um aroma delicioso de flores trazido pela aragem noturna a envolveu.

— Sente o perfume no ar, Oseias?

Ele respirou profundamente, contente. Sentia-se contente por estar ali, pelo sonho que tivera e por saber que Elisa também sonhara; contente pelo dia; contente por estar vivo. Oseias, que mantinha o olhar preso nas árvores, cujos ramos moviam-se ao sabor da brisa, respirou profundamente e, baixando os olhos, tocou com delicadeza a mão dela que descansava no banco e comentou:

— Tive um lindo sonho esta noite. E nele eu lhe fiz uma proposta. Lembra?

— Lembro. E eu aceitei.

— Então é verdade? Tudo é verdade...

Ela se virou para ele, e Oseias se aproximou mais, olho no olho, e a beijou com amor. Retribuindo o beijo dele, Elisa se sentia feliz como nunca fora na vida.

— Eu sei que você já aceitou. Mas agora, ambos acordados, eu volto a propor: quer se casar comigo, Elisa?

— Aceito. Aceito. Não é, porém, pela minha situação, mas porque compreendi que você é o homem ideal para mim.

Ouvindo essas palavras, ele se enterneceu:

— Minha querida, se soubesse como sempre a amei, mesmo sem ter esperanças! Sofria ao vê-la com aquele "cara". Sei que ele não a faria feliz. Quando será o nosso casamento?

— Calma, Oseias! Temos primeiro que contar para as nossas famílias.

— Então vamos começar agora, pois não quero perder tempo. Venha, vamos para a sua casa.

25

Reencontro ameaçador

Elisa entrou no carro, Oseias deu a partida, e logo estavam na casa dela. Maria, ao vê-la acompanhada, convidou o rapaz para jantar, e ele aceitou animado, para, de imediato, elogiar o aroma da comida. Sentaram-se. Antes que se servissem, Oseias pigarreou e, com seriedade, começou a falar:

— Dona Maria, eu amo sua filha e tenho motivos para acreditar que ela também me ame. Assim, estou lhe pedindo oficialmente a mão de Elisa em casamento.

Num primeiro momento, Maria levou um susto, ficando de boca aberta. Não pôde deixar de se lembrar de outra oportunidade, na mesma cozinha, quando Marquinho tinha se apresentado como noivo de Elisa e disposto ao casamento; porém o malandro, de maneira sórdida, logo encontrara jeito de se livrar do compromisso.

Vendo a mãe pensativa, calada, Elisa murmurou:

— Não está contente, mãe?

Ao ouvir a voz da filha, Maria voltou a si. Olhou para Elisa e, vendo que ela estava feliz, mas preocupada com seu silêncio, tranquilizou-a:

— Estou muito contente, filha. Oseias é um bom homem.

Os jovens trocaram um olhar de entendimento, e deram por acertado o compromisso, resolvendo que o casamento seria realizado dentro de um mês, em virtude do estado de Elisa.

Em seguida à decisão, brindaram o acontecimento com um copo de suco de laranja. Para marcar o momento de grande significado para eles, Oseias propôs fazerem uma oração de agradecimento, que foi proferida por ele de maneira singela, mas cheia de sentimento.

Nós, os amigos espirituais ali presentes, sorrimos satisfeitos, acompanhando a prece dos encarnados. Terminada a oração, Maria convidou satisfeita:

— Bem. Se vocês me tivessem dado tempo, eu faria um jantar de noivado. Mas agora só temos uma sopa. Então, vamos tomá-la antes que esfrie!

Enquanto os encarnados jantavam, do outro lado da vida nós conversávamos. Galeno reconheceu ser remota a hipótese de o compromisso com Marquinho ter futuro e considerou:

— *Os benfeitores espirituais de Marco Antônio optaram por lhe dar o ensejo de mudar de vida diante do filho que iria nascer. Na verdade, essa era a grande oportunidade para ele se tornar alguém respeitável. Um filho viria acrescentar valores novos à sua existência, levando-o a pensar no que era realmente importante. Entretanto, na*

hora da necessária tomada de posição, Marco Antônio fugiu à responsabilidade, como tem fugido sistematicamente diante das situações que significariam um avanço para melhor. Moralmente, ele prefere se manter no submundo, ignorando a ajuda de dedicados amigos espirituais.

— *Então, qual a razão de ter sido aquinhoado com a bênção de ser pai?* — indaguei, procurando entender.

Galeno balançou a cabeça, entendendo a dúvida, e tornou:

— *Em virtude de compromissos assumidos no passado. Marco Antônio abandonou Elisa e os filhos, que eram dele, aliou-se a outra mulher e desapareceu, deixando Elisa com toda a responsabilidade da casa e dos filhos. Com o passar dos anos, ele retornou ao mundo espiritual, sofreu muito em regiões inferiores onde se agrupam espíritos de baixa condição moral. Após longo período, ele acabou por ser socorrido e levado para atendimento em local de melhores condições vibratórias. Recuperado e com novos conhecimentos, ciente do muito que errara em encarnações passadas, Marco Antônio desejou renascer para reparar antigos desvios de conduta, inclusive o abandono de Elisa e dos filhinhos. Teria uma vida de privações e desde cedo precisaria lutar pela própria sobrevivência, sem amparo de ninguém, na condição de enjeitado. Marco Antônio aceitou toda a programação feita por aqueles que eram seus responsáveis espirituais e preparou-se para não errar de novo. Infelizmente, depois de reencarnando, logo esqueceu o compromisso assumido, voltando para o submundo e, com novos gravames, piorou sua situação espiritual. Todavia, como planejado, ele teria um filho com Elisa, que aceitara o compromisso e e a chance de alavancar sua ascensão moral.*

Galeno parou de falar por instantes, respirou fundo e, fitando o grupo, concluiu:

— *Oportunidade que, infelizmente, ele perdeu. Assim, por enquanto, ficará por sua própria conta e risco. Não que os amigos espirituais deixem de se preocupar com ele, mas terá que sentir o peso da deserção aos compromissos assumidos. A vida ao lado de Elisa lhe traria bênçãos que ele não soube valorizar e que seriam grande sustentáculo para acelerar sua saída do charco em que se encontra. As qualidades que Elisa conseguiu desenvolver, o pensamento reto e livre de imagens negativas, o sentimento puro e amoroso, fariam do seu lar um ambiente ideal para que ele pudesse se reerguer. Principalmente porque, com suas novas concepções religiosas, assídua frequentadora de um templo espírita, ela adquiriu conhecimentos de grande importância para a compreensão da vida. Isso iria beneficiá-lo, pois, aos poucos, se afastaria dos acompanhantes encarnados e desencarnados que o atraem para o vício e para a contravenção e se integraria também à Casa de Oração.*

Ouvindo Galeno, sentimos infinita piedade pelo rapaz, que ficaria agora sem as escoras que o mantinham de pé. Particularmente alguém como eu, que tanta maldade cometi pelos caminhos do mundo através dos séculos. Tive uma trajetória de erros que me envergonha e que hoje tento modificar à medida que os problemas e os adversários surgem. Aproveito a oportunidade para ressarcir minhas vítimas de ontem com doação de amor e carinho hoje, embora saiba que, no futuro, certamente deverei enfrentar as consequências dos erros praticados.

Olhei para meus amigos ali presentes e senti que eles também estavam condoídos da situação de Marco Antônio, pois igualmente se sentiam devedores perante a Lei Divina. Então tornei a inquirir nosso assistente:

— *Galeno, haverá possibilidade de se ajudar Marquinho, ou ele ficará realmente sem amparo daqui em diante?*

Compreendendo nossa preocupação com o rapaz, o interpelado, perpassando o olhar pelos demais e dirigindo-se a mim, considerou:

— César, como é do conhecimento de vocês, ninguém no universo fica sem o amparo de Deus. No entanto, como agiria um pai da terra que, após conceder ao filho muito dinheiro e liberdade, percebe que seu filho está fazendo tudo errado, sem a devida responsabilidade quanto ao que recebeu e, o que é pior, complicando-se cada vez mais? O que este pai faria em benefício do filho?

Todos nós concordamos que o pai deveria cortar as regalias, para que o filho compreendesse seus erros e ficasse impedido de piorar sua situação.

— Exatamente! — disse Matheus. — É assim também que nosso Pai Maior age conosco, direcionando-nos de forma educativa para o entendimento de como devemos agir em favor de nós mesmos.

— O que significa doses de necessário sofrimento... — completei.

— Sem dúvida. Sofrimento esse que dependerá sempre do comportamento do espírito que, não raro, desperta para a realidade e muda de atitude, rumando no sentido do bem. E isso pode acontecer de inúmeras maneiras: por meio de uma enfermidade, uma palavra amiga, uma mensagem, e até uma situação de perigo que o leve a refletir na relevância do ato de viver. Deus pode nos atingir o coração e a mente por caminhos diferentes.

Refletindo em tudo que ouvimos, nos afastamos daquela casa, deixando nossos protegidos entregues à programação do casamento próximo.

A vida seguia seu curso quando, certa manhã, ao sair de casa rumo ao serviço, Elisa topou com o antigo noivo que, encostado no carro, a esperava de braços cruzados.

Ao vê-lo, Elisa se assustou, preocupada. O que fazia o ex-noivo ali, àquela hora da manhã? Decidida, ela não parou e, fingindo não tê-lo visto, prosseguiu em direção ao ponto de ônibus. Marquinho a agarrou pelo braço, exigindo que ela parasse:

— Agora fiquei invisível? Não me enxerga mais, Elisa?

— Não temos nada para falar. O que deseja? — ela indagou, séria e digna, sem se deter.

O rapaz a acompanhou com aquele andar gingado, que ela tão bem conhecia.

— Falar com você, ora! Ouvi dizer que está namorando aquele homem, o tal porteiro do prédio, é verdade?

— Não vejo o que isso possa lhe interessar, Marco Antônio. Não temos mais nada um com o outro e me recuso a dar informações que não lhe dizem respeito.

"Ela está zangada mesmo! Quando me trata por Marco Antônio, é sinal que a situação não está favorável", pensou ele, respondendo com arrogância:

— Como não? Esquece essa criança que cresce em sua barriga?

À medida que ele falava, Elisa ia se irritando com a sua presença e com aquela conversinha mole, mas quando ele se referiu ao bebê, ela perdeu a paciência de uma vez. Com olhos firmes e muita segurança, respondeu:

— Você nada tem a ver com essa criança. Deixou isso muito claro quando me acusou de não lhe ter sido fiel e alegou que o filho não era seu. Agora, desapareça da minha vida! Estou muito feliz, e não será você que irá atrapalhar minha felicidade.

Rodou nos calcanhares e deu dois passos à frente. Depois parou, virou-se para ele e completou ameaçando:

— Não quero vê-lo nunca mais. E não se atreva a me incomodar, porque eu não hesitarei em chamar a polícia! Sei de muita coisa a seu respeito que poderia colocá-lo atrás das grades.

— Você não faria isso!

— Experimente e verá. Não tenho medo de você.

Deu-lhe as costas e caminhou de cabeça erguida para o ponto. Felizmente, o coletivo estava chegando; ela subiu rapidamente, sentou-se, e finalmente soltou o ar; a firmeza desapareceu. Trêmula, olhando pela janelinha para que ninguém notasse, deixou que lágrimas amargas corressem. Quando percebeu que estava chegando, enxugou o rosto e desceu, andando apressada para o prédio, que ficava a meia quadra de distância.

Providencialmente, Oseias não estava na portaria. Elisa entrou apressada. Chegando ao apartamento, jogou a bolsa numa poltrona e entregou-se a um choro dolorido, longamente represado. Aquele homem, depois de ter convivido com ela durante anos, agora mostrava sua verdadeira face. Como fora cega e ingênua julgando que ele a amava!

Na verdade, tinha medo dele agora. Muitas pessoas lhe relataram coisas sobre ele que ela fingia não perceber. No fundo, sabia que tudo era verdade, mas tinha preferido se enganar. Agora, porém, não tinha mais motivos para poupá-lo. Ele que se atrevesse a mexer com seu filho. Ela viraria uma leoa!

Após o desabafo íntimo, Elisa se lembrou de que precisava trabalhar. Quando a patroa chegasse, a faxina deveria estar pronta; afinal, ela não tinha culpa dos seus problemas. Assim, guardou a bolsa, vestiu o avental e, munindo-se do balde, da vassoura e de tudo o mais de que precisava, entregou--se ao serviço.

À hora do almoço estava tudo pronto. Conforme ordem que recebera da senhora, retirou as embalagens de iguarias do *freezer*, colocou-as no forno para esquentar e arrumou a mesa. Por último, fez uma salada de tomates e alface. Quando a senhora chegou, estava tudo pronto.

Deu contas à patroa do que tinha feito e lhe entregou a lista de compras. Quando estava pegando a bolsa e se preparando para sair, a senhora lhe perguntou:

— Não vai almoçar, Elisa? No seu estado precisa se alimentar bem!

— Não, obrigada. Não estou com fome, dona Elvira. Mais tarde comerei alguma coisa, não se preocupe. Até quarta-feira!

Deixou o apartamento. No terceiro andar, o elevador parou, e alguém entrou. De cabeça baixa, ela não viu que era Oseias. Ao vê-la, ele sorriu e a abraçou, dando-lhe um beijo.

— Não faça isso, Oseias! Alguém pode nos ver!

— E o que tem isso? Estou abraçando minha noiva, que logo será minha esposa. Qual o problema?

— Não fica bem. Afinal, aqui é nosso ambiente de trabalho.

Oseias riu e se afastou dela, colocando um bom espaço entre eles. Aí foi Elisa que passou a rir da atitude dele.

— Nos veremos hoje à noite? — ele perguntou.

— Claro. Hoje temos um curso.

O elevador parou, e desceram juntos até a saída. Ele ficou na portaria, e ela saiu para a rua, rumo ao endereço da próxima faxina. O dia passou rápido. Ao entardecer, Elisa retornou para casa, exausta. Cada vez se sentia mais cansada.

Antes de jantar, espichou o corpo na cama sem vontade de levantar. Maria colocou a cabeça no vão da porta, perguntando se ela ia jantar. Elisa ergueu-se e foi até a cozinha. Maria a observava, preocupada.

— Filha, não está bem?

— Estou sim, mãe. Apenas um pouco cansada. Depois do banho estarei melhor, mas antes vou tomar um pouco de sopa. Hoje não almocei.

— Ah! Então é isso, Elisa. Você não pode deixar de comer, filha. Que cabeça dura! E por que não se alimentou?

— Não estava com vontade. Só tomei um copo de suco à hora do almoço.

— Que loucura! Então, coma. O pão está fresquinho. Voltei da padaria agora mesmo.

Após se alimentar, Elisa se sentiu melhor e foi tomar o banho. Quando Oseias chegou, ela já estava pronta.

26

O casamento

A vida seguia seu curso. O casamento de Elisa e Oseias estava próximo, e as famílias programavam o evento que, apesar de simples, exigia esforço de todos na organização.

Os pais de Oseias, dona Perla e seu Sebastião, vibraram ao saber que o filho ia se casar, especialmente depois de conhecerem Elisa, moça boa, prendada e de bons costumes. Como frequentavam uma igreja evangélica, demonstraram o desejo de que o casamento fosse realizado pelo pastor da igreja. No entanto, Oseias mostrou firmeza diante da fé que abraçara:

— Pai! Mãe! Sei que fui criado dentro da igreja evangélica e agradeço-lhes por isso. No entanto, hoje eu sou espírita, assim como minha noiva e, portanto, para nós nada significa a bênção de um pastor, conquanto respeitável. A Doutrina Espírita não tem rituais, dogmas, nada disso. E, desse modo, não oficia casamentos, pois ensina que a verdadeira bênção nos vem de Deus, Nosso Pai, sem necessidade de intermediários. E realmente, pensando bem, quem melhor do que Deus para abençoar nossa união? Assim, em nossa casa mesmo, após o casamento civil, faremos uma oração pedindo as bênçãos do Senhor para nossa união. Em seguida, serviremos um pedaço de bolo e refrigerante aos convidados. O que acham?

Sebastião trocou um olhar com a esposa e concordou:

— Não é como havíamos idealizado o casamento de vocês, Oseias. Mas se é assim que vocês desejam, está certo, meu filho. O importante é a bênção do Senhor.

Assim acertado, caminharam para a organização de tudo o mais. O mês passou voando, e Elisa não via a hora de estar casada. Notara, com certa preocupação, por várias vezes, a presença de Marquinho nas imediações de sua casa e dos prédios onde trabalhava; porém, como ele se mantinha a distância e não a incomodava, deixou de se preocupar com o assunto.

Numa manhã, quando Elisa saía de uma loja onde fora comprar o vestido para o casamento, se deparou com ele. Interceptando seus passos, Marquinho perguntou com ar de desprezo:

— Para quando será o casamento? Não recebi o convite ainda!

— Saia da minha frente, Marco Antônio. Nada tenho a conversar com você.

"Ela está brava mesmo. Quando me chama de Marco Antônio...", pensou.

— Tem sim. Você carrega um filho meu no seu ventre.

— Não. Já falamos sobre isso. Você renegou esse filho e, portanto, não tem direito nenhum sobre ele. Deixe-me passar, ou começo a gritar, chamando a atenção de todo mundo, inclusive dos policiais que ficam na esquina.

Marquinho lançou-lhe um olhar raivoso e deu um passo para o lado, deixando-a livre. Depois, murmurou entredentes, com ódio:

— Você me paga, Elisa.

Ela começou a andar rápido, quase a correr, tremendo como vara verde. Tinha a sensação de que ia desmaiar a qualquer momento; arrepios gelados percorriam seu corpo, enquanto o rosto queimava, e o coração batia forte e descompassado. Estava cansada de tanto andar. Acreditando ter colocado boa distância entre ela e Marco, ao ver um banco desocupado em uma praça, sentou-se, aliviada.

Uma senhora que passava, ao vê-la quase desmaiada no banco, faces pálidas e olhos fechados, aproximou-se preocupada:

— Está sentindo alguma coisa, moça? Deseja que eu chame alguém?

Elisa abriu os olhos e viu a simpática senhora que lhe dirigira a palavra, inclinada sobre ela. Agradecida pela ajuda inesperada, quase sem forças, balbuciou:

— Se puder chamar um táxi, senhora, eu lhe agradeço.

— Não há necessidade. Estou com o carro aqui perto e posso levá-la aonde quiser.

Cheia de gratidão pela ajuda inesperada, Elisa aceitou o oferecimento, e a senhora ajudou-a a caminhar até o carro, estacionado a poucos metros dali. Durante o trajeto, a boa senhora foi tentando saber qual a razão do mal-estar, e Elisa contou-lhe que estava grávida. Assim, conversando, chegaram à casa de Elisa.

— Agradeço-lhe, senhora, pela ajuda que me prestou hoje. E nem sei o seu nome!

— Não precisa agradecer. Penso que é um dever nos ajudarmos mutuamente. Chamo-me Marta. E você?

— Elisa. Entre um pouco, dona Marta! Minha mãe ficará contente em conhecê-la.

— Outro dia, Elisa. Ainda tenho algumas tarefas para fazer no centro da cidade. Qualquer dia eu virei ver como está, pois agora também me sinto um pouco responsável por você e pelo bebê. Cuide-se bem, Elisa.

— Obrigada. Venha mesmo, dona Marta. Nossa casa é simples, mas será muito bem recebida.

Após troca de acenos, ao ver que a senhora havia virado a esquina, Elisa entrou em casa. Maria estranhou a aparência da filha.

— Você está tão pálida, Elisa!

— Não passei muito bem hoje, mãe. Felizmente consegui comprar meu vestido de noiva. A loja tem muitas opções, e o preço é razoável. Acho que você vai gostar. Não o trouxe porque precisava de alguns ajustes, e eles ficaram de trazê-lo quando estiver pronto. Vou descansar um pouco. Se Oseias ligar, me chame. Preciso falar com ele.

Elisa foi para o seu quarto e se deitou. Estava indecisa quanto à atitude a tomar com relação a Marquinho. Se contasse para sua mãe, ela faria um escândalo; seria capaz de ir atrás do rapaz, e sabe-se lá o que poderia acontecer! E quanto ao noivo? Da mesma forma, se ele ficasse sabendo, certamente faria o mesmo, e poderiam se engalfinhar numa briga de consequências imprevisíveis, como no restaurante. "O que fazer?", pensava, atormentada e indecisa.

De repente, alguém chegou batendo na porta, e Elisa ouviu que a mãe fora abrir. Oseias entrou afobado no quarto dela, com expressão assustada e olhos arregalados.

— O que aconteceu, querida?

— Oi, amor! Não aconteceu nada.

— Como não? Uma amiga passou pelo prédio e me contou que viu você discutindo com Marco. Quando ela correu para me avisar, você tinha sumido. Fiquei bastante preocupado, mas só agora apareceu alguém para me substituir na portaria, se não fosse por isso já teria vindo — explicou, sentando-se no leito.

— Está tudo bem, Oseias. Acho que eu tive uma queda de pressão. Fiquei sentada em um banco, e, graças a Deus, uma senhora me ofereceu carona para casa. Só isso, não se preocupe.

— Ainda bem! Mas o que o Marco queria com você?

— Só perturbar. Perguntou quando vai ser nosso casamento, e é claro que não respondi.

— Eu vou procurá-lo e acertar tudo.

— Não faça isso, Oseias. É exatamente o que ele quer: gerar mais confusão, atormentar nossa vida. Esqueça. Não ligue. Faça como eu. Somos felizes, e é isso que ele não suporta.

Nesse ponto da conversa, Elisa resolveu mudar de assunto e contou ao noivo que havia comprado o vestido de casamento. Agora só faltavam os sapatos, que veria em outra oportunidade. Ficaram falando do casamento, da lua-de-mel, da casinha que tinham alugado e dos móveis que iriam comprando aos poucos.

Logo o rapaz despediu-se, dizendo precisar voltar ao serviço, e Elisa aproveitou para lhe pedir:

— Querido, avise a moradora do apartamento 212, onde eu tenho faxina à tarde, que, se eu não estiver bem, irei amanhã cedo, caso o horário lhe seja conveniente. Se ela não puder, peça-lhe que me ligue e veremos outro horário, sim?

— Certo, querida. Mais alguma coisa?

Como Elisa balançasse negativamente a cabeça, despediram-se com um beijo, e Oseias foi embora.

Os dias que se seguiram foram bastante agitados, pois havia providências urgentes a tomar. Finalmente chegou o dia do casamento, com um céu muito azul, sem nuvens, e o Sol brilhando no alto. A temperatura era amena e agradável.

Lourdinha, amiga de Elisa, chegou logo cedo para cuidar das unhas da noiva e fazer o penteado para a cerimônia. Logo a pequena casa se encheu de gente. Amigos do noivo e de Germano puxaram uma lona, fazendo uma cobertura no quintal, que gerou uma sombra agradável, debaixo da qual colocaram mesinhas e cadeiras; alguém improvisou toalhas, e uma vizinha fez vasinhos com flores do seu jardim para enfeitar as mesas, de modo que tudo estivesse preparado para receber familiares e amigos. Trabalhando em conjunto, a alegria era geral, demonstrando o bom círculo de amizades dos noivos. Outra vizinha prontificou-se a fazer os salgados, que traria quentinhos. Assim, tudo estava arrumado para a cerimônia.

Os presentes não paravam de chegar. Genoveva, além de dar a geladeira de presente, se responsabilizou também pelo bolo, arte que fazia com prazer e perícia.

Um pouco antes do horário marcado, Elisa estava pronta. Ansiosa, ela aguardava a hora de deixar o quarto. O noivo e sua família já esperavam no quintal a chegada do juiz de paz que iria proceder à cerimônia. Na hora combinada, a autoridade chegou. Tratava-se de um senhor baixo, atarracado, de óculos, que se postou atrás da mesa preparada para o casamento. Avisada, Elisa saiu do quarto e caminhou até a porta, onde Germano, de roupa nova e todo elegante, a esperava para conduzi-la até o local onde seria realizada a cerimônia.

Elisa olhou e viu tudo diferente; nem parecia a mesma casa. Surpresa e emocionada, viu a ampla cobertura, as mesinhas com toalhas brancas e enfeitadas por vasinhos de flores. Tudo perfeito. E Oseias a esperando.

Com lágrimas, Elisa caminhou até o noivo, que sorria o tempo todo, elegante em seu terno novo e muito, mas muito feliz.

O juiz deu início à cerimônia, dirigindo algumas palavras aos noivos, e depois pediu que assinassem o livro, assim como os padrinhos. Do lado de Oseias, um casal de tios que ele estimava bastante; da parte de Elisa, dona Genoveva e seu Henrique, presidente da Casa Espírita, a quem ela tinha muito apreço. Após a parte formal, Oseias convidou a todos para elevarem o pensamento em oração a Deus, pedindo a dona Genoveva que fizesse a prece. Assim, com extrema delicadeza, a senhora fechou os olhos e buscou as altas esferas espirituais. Samuel se aproximou e a envolveu em vibrações harmoniosas; de suas mãos partiam focos de luz que atingiam o alto da cabeça de Genoveva, e ele passou a lhe direcionar os pensamentos:

— Deus, Pai augusto e misericordioso! Aqui reunidos para comemorar a união de Elisa e Oseias, amigos queridos, vos agradecemos pelas bênçãos deste dia, que nos proporcionou a presença de familiares e de amigos. Que Jesus, nosso Mestre, abençoe o casal que acaba de se ligar através de elos de amor para compromissos redentores, que significam responsabilidade para com o lar, para com os filhos que virão desta união e para com a sociedade em que se acham inseridos. Que este momento, Senhor, signifique o início de uma união profunda e duradoura, que certamente marca não um encontro, mas um reencontro de almas para concretizar projeto elaborado no plano espiritual e colaborar na vossa seara, dando o melhor de si mesmos e caminhando juntos rumo à evolução. Para eles, Senhor Jesus, suplicamos as vossas bênçãos de paz, de amor e de luz!

Genoveva parou de falar por um instante, depois finalizou a prece, convidando a todos a fazer o Pai-Nosso, oração que o Mestre legou à humanidade.

Com as mãos espalmadas sobre o casal, Samuel, Galeno e Matheus emitiram intensas energias para fortalecê-los nos embates que forçosamente teriam na vida em comum, de modo que se lembrassem no futuro daquele momento tão especial.

Finda a oração, todos estavam comovidos. Muitos amigos e familiares do Além igualmente estavam ali, participando da festividade, inclusive nós, os jovens, satisfeitos com o andamento do "Caso Maneco", como carinhosamente passamos a chamá-lo.

Os pais de Oseias estavam enlevados. Pelas amorosas vibrações do ambiente, intraduzíveis em linguagem terrena e que muito os emocionaram, eles passaram a achar que o Espiritismo deveria ser bom, por causa do bem-estar proporcionado pela oração e pela paz que experimentavam.

Quanto ao nosso amigo Maneco, pudemos notar que, apesar das restrições gestacionais, sentia as bênçãos daquela hora através das vibrações amorosas que o envolviam no ventre materno, consciente de que tudo corria bem, como ele tanto desejara antes de mergulhar no processo reencarnatório.

Após a parte protocolar, nós, do plano espiritual, afastamo-nos e fomos trocar ideias, acomodados na sala da frente, vazia àquela hora, visto que os convidados estavam todos no quintal. Deixamos nossos amigos entregues aos festejos e divertimentos próprios daquela data tão importante.

Na hora certa, voltamos para nossa Casa, em Céu Azul.

Na manhã seguinte, todos acordaram tarde. Era um belo domingo e podiam descansar à vontade. Elisa e Oseias tinham viajado para uma cidade grande próxima, onde ficaram hospedados em um hotel.

Acordaram, sem acreditar que agora não se separariam mais. Aproveitaram o fim de semana prolongado e passearam bastante. Estavam muito felizes, e parecia que nada poderia toldar a alegria deles.

Foi exatamente isso que Oseias comentou com a esposa no café da manhã. No entanto, ouvindo-o, Elisa logo se lembrou de Marquinho, e sua fisionomia se fechou, como se uma sombra a envolvesse. Oseias, ao notar essa mudança, indagou:

— Que pensamentos passaram por essa linda cabecinha e que a fizeram mudar tanto, meu amor?

Para despistar, Elisa sorriu e murmurou:

— O medo de te perder, meu amor...

— Não pode ser, querida, pois sou todo seu! Agora ninguém mais vai nos separar. Vamos ter nossa casa, e logo nascerá nosso primeiro filho. O que mais podemos desejar?

Beijaram-se. Ela reconheceu que ele estava certo e procurou expulsar as ideias negativas que trazia na mente desde o último encontro com Marquinho.

— Tem razão, Oseias. O que vamos fazer após o café da manhã? Gostaria de conhecer os pontos turísticos da cidade, o que acha?

Ele concordou, e logo estavam caminhando pelas ruas, felizes por estarem juntos, se amarem e estarem casados.

Na segunda-feira retornaram à vida normal, ao trabalho e às atividades na Casa Espírita. Mas agora os dois tinham para onde voltar: a casinha que prepararam com tanto amor.

Os meses se passaram. A gravidez de Elisa transcorria normal, com o amparo dos amigos espirituais. Com a gestação bem adiantada, o marido insistia para que ela parasse de trabalhar. Mas Elisa desejava ficar mais tempo com o bebê depois que ele nascesse. A situação estava assim, quando, em uma manhã, ao sair de casa, Elisa topou com o antigo noivo. Tentou desviar, mas não conseguiu. Ele se postou na sua frente de modo que ela ficou presa entre ele e o muro de uma casa. Assustada, Elisa gritou:

— O que quer ainda comigo, Marco Antônio?

— Tudo! — ele respondeu, completando: — Ou acha que iria permitir que você continuasse com aquele miserável que diz ser seu marido?

— Oseias "é" meu marido, não entendeu isso ainda?

— Nunca! Só se for por cima do meu cadáver.

Assustada com aquelas palavras, Elisa olhou melhor para ele. Definitivamente não era o rapaz que conhecera, amara e fora seu namorado. Estava todo sujo, usava roupas velhas e rasgadas; trazia as unhas grandes e encardidas, os cabelos encaracolados estavam emplastados de sujeira, mas o rosto... Marquinho mostrava expressão terrível; parecia um louco, com aqueles olhos grandes, arregalados e vermelhos, onde se via um brilho febril de raiva contida. Cheia de medo, Elisa tentou convencê-lo:

— Marquinho, se quiser conversar comigo, eu aceito. Porém, tem que ser em outro lugar e em outro momento. Agora tenho que fazer uma faxina e não posso me atrasar, entende?

— Você quer fugir de mim, Elisa, mas não vou deixar. Sou mais esperto. Venha comigo! Não tenho tempo a perder.

Naquele momento, apavorada, Elisa começou a gritar. Ele, então, tapou-lhe a boca e a arrastou para o carro, que já estava com a porta aberta. Como ela resistia, ele ficou irritado. Quando ele se preparava para lhe dar um bofetão, Elisa, desesperada, conseguiu gritar a plenos pulmões:

— Socorro! Socorro! Acudam!...

Algumas pessoas que estavam nas imediações ouviram os gritos e ficaram horrorizadas ao ver uma gestante ser tratada daquela maneira. Marco ainda tentou colocá-la dentro do carro, mas quando viu dois rapazes correndo em sua direção, sem saída, optou por soltar Elisa, que caiu na sarjeta, desamparada, a chorar copiosamente.

A polícia foi chamada, mas o carro e o agressor já haviam desaparecido. Enquanto um policial socorria Elisa, outro tomava informações daqueles que viram o que acontecera, inclusive podendo identificar a cor e o modelo do carro, tipo físico do homem e o que mais fosse necessário para encontrar e prender o agressor.

A ambulância chegou, e Elisa foi levada ao hospital para as providências necessárias. Os médicos tudo fizeram para evitar o nascimento prematuro do bebê, mas sem resultado. Elisa deu à luz a uma criança do sexo masculino aos sete meses e meio de gestação.

Avisado pela polícia, Oseias chegou ao hospital quando o bebê já havia nascido. Ele estava bem, assim como a mãe, que repousava após o esforço despendido no parto.

27

Socorro do alto

A chegada do bebê foi comemorada com muita alegria pelos pais, familiares e amigos. Recebeu o nome de Francisco, em homenagem a Francisco de Assis, o apóstolo do Cristo renascido na Itália, na região da Úmbria, e a Francisco Cândido Xavier, o missionário do bem e da paz, de Uberaba, na região das Minas Gerais.

Quanto a Marco Antônio, estava foragido, e a polícia não conseguia encontrá-lo. Com o passar do tempo ele caiu no esquecimento, e a vida seguiu avante.

Oseias e Elisa, encantados pela chegada do primeiro filho, não se preocupavam com mais nada. Todos os seus pensamentos e energias eram para o novo lar e para o lindo bebê, que não se cansavam de admirar. Chegavam a acordar durante a noite só para ver se o pequeno Francisco estava bem.

Enquanto a felicidade vibrava naquele lar, Marco Antônio sofria as penas do inferno, escondendo-se para não ser encontrado. Nos primeiros tempos, ainda se socorria em pequenas vendas, casas comerciais existentes à margem das estradinhas da zona rural, onde adquiria comida com o dinheiro que trazia no bolso. Depois, os recursos acabaram, e, no meio do mato onde se refugiara, passou a levar vida miserável. Comia o que encontrava, frutas ou ervas, tomava água de regatos e, na falta deles, uma vez que não ficava parado temendo ser reconhecido, saciava-se com a água da chuva ou, em situações de mais premência, de poças lamacentas.

Marquinho em nada lembrava o rapaz elegante e bem vestido que fora. Andava maltrapilho, sujo, com os cabelos compridos e despenteados; os olhos vermelhos e injetados não tinham paz, sempre observando em torno para ver se alguém estava à espreita; o rosto, atormentado pelo ódio, magro e encovado, dificilmente permitiria que fosse reconhecido. Apesar disso, Marquinho sentia-se perseguido e temia tudo e todos.

Àquela altura dos acontecimentos, a verdade é que ninguém mais o procurava, nem mesmo a polícia; atolados de serviço com casos mais recentes, ou preocupados com crimes mais graves que lhes tomavam todo o tempo, os policiais se esqueceram dele. Na realidade, essa perseguição que Marco Antônio tanto temia, julgando-se constantemente espionado, devia-se ao gênero de vida que levara, deixando-se seduzir cada vez mais pelo lado negativo. Ao buscar o que havia de pior e mais sórdido em divertimentos e em atividades comerciais ilícitas, aliado ao submundo do crime, vinculou-se fortemente aos companheiros das sombras, que o cercavam nutrindo-se dos seus vícios. Psiquicamente, ele sentia as entidades que o envolviam, daí a ideia de perseguição que o apavorava.

Enfraquecido e fragilizado por cultivar um medo sistemático, se deixou dominar de maneira mais intensa pelos companheiros invisíveis, cujo assédio doentio e constante gerou gravíssima obsessão. O rapaz se tornou maleável em suas mãos. Dentre sua corte de espíritos obsessores, havia os que se aproximavam para prejudicar Elisa, a quem detestavam por experiências ocorridas em passado mais remoto. Desse modo, revoltados, lutavam para lesar a jovem mãe em seus afetos mais profundos por meio de Marco Antônio.

O rapaz obsidiado relutava em atingir Elisa, a quem se sentia ligado por laços de afeto, mesmo que à sua maneira. Ela estava esperando um filho, o que o levava a manter certo respeito por ela. Mas, a despeito disso, os dominadores invisíveis o pressionavam, incutindo-lhe sugestões nefastas. O que seria o chefe do grupo colocava pensamentos na mente de Marquinho: *"Cara, o que está fazendo? Precisamos destruir aquela mulher maldita que o rejeitou! Ela está feliz com o miserável que tomou seu lugar. Como pode permitir? Levante-se e lute! Vamos atormentar a vida deles. Eles não merecem a felicidade. Vamos atingir a criança, que é frágil diante de nossas vibrações. Assim, atingiremos os pais! Ânimo!"*.

Marco Antônio, sentado no chão, com a cabeça apoiada nas mãos, desesperava-se ante tais pensamentos. Apesar de suas imperfeições, no fundo ele não queria prejudicar uma criança tão pequena, especialmente por ser seu filho. Mas seus tétricos acompanhantes prosseguiam resolutos: *"Você não tem*

opção! Não vê que é a única maneira de conseguir que aquela mulher volte para seus braços? Está em nossas mãos e fará o que nós mandarmos. Precisamos de você para levar adiante nossos propósitos de vingança. Marco, você será nossas mãos e nossos pés. Levante-se! É uma ordem!".

Enlouquecido pelo assédio espiritual, ele ainda hesitava, opondo as últimas resistências. Levando as mãos à cabeça, dava murros em si mesmo, tentando se livrar das sugestões maléficas que prosseguiam sem lhe dar tréguas.

Entrementes, preocupados com a situação que piorava a cada dia, os amigos espirituais buscavam uma maneira de ajudar a esses necessitados, visto que todos, encarnados e desencarnados, são igualmente filhos de Deus.

Certo dia, Eduardo e eu, que acompanhávamos o caso e estávamos a par da situação, fomos convocados para auxiliar em uma atividade socorrista da qual fariam parte Samuel, Matheus e Galeno.

No dia combinado, saímos pela madrugada demandando à crosta terrestre, após suplicarmos a Jesus que nos secundasse na atividade intercessória, uma vez que muitos irmãos nossos estavam envolvidos.

Aproximando-nos das regiões espirituais do planeta, pousamos no solo e nos dirigimos a uma área rural em busca de pequena mata nativa, onde principiamos nossa caminhada. Estava escuro ainda. A temperatura era baixa, e uma neblina cobria tudo. Liderados por Matheus, andamos em silêncio até um local que se abria em reduzida clareira. Ali, com surpresa, vimos que outras entidades amigas nos esperavam. Dentre elas, uma senhora que aparentava uns 60 anos, cabeça aureolada por cabelos brancos, curtos e bem penteados; seu vestido, azul--celeste, era entremeado de pequenas flores brancas. O rosto claro, a fisionomia simpática e agradável, especialmente os olhos castanho-esverdeados, nos conquistaram de imediato, pois ela trazia no olhar a expressão carinhosa e inconfundível das mães. Fomos apresentados à gentil senhora Olívia, que nos fitou com um sorriso. Vimos seu semblante se iluminar, e a voz soou cariciosa:

— *Sou-lhes profundamente grata pelo empenho em socorrer meu desventurado filho. Estou bastante otimista desta vez. Por longos anos, venho tentando retirá-lo da situação em que se encontra, sem qualquer resultado. Conto com o amparo dos amigos nesta abençoada oportunidade que surgiu.*

— *Agora a situação é diferente, cara Olívia, e o momento é o ideal para nova tentativa, mesmo porque temos interesse em socorrer outros companheiros que também fazem parte do grupo* — acentuou Matheus.

— *Concordo com Matheus. A hora é adequada, Olívia. É melhor irmos agora, pois não podemos esperar muito* — sugeriu Galeno.

— *Sigamos em frente! O horário nos favorece em virtude de ainda não estar claro* — ponderou Samuel.

Pela região onde estávamos, fez-se necessário diminuirmos nossa vibração, tornando mais denso nosso corpo espiritual. Nosso grupo começou a caminhar em silêncio até chegar a um local, próximo de uma caverna, onde vimos várias entidades de baixíssima condição vibratória que no momento dormiam; era o séquito de Marco Antônio. Um pouco além, recostado nas raízes de uma árvore, coberto com pequena manta, um rapaz nosso conhecido. Particularmente, apiedei-me dele. Marquinho era uma sombra do que fora. Lembrava-me dele à época em que Maneco e eu permanecemos ao seu lado, tentando criar laços de afeto e facilitar a reencarnação do meu amigo, que estava sendo programada. Marco Antônio era alegre, brincalhão, fazia um monte de coisas erradas, mas atraía pelo seu carisma, pelo bom humor. Creio até que Elisa tenha se apaixonado por ele em virtude disso. Agora Marco deixava ver a condição de miserabilidade a que chegara na palidez do semblante, no rosto marcado pelas lágrimas, nos cabelos compridos, sujos e desfeitos, nas roupas imundas e rasgadas, nos sapatos destruídos que deixavam à mostra seus pés feridos, numa mistura de terra e sangue. Tudo isso me comoveu bastante.

No entanto, o momento não era para divagações. Aproximando-nos das entidades perturbadoras de Marco, paramos, cercando-os. Matheus pediu que nos mantivéssemos em atitude íntima de oração. Enquanto os demais continuavam adormecidos, Olívia se aproximou do chefe e o tocou de leve com a mão. Ele despertou naturalmente, esfregando os olhos. De súbito, assustou-se ao sentir que ali deveriam estar outras entidades que ele não enxergava.

Emocionada, Olívia concentrou-se, adensando ainda mais o corpo espiritual e deixando-se contemplar como era à época da última encarnação: uma mulher simples, de rosto marcado pela vida, porém com os mesmos olhos castanho-esverdeados vivos e amorosos. Ao vê-la, ele se assustou, levando as mãos ao rosto e pondo-se a chorar sentidamente, enquanto dizia:

— Mãe! Minha mãe! Como me achou aqui? Há quanto tempo não nos vemos! Pensei que fora esquecido pelos meus familiares, escorraçado da família ao me ver tratado com tamanha indiferença por todos aqueles aos quais eu sempre amei e continuo a amar. Em vão a procurei, suplicando por ajuda. Nada aconteceu! Onde estava Deus, aquele Deus de quem sempre a senhora me falava e que nunca fez nada para me socorrer?

A mãezinha respirou fundo, balançou a cabeça lamentando a postura do filho e ponderou:

— *Hermógenes, não cometas tal sacrilégio, meu filho. Não te refiras ao Criador dessa forma, quando nada tens feito para modificar tua vida. Enganas-te quando falas do esquecimento a que foste votado pelos familiares. Ao contrário do que pensas, sempre nos preocupamos por ti, tentando auxiliar-te da melhor maneira e procurando desviar-te das ações nefastas que produzes, juntamente com teus comparsas, para prejudicar nossos irmãos encarnados.*

Diante da condição moral da mãe, da firmeza que ela demonstrava, não se deixando cativar por suas lamúrias, ele se ajoelhou, envergonhado ao notar que ela sabia de tudo o que ele fizera até então. A mãezinha prosseguiu:

— *O que fizeste, filho meu, de tudo o que te ensinamos no recesso do lar, nos nossos momentos de oração ou quando íamos à igreja rezar? Como pudeste esquecer os ensinamentos de Jesus, que eu te ensinava nas nossas noites ao pé da lareira, enquanto o fogo crepitava nos aquecendo no inverno? Ou quando saíamos a passear pelo mato e depois, cansados, nos sentávamos à beira do riacho, e, com os pés mergulhados na água fria, tu me pedias que contasse de novo as doces histórias sobre Jesus, que tanto apreciavas ouvir?*

Acompanhando a conversa entre mãe e filho, nos emocionamos, pois, à nossa visão espiritual, surgiam as imagens evocadas por Olívia, como se numa tela que houvesse sido descerrada com o objetivo de atingir o filho com essas lembranças projetadas do mais íntimo do seu ser, as quais ele também acompanhava vislumbrando-as com saudade. Entendi perfeitamente a intenção da nobre Olívia, que desejava retirar-lhe a couraça pesada e escura que o revestia, libertando-o para uma nova vivência através da lembrança de momentos felizes, o que pareceu surtir efeito, pois Hermógenes murmurou:

— Ah, Mamãe! Há quanto tempo não me recordava desses momentos felizes! Fazem-me imenso bem à alma, estou cansado de sofrer. Vê-la neste traje azul de florzinhas brancas que eu tanto gostava me dá grande bem-estar e saudade. Quisera poder voltar à minha infância de outrora, quando eu era tão feliz. Eu tinha tudo e não sabia... Depois... depois veio a desgraça, e vi nossa família ser destroçada pelos infames. Como esquecer tudo o que amargamos, minha mãe?

— *Meu filho, a justiça de Deus é perfeita, e tudo o que acontece tem sua razão de ser. Nada sabes ainda sobre o passado mais remoto, quando em séculos anteriores fizemos por merecer, por nossas ações, os sofrimentos que nos foram impingidos àquela época. E agora, tens te esmerado em complicar ainda mais tua vida imortal, com gravames pelos quais terás que responder junto à Lei Maior.*

Calado, encolhido, o infeliz sentou-se no chão, recostando-se a um tronco; passou a meditar, mas ainda buscava meios de se justificar:

— Todavia, mãe querida, é pecado querermos fazer justiça? Quando tanto sofremos, não é triste ver, em situação privilegiada, aqueles que nos destruíram? Vê-los em uma existência tranquila e sem problemas, ao passo que sofremos as penas do inferno?

Ao notar o filho agora diferente, mais cordato, conquanto buscasse a aceitação da mãezinha para seu modo de pensar, ela se acomodou também no solo, colocou a cabeça do filho em seu regaço e, com voz meiga, o acariciava ponderando:

— *Quem de nós pode afirmar que nada deve à Justiça Divina, meu querido? Nada sabemos do que foi nossa vida no pretérito, apenas nos lembramos do passado mais recente e do que vivenciamos hoje. Filho meu, entrega-te ao Senhor, que é Pai amoroso e bom, e que nos deseja o melhor. Todos somos seus filhos! Como julgas que o Pai vai encarar o mal que fizemos a outro filho seu? Tu gostarias de ver um filho teu sofrendo? Não, por certo. O Pai Maior também não, Hermógenes.*

A entidade continuava chorando ao ouvir as palavras da mãezinha, que lhe calavam fundo na alma torturada. Fechou os olhos e inclinou a cabeça, exausto.

— Minha mãe, a verdade é que estou muito cansado. Preciso repousar, mas não quero mais me afastar de sua presença. Por piedade! Não me deixe só novamente! Se permanecer a seu lado, terei forças para mudar. Ajude-me, minha mãe!

A mãezinha o abraçou com infinito amor e, em lágrimas de gratidão a Deus, tranquilizou-o:

— *Não vou te deixar mais, meu filho. Nada temas. Agora que te reconquistei, permanecerei ao teu lado, pelo menos enquanto precisares de mim. Vamos orar, filho da minha alma, agradecendo ao Senhor por este reencontro.*

Ouvimos passo a passo o diálogo e agora, elevados em oração, acompanhamos a prece da nossa irmã Olívia:

— *Senhor Deus, nosso Pai! Neste momento nós só podemos vos agradecer pelas infinitas dádivas que nos proporcionaste hoje. Meu coração de mãe sente-se jubiloso diante das bênçãos que nos dispensastes, do socorro ao filho querido que há tanto tempo se mantinha apartado de nosso convívio, buscando outras companhias. Por isso, Senhor, nesta hora de congraçamento e de reencontro, é justo que comemoremos. Assim como também o fez o pai que, imensamente feliz, reencontrou o filho perdido, conforme nos narrou o Mestre Maior há dois mil anos, na parábola do Filho Pródigo: "Meu filho estava perdido e foi achado, estava morto e reviveu". Então, Senhor, também o nosso coração se abre de júbilo ante o filho que retorna à casa do Pai. Que os companheiros de meu Hermógenes igualmente possam ser socorridos graças à vossa excelsa bondade. E — insistimos — que as dádivas que nos envias se estendam a todos os irmãos necessitados aqui presentes. Obrigada, Senhor! Muito obrigada!*

À medida que Olívia orava, bênçãos de luz vindas do alto caíam sobre nós como flocos de neve luminosos e translúcidos. Ao nos atingirem, infundiam infinito bem-estar e alegria. Embora não quisessem enxergar, também os demais receberam as dádivas do céu e despertaram do sono a que tinham ficado retidos, para que não interferissem no importante diálogo entre mãe e filho. Olívia e Hermógenes se ergueram em vista da nova situação.

Agora despertas, as entidades olhavam para o chefe Hermógenes e para a bela senhora sem saber o que pensar ou como agir. A presença daqueles estranhos que lá estavam deixou-os preocupados. Hermógenes, porém, explicou-lhes o que tinha acontecido, convidando-os a acompanhá-lo junto com sua mãe Olívia.

Como se tratasse de espíritos sem grande expressão de maldade — apenas criaturas subordinadas ao chefe Hermógenes, o cérebro do grupo e de quem eram dependentes —, sem ter para onde ir, acabaram por aceitar o oferecimento da ajuda que lhes foi proposta.

Auxiliados pelos amigos espirituais, foram conduzidos a um veículo que, discretamente, aguardava ali perto. Bastante semelhante às antigas carruagens puxadas por quatro cavalos, porém um pouco maior, nele tomaram assento e foram conduzidos a local de atendimento no plano espiritual.[27]

Quanto a Marco Antônio, permanecia dormindo. Em espírito percebeu o que estava acontecendo, sem poder reagir ou interferir. Após tudo resolvido, ele recebeu energias benéficas e restauradoras para melhorar seu estado geral, tanto físico quanto espiritual. Ficamos ao seu lado, aguardando-lhe o despertar. Ao abrir as pálpebras, olhou em torno, procurando os demais. Lembrava-se de ter visto várias pessoas conversando, e algumas não lhe pareciam estranhas. Ao se ver sozinho, murmurou:

— Devo ter sonhado!

Sentia-se estranhamente melhor e mais bem-disposto. Como eu era o que tinha tido mais contato com Marquinho e, por isso, mais facilidade para ser percebido, fui encarregado de conversar com ele. Então, cheguei perto dele, coloquei a mão em seu ombro e lhe sugeri:

— *Marquinho, vá para sua casa! Tudo está bem. Comece uma vida nova. Esqueça o que passou e procure se harmonizar com aqueles que possam ter algo contra você. Confie em Jesus! Tudo vai dar certo, pode acreditar!*

---

27. Pode parecer estranho esse meio de transporte, tendo em vista que estamos falando do mundo espiritual. Todavia, na literatura espírita, vemos com frequência esses veículos serem utilizados em zonas de densidade vibratória mais baixa. Para locomover-se pelo espaço, utilizam o "aeróbus", mistura de ônibus com avião, já citado. Quem se interessar pelo assunto, basta procurar na obra *Nosso Lar*, de André Luiz, psicografia de Francisco C. Xavier, Editora FEB.

Repeti várias vezes essas palavras. Ele não me "ouvia" com os ouvidos do corpo, mas na acústica da alma acabou entendendo a sugestão e sorriu mais animado, murmurando:

— Sim! Voltarei para casa. Estou cansado de ser um foragido, um procurado pela justiça. Não posso mais continuar assim. Voltarei e acertarei as contas com todos aqueles que prejudiquei.

Sorrimos. Ele entendera a mensagem. Tudo caminhava para melhor, do jeito que deveria ser.

Graças a Deus!

28

Revelações

Naquele mesmo dia, à noite, em nossa reunião costumeira no Grupo de Estudos da Individualidade, em Céu Azul, quando os jovens se encontravam para estudar, e com a presença da nobre Olívia, conversamos sobre o assunto que nos interessava, pedindo-lhe esclarecimentos, tendo em vista que alguns pontos haviam ficado obscuros quanto ao passado dos envolvidos. A dama não se negou a fornecer, relatando-nos algo das experiências reencarnatórias desse grupo que estava sendo atendido.

— *No início do século 14, esse grupo do qual faço parte renasceu em uma região da Europa de grande proeminência. Os mais envolvidos no drama eram nobres pelo nascimento e ocupavam posições de destaque no reino. No entanto, apesar de possuírem muitas riquezas, a cobiça falou mais alto e desejaram também o poder. Assim, tramaram a queda do soberano, que sempre os tratara com amizade, respeito e consideração. Após provocar um levante de grandes proporções, assassinaram o rei e toda a família real, passando a governar com extrema crueldade. Fizemos muitos inimigos, especialmente os membros de uma família ligada ao soberano deposto, que fora bastante atingida pelos caprichos de meu filho Hermógenes, à época Fernando. Apaixonou-se Fernando por uma jovem, Rosário (Elisa), que o rejeitava por estar comprometida com outro, Gregório (Marco Antônio). Enlouquecido de ciúme, Fernando matou Gregório, noivo de Rosário, e encarcerou-a no castelo, mantendo-a sob seu jugo por muitos anos. Posteriormente, no século 16, as posições se inverteram, e a lei de causa e efeito fez com que, encontrando-nos, nossos inimigos dessem vazão ao ódio e a insaciáveis desejos de vingança, fazendo-nos sofrer o que por sua vez haviam sofrido dois séculos antes.*

Olívia respirou fundo, espraiou o olhar pelo grupo todo e, como se buscasse na memória as imagens do passado, prosseguiu:

— *Por longo tempo, os grupos se digladiaram sem trégua; os que estavam em melhor situação atingiam os do outro grupo; os encarnados sofriam a pressão dos desencarnados, e, posteriormente, a situação se invertia, numa disputa ferrenha e sem interrupção em que só havia perdas. Até que, certa ocasião, à custa de tanto sofrer, cansados de disputas e de guerras, com a ajuda de nossos benfeitores, aceitamos a sugestão de nos entender, estabelecendo uma suspensão nas hostilidades de parte a parte, com vista a melhorar esse relacionamento deletério que tantos danos causara aos dois lados. Fizemos um acordo e reencarnamos. Aos poucos, os grupos foram vencendo o ódio e se transformando à luz do Evangelho de Jesus. Apenas os mais rebeldes se mantiveram presos ao passado de erros. Os que estavam no mundo*

espiritual, conscientes do que lhes competia realizar, ajudavam os que estavam encarnados. Nessa época, com visão mais elevada, prossegui unida ao grupo, ajudando-os como me era permitido e na medida do possível.

A dama fez nova pausa, enxugou uma lágrima, e continuou:

— *Na Itália do século 17, Rodolfo (Maneco) se apaixona por Amanda (Elisa), buscando mantê-la de todas as maneiras a seu lado. Daí em diante, vocês já estão informados: ele insinua-se e, ao ajudar a mãe da jovem, que estava com problemas pulmonares, acaba entrando em sua casa, assenhoreando-se de tudo e lhe prometendo casamento. Alguns meses depois, Amanda conta-lhe que está esperando um filho dele. Espírito rebelde, ainda de poucos valores morais, para fugir à responsabilidade de pai, Rodolfo rejeita a criança, alegando não ser seu filho, e abandona a companheira à própria sorte. Ferdinando (Fernando), outro pretendente de Amanda, ao vê-la sozinha, se aproxima e lhe propõe casamento. Mesmo sem amor, ela aceita. Com um homem ao seu lado, ela poderia gozar de mais segurança, já que naqueles tempos difíceis uma mulher sozinha era sempre malvista pela sociedade. Cheio de ciúme ao saber que eles estavam juntos, Rodolfo trama a morte de Ferdinando, gerando para si mesmo novo débito perante a lei divina.*

Diante de interrupção mais longa, Eduardo perguntou:

— *É em virtude desse fato que Ferdinando (Hermógenes) tem ódio de Rodolfo (Maneco)?*

— *Exatamente, Eduardo. Não apenas tem ódio de Manoel, mas também de Marco Antônio, que ele conheceu como Gregório, seu rival na disputa do amor de Rosário e que ele matou. Gregório não era mau, porém, ao ser assassinado por Ferdinando, encheu-se de um ódio feroz, passando a persegui-lo através do tempo. Na verdade, meus irmãos, foram muitas experiências reencarnatórias traumáticas que esse grupo de espíritos vivenciou. Os que estavam em melhor situação atingiam os outros, e depois a situação se invertia. Longo tempo foi necessário para que houvesse alguma melhora e pudessem novamente se reencontrar, agora em outra etapa: aquela que conduz à renovação moral e consequente elevação espiritual, rumo à evolução a que todos aspiramos.*

Olívia se calou, encerrando sua retrospectiva. E nós nos quedamos a pensar no quanto as atitudes irrefletidas prejudicam o Espírito imortal e o levam a perder tempo precioso quando se arrasta na lama dos sentimentos inferiores e digladia com os inimigos, aumentando seus débitos.

Conversávamos sobre isso, quando Olívia, comovida, lembrou:

— *Sim, meus amigos! Após dois longos milênios, finalmente o homem começa a perceber que somente o Evangelho de Jesus nos trará a felicidade que almejamos, através do amor incondicional. O Mestre nos esclarece que o amor, como Sol interior, deve se estender não apenas aos amigos, mas também aos inimigos, uma vez que, se os temos, é porque convivemos com eles, mantivemos relacionamentos e, em dado momento os prejudicamos, atingindo-os fundo no coração, ou fomos por eles prejudicados. Em uma questão sempre existem dois lados, sofremos e fazemos sofrer, de modo que somos ao mesmo tempo vítimas e algozes. Ninguém, meus irmãos, ninguém odeia quem não conhece, alguém por quem não teve amor. Quando um estranho nos atinge, não nos envolvemos emocionalmente. Mas a mágoa que gera o ressentimento é que vai nos levar a gravar a ofensa de maneira indelével, nessa repetição constante que não permite o perdão e que deixa o ser espiritual profundamente enfermo.*

A nobre dama parou de falar por alguns instantes, e Galeno aproveitou para concluir:

— *Essa é a razão de buscarmos o autoconhecimento, fundamental para a reabilitação do faltoso. É preciso analisar tendências, atos e reações e nos impor um regime salutar de esquecimento e perdão ao algoz, libertando-nos das mágoas que nos apoquentam para que tenhamos uma vida mais livre, feliz e de paz. Jesus, ao nos convidar à reconciliação com o adversário o mais depressa possível, enquanto estamos a caminho com ele, espera que resolvamos nossas pendências com a presteza possível, a fim de evitar que se transformem em ressentimento e se estendam no tempo e no espaço através de reencarnações profundamente conflituosas e desgastantes para os dois lados.*

Com os olhos úmidos de emoção, ao me lembrar do fato acontecido comigo há alguns anos, quando reencontrei Hassan[28], a quem muito prejudiquei, comentei:

— *Essa recomendação de Jesus serve para todas as situações em que haja desentendimento. Em qualquer momento podemos nos reconciliar com adversários e inimigos, o que nos alivia sobremaneira o íntimo. Tive ocasião de encontrar aqui no mundo espiritual um antigo desafeto, hoje amigo, a quem magoei profundamente e que me perdoou sem reservas. No entanto, julgo que a bênção de exercitar o perdão, especialmente quando encarnados, é de valor incalculável, uma vez que não estamos de posse dos fatos ocorridos no passado, não nos lembramos do que aconteceu, e, se perdoamos, é porque exercitamos o amor ao próximo, como recomenda o Mestre.*

Marcelo, pensativo, acrescentou:

---

28. Passagem constante da obra *De Volta ao Passado,* do mesmo autor, Boa Nova Editora, Catanduva (SP), 2000.

— Felizmente, no caso em pauta, parece que tudo começa a entrar nos eixos. No momento, Elisa está casada com Oseias, espírito sereno e bom, que mudou a vida dela. Mas onde entra Oseias nessa história?

Olívia balançou a cabeça, concordando com um sorriso:

— Pois é, Marcelo. Parece que teremos alguns anos de paz. Quanto à sua pergunta, Oseias sempre esteve envolvido com o grupo e perto de Elisa. Renasceu com o objetivo de ampará-la, em virtude dos laços de afeto que os unem há muito tempo. São espíritos amigos, afins, e que, através das encarnações, têm se encontrado algumas vezes, mantendo o clima de amizade que sempre existiu entre eles. Agora, com o retorno de Manoel (Rodolfo), se uniram e ajudarão o reencarnante no seu propósito de refazer laços afetivos.

— Irmã Olívia, e quanto a seu filho Hermógenes, que foi socorrido e agora vai iniciar uma nova vida em nosso plano? Existe alguma programação para ele já delineada? — quis saber Gladstone.

— Como sabem, Hermógenes, que também foi Fernando e Ferdinando, tem raiva de Elisa por ter sido sempre preterido por ela. O planejamento é que, aproveitando a presente encarnação, ele reencarne como filho de Oseias e Elisa para beneficiar-se do ambiente de paz e amor que eles mantêm e, ao mesmo tempo, espiritualizar seus sentimentos, passando a enxergá-la como mãe. Gozarão de grande intimidade, tendo em vista os laços de parentesco, e o amor dele irá se modificar, ganhando nova conotação ao ser canalizado para o amor materno. Por causa dessa programação é que necessitamos apressar o socorro a Hermógenes e a seus companheiros, pois se faz urgente aproveitar a oportunidade para aproximá-lo de Elisa.

Sem poder sopitar minha velha veia humorística, acrescentei:

— Bem. Talvez nem tudo sejam flores nesse relacionamento! Certamente esse filho será extremamente ciumento e não deixará ninguém se aproximar muito da mamãe, exigindo atenções dela a todo instante.

Os jovens caíram na risada, e Olívia concordou, sorrindo:
— Tem razão, César Augusto. Suas previsões estão certíssimas. Mas temos que convir que, quando acontecer, esta será a primeira encarnação dele como filho de Elisa. No futuro, com o processo se repetindo, ele terá se modificado bastante. Além disso, o tempo é o grande remédio para todos os problemas, com a ajuda de Deus!

O ambiente estava instrutivo e agradável, mas já se fazia hora de encerrar nossa reunião. Assim, com uma oração emocionada de agradecimento ao Alto, a nobre Olívia encerrou a atividade da noite.

Despedimo-nos de todos e deixamos a sala sentindo o coração renovado pela esperança de dias melhores. Especialmente nós, que conhecíamos o "caso Maneco" e acompanhamos todas as fases do processo, experimentávamos, cheios de emoção, o sentimento de dever cumprido. Grande bem-estar nos invadia o íntimo e depositamos nas mãos do Mestre reconhecimento por tudo estar caminhando bem. Era o primeiro projeto de reencarnação em que tínhamos trabalhado durante todo o tempo. Naturalmente, existiam particularidades às quais não tivemos acesso por falta de conhecimentos específicos na área, porém, com a presença e apoio dos nossos benfeitores, em tudo mais participamos ativamente, o que nos conferia uma sensação enorme de capacitação.

Outros casos viriam, como o de Fátima, nossa companheira, que estava atravessando período difícil, dadas as suas ligações com a família encarnada e os aspectos do seu passado, que demandavam cuidados especiais, exigindo, provavelmente, novo mergulho na carne.

※

Pelo menos uma vez por semana visitávamos o lar de Elisa e Oseias. O pequeno Francisco crescia a olhos vistos, alegre e monopolizador da mãe, como não poderia deixar de ser. Elisa fitava o pequeno, que do carrinho lançava os bracinhos para a mamãe pedindo colo, e mantinha-se pensativa. "Esses olhos me lembram alguém. Mas quem? Onde já teria visto esse olhar que reclama tanto minha atenção?".

E Elisa, com profundo amor, pegava no colo o bebê, aconchegando-o ao coração e acalmando-lhe as lágrimas. O pequeno se acomodava em seu peito e, como se tivesse tomado um anestésico, adormecia quase que imediatamente, sereno e satisfeito. Quando Oseias chegava do serviço e queria pegá-lo no colo, o bebê reagia, virando as costas para o pai e escondendo o rostinho no peito da mãe.

— Interessante! Nosso Francisco parece não gostar de mim. Por que será? — perguntava ele, um tanto decepcionado e com uma pontinha de ciúme.

Ao que Elisa respondia, terna e amorosa:

— Não é isso, querido. O bebê sempre tem mais ligação com a mãe. Se ele estivesse no carrinho ou no berço, e você se aproximasse para pegá-lo no colo, com certeza ele não faria cena. Aceitaria na hora! O que ele não gosta é de ficar sozinho.

— Ah! Malandrinho! Então é isso? Agora já sei como agir para resolver o problema. Você terá que se acostumar comigo. Sei, perfeitamente, que sua mãe é muito mais bonita do que eu, tem um colo mais aconchegante e macio, mas você vai ter que me aceitar, assim como sou, feio e desengonçado — disse Oseias, acariciando o pequeno que dormia, enquanto Elisa ria das suas considerações.

De repente, ela se lembrou de outra coisa:

— Querido, você ficou sabendo algo sobre Marquinho?

— Na semana passada ele foi ao Centro assistir à palestra e tomar passe. Não conversei com ele, mas sei que comentou com alguém que arranjou um emprego como vendedor numa loja de veículos e está contente. Marquinho está bem magro e pálido, mas esperançoso, segundo me disseram.

Elisa respirou fundo, olhando o filhinho que agora dormia no berço.

— Graças a Deus, Oseias! Temos que orar bastante para que ele fique bem. Assim Marquinho nos esquece e parte pra outra.

Oseias abraçou a esposa com paixão, aconchegando-a ao peito.

— Eu sei, querida. Tenho pedido muito a Jesus que o ajude a melhorar, mudar de vida e achar alguém que o faça feliz. É o melhor que pode acontecer para todos nós.

O tempo foi passando. Aos poucos, Francisco foi se afeiçoando mais ao pai, especialmente quando era convidado a passear. Aí o pequeno largava tudo e se jogava nos braços de

Oseias, que o acolhia satisfeito. Logo o bebê completaria um ano, e já programavam a festa que fariam para comemorar seu aniversário. Tudo transcorria com alegria e paz na vida do jovem casal.

Logo após a festa do primeiro aniversário de Francisco, o menino começou a apresentar problemas no pulmão. Ficara resfriado, talvez em virtude de gelados que adorava beber. De repente piorou, e os pais o levaram a um pronto-socorro. Foi detectado começo de pneumonia; medicado, voltou para casa, e logo estava melhor.

Porém, a partir dessa época, Francisco começou a apresentar recaídas constantes e sempre piores, o que preocupava seus pais. Oseias e Elisa percorreram consultórios médicos buscando uma solução para o problema do filho. Os médicos concluíram que o pequeno Francisco precisaria de muitos cuidados. A descoberta de um componente alergênico poderia desencadear a crise e fazê-lo necessitar de socorro imediato.

Apesar disso, o garoto crescia vivo e esperto, inteligente e criativo, causando espanto em todos que o conheciam. Começou a frequentar uma escolinha, o que permitiu que Elisa pudesse trabalhar e ajudar no orçamento familiar. Oseias se opôs a princípio, mas acabou concordando em face do argumento de Elisa:

— Querido, nosso filho precisa de medicamentos, alguns de preço elevado. Se eu puder trabalhar fazendo faxina, pelo menos em uma parte do dia, será mais fácil para nós, pois algo me diz que vamos precisar desse dinheiro.

Oseias concordou, e Elisa voltou a fazer faxinas, para satisfação de suas antigas patroas. Assim, por algum tempo, tudo correu bem. Francisco crescia rapidamente e conversava como um papagaio. Inteligente e alegre, ele trazia luz para o ambiente do lar.

29

O retorno de Francisco

Nós, os amigos do mundo espiritual, estávamos sempre visitando o lar de Oseias e Elisa. Conversávamos com Francisco durante as horas de sono, levávamos o pequeno a passear, e ele adorava nossa companhia. Em especial a minha. Ficava olhando para nós, e sabíamos que estava pensando: "De onde eu conheço essa gente? Sinto que são meus amigos, mas não sei quem eles são!".

No dia em que íamos nos apresentar, ele ergueu os bracinhos e disse:

— Não precisa. Vou ver se consigo adivinhar. Você é o César! — apontando com o dedinho, e todos bateram palmas. Ele acertara.

— O outro... O outro... É o... esqueci!...

— Não tem importância, Francisco. Aquele é o Eduardo, o outro é o Marcelo.

Mas ele não conseguia se lembrar dos nomes dos demais. Acabamos com a brincadeira e, segurando-o pelo braço, nós o levamos pelo espaço para visitar outros lugares bonitos e cheios de paz. Depois, com o tempo, Francisco já conhecia todos nós. Sabia os nomes porque nós os dissemos, porém, mais do que isso, ele se lembrava de nós de outros lugares, sem saber claramente de onde.

Com o passar do tempo, nos aproximamos ainda mais dele. Em uma noite, recebemos um aviso de que Francisco não estava bem. Apressamo-nos a chegar ao hospital para onde fora encaminhado e fomos informados de que a crise era bastante séria. Matheus, reunindo o grupo num canto do jardim do hospital, explicou:

— *Francisco se prepara para retornar ao nosso plano.*

— Mas... já?! — exclamei inconformado.

— *Sabíamos que nosso amigo ficaria apenas um pouco na Terra. Ele já fez três anos, César!*

— Eu sei... porém julguei que... o tempo pudesse ser prorrogado, Matheus.

— *Realmente, vimos outros casos em que foi permitida uma prorrogação. Mas não é o caso de Francisco. Ele terá que voltar na época prevista, como planejado.*

Abaixei a cabeça, inconsolável. Eu sabia que, com o retorno de Francisco, ganharia de volta meu grande amigo Maneco, mas nem assim a pressão que existia no peito melhorava. A verdade é que, diante da vida cheia de promessas, de expectativas de aprendizado, de relacionamentos amorosos, nada do que eu soubesse e aceitasse iria me convencer. Eu amava aquele Chiquinho, como amava Elisa e Oseias, amigos dos quais, no transcorrer daquele tempo, estive sempre junto.

Senti o braço de Galeno envolvendo meus ombros a me dizer:

— *César Augusto, não raro o retorno de alguém à Verdadeira Vida gera novos pensamentos, atitudes e decisões dos nossos irmãos encarnados. Neste caso em especial, mudará a maneira de Marco Antônio ver a vida. Nosso irmão que tanto errou está diferente, repensando seus atos e sua existência. Ao "perder" o filho que se recusou a aceitar, e agora arrependido da atitude tomada, terá ocasião de refletir sobre o caso, de se ligar mais a Deus, pedindo ajuda. Percebe a grandeza do momento?*

— *Tem razão, Galeno. Compreendo que o retorno de Francisco muito auxiliará no socorro a Marquinho, que ainda se debate entre a crença e a dúvida.*

— *Exatamente, César. Marco Antônio precisa ser sacudido, mexido em suas convicções e sentimentos, para repensar a grande oportunidade que perdeu de ser pai e de conviver com seu filho.*

Entramos no quarto. O corpinho parecia mais miúdo, e o rostinho pálido quase desaparecia em meio aos aparelhos de monitoramento; ligado ao soro, seus pequenos braços apresentavam manchas roxas em virtude das picadas de agulha, e o rosto estava parcialmente tomado pela máscara que o ligava ao balão de oxigênio. Notamos, pelas suas condições orgânicas, que estava prestes a ocorrer o desenlace. Francisco respirava com extrema dificuldade, apesar do oxigênio levado para os pulmões atacados. Os espíritos amigos ali presentes que o assistiam na enfermidade agora o ajudavam ainda mais, com o objetivo de melhorar provisoriamente suas condições, a fim de que ele pudesse se despedir dos familiares. Em virtude desse fato, e apesar da gravidade do caso, sua condição naquele momento era razoável. Ele parecia melhor, o que provocou alguma esperança nos pais.

Francisco queria conversar com a mãezinha. Fez um sinal com o indicador, e ela se aproximou, acariciando-lhe a mão.

— Diga, meu filho, o que deseja? Mamãe está aqui com você.

— Mamãe, obrigado por tudo o que fez por mim. Você foi a melhor mãe que eu poderia ter. Ensinou-me muitas coisas que eu não sabia e me deu muito amor. Agora, mãezinha, eu preciso ir embora. Tem um amigo meu aqui que disse que não preciso me preocupar, porque vou estar sempre com vocês. E se ele falou, eu acredito.

Estávamos surpresos com as palavras dele, cujo nível era bem superior ao de uma criança de três anos. Olhamos para Matheus e entendemos. Da mão de nosso orientador partia uma luz que atingia Francisco na cabeça, auxiliando-o nessa despedida a dizer o que desejava.

A chorar, apertando a mão com um lenço, a mãe dizia:

— Meu querido, você vai sarar! Não vai embora, acredite! Logo estará bom de novo! Não quero que se afaste de mim, meu filho!

O menino, com os olhos cheios de lágrimas, procurou respirar um pouco, embora com mais dificuldade. Depois, com voz entrecortada pela dispneia, prosseguiu:

— Ma... mãe, eu vou... sarar, sim. Vou... ficar... bom... logo. Esta... rei sempre com... você e com... papai.

Notamos que ele piorava a cada minuto. Oseias, que chorava ali perto, aproximou-se, entendendo o que o filhinho queria dizer. Colocou a mão sobre a cabeça dele e murmurou:

— Meu filho, eu o amo muito. Logo nos veremos. Vá em paz...

O garoto olhou para o pai e sorriu por entre as lágrimas:

— Eu sei, pa... pai. Eu... também... amo você.

Francisco ergueu um pouco a mão, num gesto de despedida, e fechou os olhos, para não abri-los mais.

Ao não ouvir-lhe mais a respiração entrecortada, Elisa abriu os olhos e soltou um grito desesperado:

— Não vá, meu filho!

Mas Oseias a abraçou forte, prendendo-a junto ao seu peito. A mãe de Elisa, Maria, os pais de Oseias, Perla e Sebastião, e Genoveva, que ali também estavam, se aproximaram, envolvendo os pais com carinho e consolando-os pela partida do filhinho.

Nesse momento, Germano entrou no quarto como um furacão, produzindo mal-estar em virtude do seu desespero, o que exigiu dos amigos espirituais providências urgentes para isolá-lo do pequeno Francisco, que, naquele momento, mais do que nunca, precisava de serenidade para concluir sua passagem pela terra. Imediatamente, Eduardo e eu passamos a envolver energeticamente o recém-chegado, a fim de isolá-lo do ambiente e manter a tranquilidade necessária para desatar os laços que prendiam o espírito do menino ao seu corpo físico, o que estava começando a ocorrer.

Em lágrimas, Germano deixou o ambiente e foi chorar no corredor.

No plano material o ambiente era triste e desolador. No plano espiritual, porém, observávamos o triste acontecimento sob outro ângulo. Matheus e Galeno, que se mantinham perto do garoto com as mãos estendidas, trabalhavam para desligar o espírito do corpo físico, secundados por nós, que, com o pensamento elevado, orávamos, auxiliando-os nesse transe. Como se tratava de uma criança de apenas três anos, sem implicações negativas em sua vivência, a separação foi rápida e fácil.

À medida que era desligado do veículo material, iniciando-se a operação pelos pés, ele se formava em nosso plano. Ao ver o pequeno Francisco com o corpo iluminado e um belo sorriso no rostinho cândido, nos congratulamos.

Enquanto Galeno prosseguia nas últimas providências, Matheus mantinha Francisco em seu colo. O pequeno olhou para o ambiente, estranhando o local, mas logo se recostou no peito de Matheus, caindo em sono profundo.

Algumas horas depois estávamos todos reunidos no velório do pequeno Francisco. A tristeza era geral. Os amigos davam as condolências ao jovem casal que, postado próximo do pequeno caixão, era a própria imagem da dor.

Em determinado momento, vimos chegar Marco Antônio, pálido e desfeito. Com o rosto coberto de lágrimas, ele caminhou rumo ao caixão. Maria, revoltada com a presença dele, quis avançar sobre Marquinho e retirá-lo do velório. Genoveva imediatamente a segurou pelo braço, impedindo-a de fazer o que pretendia.

— Largue-me! — disse ela irritada. — Esse monstro não merece estar aqui!

— Maria, contenha-se. Ele é o pai de Francisco. Tem o direito de estar aqui, sim! Mesmo que não tivesse, você viu como ele está abalado? Este momento pode ser importante para a recuperação dele. Marco Antônio pode ter se arrependido do que fez, e todos nós temos o direito de nos arrepender, não acha?

Maria relaxou, e Genoveva largou o braço dela, mais tranquila. Maria ficou pensativa, talvez se lembrando dos próprios erros.

— Está bem. Tem razão, Genoveva. Mas se ele fizer qualquer coisa errada, eu o ponho para fora do salão.

— Tranquilize-se, ele não fará nada — respondeu a amiga.

Assim como todos que ali estavam e que conheciam a história deles, elas o seguiram com os olhos. Viram quando Marquinho se aproximou do pequeno caixão funerário, inclinou-se para o menino, que parecia dormir, e caiu em lágrimas amargas.

Elisa e Oseias nada fizeram, observando-o apenas. Após longos minutos, Marquinho ergueu a cabeça e deu de frente com o rosto de Elisa. Permaneceu hesitante, sem saber o que fazer, enquanto ela não se moveu, sequer respirou, por um tempo que não poderia precisar. Depois, ele deu dois passos na direção de Elisa e parou. Todas as conversas pararam também. O silêncio se fez no ambiente. Marquinho abriu a boca para falar, mas não conseguiu; balançou a cabeça como se dissesse: "Não sei o que dizer. Como isso foi acontecer? Lamento muito, lamento tudo... Eu gostaria que o tempo voltasse atrás, e eu pudesse refazer meus passos... Mas é impossível... é impossível...".

Ele fez um gesto com as mãos, demonstrando impotência, e rodou nos calcanhares, caminhando para a saída. Quando deixou a sala, todos retomaram a respiração e a conversa. Repentinamente, o burburinho voltou, com os comentários sobre o acontecido, muitos a lamentar por Marquinho, outros a culpá-lo por tudo que acontecera. Oseias abraçou Elisa, que chorava.

— Lamento por ele, querida. Está sofrendo bastante, certamente deve ter entendido o que perdeu em virtude da sua conduta.

Elisa concordou com o marido:

— Eu sei, querido. Mas nós temos aprendido que na vida tudo é importante; até este momento de dor é importante para nós e para Marquinho. É um momento de reflexão em que podemos nos analisar e pensar: por que estou passando por isso? Por que Deus nos colocou à prova, levando o filhinho que era a luz de nossos olhos?

Oseias abaixou a cabeça. Enquanto grossas lágrimas lhe escorriam pela face, disse:

— Certamente nós dois teríamos que passar por isso, e nosso filho também.

Nesse momento aproximou-se um casal amigo, e eles foram obrigados a interromper o diálogo para receber as condolências. Depois outros e mais outros, e o casal prosseguia atendendo a todos.

Para o pequeno Francisco, porém, a sensação era de serenidade e paz. Colocado em ambiente preservado de emanações negativas, ele dormia tranquilo.

A hora do enterro foi a mais dolorosa. Henrique, amigo do Centro Espírita, a pedido dos pais de Francisco, disse algumas palavras e fez uma oração, emocionando a todos. Depois, o caixão foi fechado, e os presentes acompanharam o pequeno ao cemitério.

A emoção maior ficou por conta das crianças, amigos que Francisco fizera no mundo espiritual quando de suas visitas a Céu Azul; foram prestar-lhe uma derradeira homenagem e acompanhá-lo no retorno à Verdadeira Vida. Eram meninas e meninos vestidos de branco e trazendo flores nas mãos. Em duas fileiras, aproximaram-se do caixão e nele depositaram flores. Depois, acompanharam o enterro junto com os amigos espirituais. Matheus, com Francisco nos braços, cercado pelas crianças, protegia o pequeno para que nada atingisse seu corpo espiritual recém-liberto.

Mais tarde, levaram Francisco para Céu Azul, onde iria descansar e se recuperar nos primeiros tempos de volta ao mundo espiritual.

No ambiente terreno, existia dor, sofrimento e tristeza. Mesmo os pais, conhecedores da vida após a morte, não conseguiam suportar a ausência temporária do filhinho.

Em nosso plano, porém, tudo era alegria. Nosso amigo estava de volta e queríamos conversar com ele, saber como se sentia, o que tinha para nos contar da experiência que terminara. Estávamos ansiosos. Mas teríamos que esperar.

Francisco foi levado para um local reservado às crianças que retornam da Terra. Um lugar muito belo que nem parecia hospital. As paredes azuis, rosas ou brancas estavam decoradas com imagens infantis, adequadas a cada faixa etária. O jardim, repleto de flores, era lindo; havia um local com brinquedos: casinhas, onde as crianças podiam entrar e brincar de bonecas; balanços, escorregadores e tudo de que as crianças gostam. Achei curiosa uma grande centopeia, onde os pequenos podiam entrar, e caminhar por dentro dela, além de muitas outras atrações.

Era nesse lugar lindo, chamado de Mundo Infantil, que íamos visitar Francisco. Nos primeiros dias ele ainda estava dormindo. Quando acordou, conseguimos conversar com ele. Ao nos ver, ele sorriu mais animado, porém sentia muita falta da casa e dos pais. Para vê-lo sorrir, eu disse:

— *Mas nós estamos aqui, Francisco! Você nos conhece, não é?*

Ele balançou a cabecinha e disse, enxugando os olhos:

— *Conheço, mas quero ver a mamãe e o papai! E meu cachorrinho Bilu! Por que vocês não o trouxeram?*

Então tentamos lhe explicar por que os pais e o Bilu não tinham vindo.

— *Francisco, não se preocupe. Seus pais virão depois. Agora estão trabalhando!*

— *E o Bilu?*

— *Não veio porque ele não pode sair sozinho, lembra? Como você, que ainda é pequeno!*

— *Ah! Entendi* — disse ele, se ajeitando para dormir de novo.

Respiramos aliviados. Como explicar certas coisas a uma criança tão pequena?

Quando voltamos lá, Francisco estava bem melhor e falante:

— *Sabe que minha mamãe e meu papai virão me visitar hoje?* — disse sorridente.

— *Não! Nós não sabíamos! Que bom, Maneco!* — respondi animado.

Ele olhou para mim com estranheza e consertou:

— *Esqueceu meu nome, César?! Eu sou o Francisco, não Maneco!*

Os demais riram da minha gafe, enquanto me desculpava:

— *Perdão, Francisco! Como fui errar seu nome?*

— *Não tem importância* — disse sorrindo.

— E você? Conhece a todos nós? Como é o meu nome? — perguntei, aproveitando a oportunidade.

— César. Aquele ali é o Marcelo. Os outros eu não me lembro. Sei que conheço, mas não me lembro dos nomes.

— Não tem importância. Você aprenderá com o tempo.

Entendemos. Ele ainda estava sob alguma confusão mental após o regresso. Brincamos um pouco com Francisco e depois nos despedimos, prometendo voltar logo.

Deixando o prédio, paramos numa praça para conversar. Ele não se lembrava de nós. Ainda não se lembrava dele mesmo, isto é, que fora Manoel da Silva Siqueira. Eduardo ponderou:

— É natural. Francisco acaba de retornar ao nosso mundo. Passou por um processo de esquecimento, de miniaturização para renascer. E outras coisas mais. Como pode lembrar-se de sua existência precedente assim tão rápido?

— Mas ele teve uma vida tão curta, Eduardo! Apenas três anos!

— É verdade. No entanto, passou pelo processo de restringimento para renascer, o que implica esquecer temporariamente o passado. Além disso, um novo corpo físico requer órgãos novos, cérebro novo, tudo novo. Aos poucos irá se desenvolvendo. Certamente vai retornar às suas verdadeiras condições em breve, pela existência curta que viveu, mas, de qualquer modo, vai precisar de tempo para isso. É preciso paciência, César.

— Realmente, não é como se ele tivesse vivido 80 anos no mundo material, quando a impregnação da memória é muito mais extensa. Ele voltará a ser o que era bem mais rápido. Vamos aguardar.

O tempo foi passando...

Nossas atividades e responsabilidades aumentavam sempre. No entanto, encontrávamos tempo para ver Francisco, que crescia cada vez mais[29]. Muitas vezes o acompanhávamos às visitas ao lar terreno, satisfeitos com o desenvolvimento moral e espiritual de Elisa e Oseias. O desejo de melhorar levava o casal a se interessar cada vez

---

29. Para reencarnar, o Espírito passa por um processo de restringimento do corpo espiritual, a fim de se adaptar ao organismo materno para a nova existência, e após o nascimento irá se desenvolvendo até chegar à etapa adulta. No caso inverso, ao desencarnar, o Espírito retorna à sua condição de adulto. Se a desencarnação vem a ocorrer na infância, o Espírito retorna ao mundo espiritual e, dependendo da sua evolução espiritual, vai se desenvolver progressivamente, até que, despertando a consciência, readquira sua condição real como Espírito. Ver *Missionários da Luz*, de André Luiz, psicografia de Francisco C. Xavier, Editora FEB, cap. 13.

30

Refazendo afetos

mais pelas leituras edificantes, com o que avançavam nos conhecimentos da Doutrina Espírita. Assim, ambos não perdiam o ensejo de se matricular em cursos oferecidos pela Casa, um atrás do outro. De comum acordo, estabeleceram um dia da semana e horário determinado para fazer o estudo do Evangelho no Lar, o que auxiliava bastante na manutenção do ambiente espiritual doméstico. Além disso, participavam de serviços de amparo aos necessitados, promovidos pelo Centro.

Desse modo, a vida de Oseias e Elisa transcorria entre o serviço profissional e a dedicação ao bem. A saudade de Francisco era constante, porém eles procuravam evitar o choro, para não atingir o filho no mundo espiritual.

Dois anos depois, Elisa engravidou novamente, para alegria do casal. Decorridos nove meses, Hermógenes renasceu no lar de Oseias. Era um menino e recebeu o nome de Gaspar. Logo o bebê começou a mostrar sua preferência pela mãezinha, levando-a a justificar ao marido que era assim mesmo. Por conta da amamentação e dos cuidados constantes que o filho recebe da mãe, é natural que se sinta mais próximo dela, como acontecera com Francisco.

Oseias entendeu perfeitamente, conquanto se sentisse deixado de lado pelo filho. No entanto, com o passar dos meses, o apego exagerado do pequeno Gaspar passou a incomodar Elisa. Para realizar os trabalhos domésticos, tentava deixar o bebê no carrinho, porém ele não aceitava; punha-se a gritar insistentemente, ficando com o rosto vermelho, a ponto de quase perder o fôlego, o que obrigava a mãe a reverter a situação, pegando-o novamente no colo. Muitas vezes, o pai tentava levá-lo para um passeio, mas ele reagia imediatamente, ficando aos berros e jogando os bracinhos para a mãe.

As tarefas normais de qualquer casa — cozinhar, lavar, passar roupas, varrer, espanar, arrumar a cozinha — tornaram-se difíceis de ser executadas. Não raro, Elisa perdia a paciência. Entendendo que não teria outro jeito, ela o colocava no carrinho e o levava para a cozinha, para o quarto, para o tanque, para onde quer que fosse, mas sem pegá-lo no colo; cantava ou conversava com o pequeno Gaspar, distraindo-o com sua voz.

Com o passar dos meses, entretanto, Elisa começou a ficar ainda mais incomodada com o comportamento do bebê, o que resultou em certa rejeição por ele. A situação estava nesse ponto, quando, certo dia, o marido entrou em casa à hora do almoço e encontrou Elisa chorando na sala. Aproximou-se, assustado, lembrando-se do que acontecera com Francisco, e perguntou com o coração aos saltos:

— Gaspar está doente?

— Não, Oseias. Fique tranquilo. Nosso filho está bem, "eu" é que não estou.

— Onde ele está agora? — voltou a indagar, querendo se certificar.

— Dormindo, depois de muito chorar. Ele não queria se desgrudar de mim, então lhe dei uma mamadeira e o coloquei no berço. Ele chorou muito, mas acabou dormindo.

— Ah! Que susto! Mas o que aconteceu para deixá-la tão nervosa, Elisa?

Ela enxugou os olhos mais uma vez e permaneceu pensativa durante alguns minutos, pesando a conveniência de revelar o que estava sentindo, por temer a reação do marido. Finalmente, respirando fundo, abriu o coração:

— É muito difícil o que vou lhe dizer Oseias, mas... a verdade é que não estou suportando mais nosso filho.

Oseias arregalou os olhos e prendeu a respiração diante das palavras da esposa. Mentalmente, refletia sobre o que dizer, já que, para ele, aquele desabafo era um absurdo. Elisa virou-se, fitando-o, e notou sua expressão de surpresa, um misto de piedade e indignação.

— Querido, não me julgue. Sei que para você é difícil me ouvir confessar tal sentimento. No entanto, para mim é mais terrível ainda! A princípio, eu não admitia o que estava acontecendo nem para mim mesma! Mas a situação está tão insuportável que não aguentei mais. Na verdade, não sei o que fazer e me sinto perdida! Você pode imaginar como estou por dentro, como sofro? — concluiu, batendo a mão fechada no peito.

Oseias, que ouvira calado o desabafo da esposa, lembrou-se dos conhecimentos espíritas que adquirira e passou a refletir sobre o que aprendera. Aproximou-se mais e abraçou Elisa com carinho, procurando acalmá-la:

— Querida, isso pode ser uma perturbação espiritual. Fique tranquila. Hoje mesmo vou procurar Henrique e conversar com ele sobre o assunto. Está bem?

Elisa balançou a cabeça, concordando, e recostou-se no peito dele, ainda a soluçar. Depois lembrou que precisava fazer o almoço e quis levantar. Ele a impediu com um gesto.

— Não se preocupe Elisa. Eu resolvo esse problema. Descanse.

Deixando Elisa deitada no sofá, ele foi para a cozinha. Abriu a geladeira e viu o que sobrara do dia anterior: arroz, um pouco de feijão e carne. "Ótimo. É só fazer uma salada", pensou. Colocou as panelas no fogo, fez uma salada de alface e tomate. Em seguida, arrumou a mesa. Chegou até a sala e chamou Elisa para almoçar.

— Não estou com fome — murmurou, balançando a cabeça desanimada.

— Nada disso. Você vai se alimentar sim, nem que seja só um pouquinho.

— Nosso filho acordou?

— Não, querida. Ainda dorme. Vamos almoçar, aproveitando o silêncio.

Após o almoço, Oseias decidiu que não iria trabalhar no período da tarde. Avisaria alguém para que o substituísse na portaria do prédio. Estava preocupado em deixar Elisa sozinha com o bebê. Assim, quando ele acordou, o pai se apressou em retirá-lo do berço. Ainda sonolento, o bebê esfregou os olhinhos e jogou os braços para o papai, que conversava com ele, enquanto verificava a necessidade de trocar a fralda. Não, estava tudo bem. Ótimo! Com o filho no colo, foi para a cozinha, colocando-o no carrinho; esquentou a sopinha e, em seguida, sentou-se perto dele e colocou-lhe o babador; depois, com o prato de sopa em uma das mãos e uma pequena colher na outra, foi alimentando o filho, que estava com muita fome.

— Que beleza, filhinho! Você comeu tudo. Parabéns! Agora vou lhe dar um pouco de gelatina. Espere o papai pegar na geladeira. Ah! Aqui está. Veja que delícia! Calma, uma colherada de cada vez...

Elisa entrou na cozinha naquele instante e ficou surpresa ao ver o filho comendo sem fazer confusão e sem dramas. No entanto, bastou vê-la para que mudasse de comportamento: jogou os bracinhos para o alto e pôs-se a chorar, desesperado para sair do carrinho e ganhar o colo da mãe. Como o filho estivesse acabando de comer, com remorso do que acontecera naquela manhã, a mãe o pegou nos braços.

— Elisa, ele está todo sujo! Pode deixar que eu o levo até o banheiro.

Ao sentir que a mãe ia entregá-lo para o pai, o bebê recomeçou a chorar. Elisa fez sinal para o marido que ela limparia o filho.

— Você está bem, Elisa?

— Estou calma, não se preocupe. Sinto-me bem agora; acho que foi bom desabafar. Você não está atrasado para o serviço?

— Estava pensando em pedir a alguém que me substituísse, mas se você está bem, vou trabalhar.

— Pode ir, querido. Está tudo em paz.

Oseias deu um beijo na esposa, no filhinho, e saiu de casa. Mas estava realmente preocupado com Elisa e resolveu procurar Henrique. Além de ser agora um excelente amigo, possuía vasto conhecimento do Espiritismo e poderia ajudá-lo; era calmo e ponderado, e Oseias tinha grande afinidade com ele. Telefonou para um colega avisando para substituí-lo na portaria e, resolvido esse problema, tomou o rumo do escritório de contabilidade do amigo. Ao chegar, foi logo conduzido à sala de Henrique, que o recebeu com satisfação. Cumprimentaram-se com um abraço.

— Que prazer em vê-lo, Oseias! E a família, como vai? — indagou, ao notar pela expressão do recém-chegado que ele precisava de ajuda.

— Elisa e o bebê estão bem de saúde, graças a Deus! Porém, estou com um problema e gostaria de conversar com você. É possível? Mas seja franco, Henrique. Não quero atrapalhá-lo... Posso vir outra hora.

Henrique sorriu bem-humorado:

— E desde quando amigo atrapalha, Oseias? Estava para visitar um cliente, mas não tem pressa. Que tal sairmos para tomar alguma coisa? Assim ninguém vai nos interromper. Tudo bem?

— Ótimo!

Deixaram a sala, e Henrique comunicou ao seu imediato que ia sair. Na rua, movimentada àquela hora do dia, ele lembrou que ali mesmo, pertinho, havia uma lanchonete bastante agradável. Passado o horário de almoço, estaria praticamente vazia.

Mais alguns passos e chegaram à lanchonete. Escolheram uma mesa discreta e se acomodaram. Pediram dois cafés. Enquanto esperavam, Henrique perguntou a Oseias o que estava acontecendo. O outro pensou um pouco, preocupado:

— Não sei nem como começar, Henrique, mas estou meio transtornado hoje. Vou explicar. Ao voltar em casa para o almoço, encontrei Elisa aos prantos, o que não é comum. Estranhando, perguntei-lhe o que estava acontecendo, e ela me confessou que não está suportando nosso filho! Não é um absurdo, Henrique? Justamente nós, que já tivemos uma separação dolorosa com a desencarnação do nosso pequeno Francisco, com apenas três anos!

Henrique olhou com piedade para Oseias e, dando uma batidinha na mão dele, balançou a cabeça e considerou:

— Não é um absurdo, meu amigo. É algo natural e que acontece muitas vezes em nossa sociedade, com frequência maior do que se imagina. Especialmente nós, espíritas, não devemos estranhar esse tipo de situação, uma vez que não ignoramos que somos seres imortais, com uma quantidade imensa de experiências reencarnatórias, nas quais já erramos muito. Aos poucos, por meio das vidas sucessivas e exercitando o aprendizado, vamos nos tornando melhores e mais conscientes da nossa condição de devedores inveterados. No fundo, evitamos pensar nisso, Oseias. Mas quanto mal teremos causado a outras pessoas, a coletividades inteiras no passado? Quantos inimigos teremos feito em outras existências? Não sabemos! No entanto, eles estão por aí, nos observando, vendo como estamos agindo e estudando o que fazer e como fazer para se vingarem de nós.

A garçonete trouxe os cafés, e Henrique parou de falar por alguns segundos. Agradeceu à moça, e, quando ela se distanciou, Oseias aproveitou para confirmar:

— Sim, eu sei disso. Todavia, o sentimento de Elisa é contra meu filho, nosso filho! Nesses casos a rejeição não é amenizada, Henrique?

— Normalmente, sim. Mas suponhamos que seja um inimigo do passado que tenha reencarnado em seu lar. Os meses de gestação, as ligações físicas e emocionais irão ajudar no relacionamento diminuindo a rejeição, como se fosse uma esponja retirando as lembranças negativas; porém sempre ficará algo no fundo, um sentimento de repulsa mesclado com o carinho que toda mãe sente pelo filho que gerou. Certamente é por essa razão que Deus concede nove meses de gestação para que a mamãe se acostume com a presença do espírito reencarnante, e ele com a mãe, gerando mais afinidade. Não se preocupe tanto, meu amigo. Vamos orar bastante envolvendo a ambos, mãe e filho. E em nossas reuniões mediúnicas solicitaremos o concurso dos amigos espirituais para nos auxiliarem nesse caso a fim de que tudo melhore.

— Já estou mais tranquilo, Henrique. Só de conversar com você sinto-me mais animado.

Henrique sorriu e tomou mais um gole de café, depois ponderou:

— Uma coisa é certa, Oseias. As coisas acontecem como devem ser. Assim, se Gaspar renasceu em seu lar, é sinal de que isso era necessário para entendimento de parte a parte. Significa que esse filho veio para refazer laços afetivos, para mãe e filho aprenderem a se amar, acabando com os problemas ocorridos no passado. Quem é o culpado nessa história? Não sabemos! Porém uma coisa é certa: mãe e filho terão que se aceitar! Não há alternativa. Se não for agora, será em outra oportunidade futura, mas a reação de Elisa demonstra que "ela" é que precisa aceitá-lo, perdoá-lo.

— Henrique, e se fosse Gaspar que não gostasse da mãe?

— Isso realmente poderia acontecer, e acontece muitas vezes; tenho visto casos de bebês que não aceitam a mãe. No colo dela, parece que estão numa almofada de espinhos; há casos em que o bebê não aceita nem a alimentação vinda da mãe. Quando isso acontece, a situação torna-se mais difícil ainda, pois a mãezinha terá que se esmerar em paciência, tolerância e ternura, de modo que a não aceitação do filho se dilua aos poucos. Ela terá que conquistá-lo com profundo amor e dedicação, para que o espírito do bebê passe a confiar nela.

— Imagino como seja difícil de trabalhar nesses casos!

— Exato. E não dá para apelar para o bom senso do bebê. Sempre é a mãe que terá de trabalhar essa questão, usando o amor incondicional. Somente o amor poderá ajudar a solucionar o problema.

Henrique parou de falar por alguns instantes, depois prosseguiu:

— No que se refere à Elisa, diga-lhe para fazer preces quando, perto do bebê, sentir rejeição por ele. Que ore envolvendo-o com muito amor e carinho sempre que se aproximar dele, especialmente ao amamentá-lo. Nesses momentos, a ligação entre mãe e filho é mais intensa, e envolvê-lo com pensamentos de amor ajudará poderosamente na harmonização e na afinidade entre eles. Elisa deverá tomar passes, assim como o bebê, para que as energias do Alto possam agir vibratoriamente, acalmando-os e dando-lhes mais confiança e paz.

Oseias estava muito satisfeito, sentindo que lhe fizera bem enorme conversar com o experiente companheiro da Casa Espírita. Sua mente se abrira ao entendimento da questão, mostrando-lhe como agir para auxiliar na solução do problema. Não querendo prender o amigo por mais tempo, pois Henrique certamente teria assuntos profissionais a resolver, despediu-se agradecido. Henrique, ao apertar-lhe a mão, tornou:

— Oseias, estou à sua disposição para o que precisar. Não hesite em me procurar a qualquer hora do dia ou da noite. Então, até mais tarde, na reunião no Centro!

— Novamente lhe agradeço, Henrique, por sua boa vontade. Se precisar, eu o procurarei, sem dúvida. Até à noite!

Oseias pensou em ir trabalhar. No entanto, não estava tranquilo com a situação em seu lar. Resolveu tomar o rumo de casa. Ao abrir a porta, viu Elisa passando roupas e o pequeno brincando no carrinho ali perto, ouvindo música, de que ele parecia gostar bastante. O marido se aproximou e deu um beijo no rosto da esposa, que estranhou a presença dele àquela hora em casa.

— O que houve, Oseias? Você não teria que estar trabalhando?

— É verdade. Porém, resolvi tirar a tarde de folga e fui conversar com nosso amigo Henrique, que me deu orientações importantes.

— Que tipo de orientação?

— Bem. Quanto à maneira de você lidar com nosso filhinho. Não quero falar na presença dele. Você sabe que os bebês apreendem tudo o que ouvem. Mais tarde conversaremos — disse, abaixando o tom da voz.

À hora do jantar, Gaspar estava dormindo, e eles puderam conversar sobre o assunto que dizia respeito a ele também. Oseias repassou à esposa as orientações de Henrique, que ela achou bem interessantes, prometendo que iria seguir à risca o recomendado.

Desse dia em diante, Elisa fazia uma prece e aplicava passe no filho à hora de se levantar e à noite, antes de dormir. Durante o dia, sempre que sentia aflorar certa rejeição pelo filho, ou quando ele se mostrava difícil, temperamental, ela orava envolvendo-o e assegurando-lhe seu amor de mãe. Nesses momentos mais difíceis, ela orava a Jesus, depois dizia ao pequeno, com sentimento:

— Meu filho, a mamãe ama muito você. Se nós tivemos problemas no passado, tudo isso ficou para trás, porque agora é nossa oportunidade de nos entender, e confio em Deus que seremos muito felizes. Fique tranquilo e durma bem. Você tem amigos espirituais devotados que o cercam de carinhos e atenções. Procure vê-los, converse com eles, pois isso lhe fará grande bem.

Outras vezes, ela dizia:

— Filhinho, sei que tivemos desentendimentos no passado, todavia a mamãe está procurando mudar; amo muito você e peço sempre ao Mestre Jesus e a Maria de Nazaré, que já foi mãe e que entende nossos sentimentos, para que se desfaça qualquer impressão negativa que tenha ficado entre nós. Que Jesus o ampare sempre e o envolva em bênçãos de paz e luz!

O pequeno a olhava enquanto estava falando, parava de chorar e ficava bem quietinho, como que ouvindo atentamente. Elisa, emocionada, via nos olhinhos dele que o filho estava entendendo suas palavras.

Enquanto acariciava o filho, transmitindo-lhe vibrações amorosas, Elisa ia envolvendo o pequeno Gaspar em eflúvios de paz, amor, calma e esperança.

Às vezes, ainda enfrentava crises do pequeno, que não admitia ser separado da mãe. Mas esses momentos foram se espaçando até sumirem por completo.

Antes, porém, certa noite — quando o dia fora extremamente difícil —, Elisa dormiu chorando, extenuada pelas exigências do pequeno. De súbito, ela se viu em um lugar diferente, totalmente coberto por serração constante, que mal deixava ver a distância de dois metros. Sem saber onde estava, que lugar era aquele, Elisa começou a caminhar, tentando encontrar uma saída ou alguém que a ajudasse. De súbito, ela viu à sua frente um homem sentado em uma grande pedra, com a cabeça inclinada e uma das mãos a sustentá-la, pensativo. Aproximou-se para lhe pedir ajuda:

— Por favor, estou perdida! Poderia me ajudar?

Quando o homem se virou, Elisa levou um susto! Sentiu que o conhecia, embora não se lembrasse de quando nem de onde. Ficou parada, fitando-o. Melancólico, ele falou:

— *Nunca me amarás como desejo. Vens, ao longo do tempo, sempre me rejeitando por outro. Não consigo suportar essa situação. Será que nunca irás me amar de verdade?*

Elisa ficou parada, sem saber o que dizer, ouvindo-o falar com tanta amargura. O desconhecido prosseguiu:

— *Agora estou ao teu lado, sou acariciado por ti, mas sinto que não me amas. Apenas me toleras.*

Somente naquele instante Elisa lembrou-se do seu filhinho Gaspar e entendeu que estava conversando com ele em espírito, durante o período de repouso noturno. Porém, não era só isso. Lembrou-se mais. Olhando detidamente para aquele homem, Elisa voltou ao passado. Sim, ele fora Fernando, que, por não conseguir ser amado por ela, matou seu noivo Gregório! Como não o reconhecera? Depois, para tê-la junto de si e conseguir seu amor pela força, por longos anos ele a manteve encarcerada numa masmorra do castelo, onde passou por terríveis sofrimentos. As recordações se abriram mais, e Elisa lembrou-se de tê-lo novamente encontrado como Ferdinando, na Itália, em outra encarnação, quando ela trabalhava na colheita de uvas. Após o abandono de Rodolfo, de quem tivera um filho, aceitara a proposta de casamento de Ferdinando, que fora um marido bom, que a protegera e respeitara. Ao saber que Amanda estava casada com Ferdinando, cego de ciúmes, Rodolfo o matou.

Ao lembrar-se dessa época, Elisa sentiu grande afeto por Ferdinando; se antes ele a martirizara numa masmorra, posteriormente, na Itália, a protegera e fora um bom marido, que infelizmente ela perdera muito cedo.

Olhando para o infeliz que ali estava e que mendigava um pouco de amor, Elisa aproximou-se dele com carinho e considerou:

— Ferdinando, quando estávamos juntos, eu gostava muito de você. Foi uma época boa, de tranquilidade; você protegeu a mim e a meu filho, que passou a considerar como seu filho também. Se nós tivemos problemas anteriormente, quando por sua ordem fui encerrada numa masmorra, considero que você se reabilitou em parte como Ferdinando. Agora você é meu filho Gaspar. Vamos ter uma vida de amor e dedicação. Talvez não seja o tipo de amor que você deseja de mim, porém é o que lhe posso dar ao assumir a responsabilidade de recebê-lo em meu lar como o filho que eu amo tanto.

Emocionada, Elisa se aproximou do infeliz, que se mantinha de cabeça baixa. Ela colocou a mão em sua cabeça e falou com imenso afeto, pedindo-lhe que procurassem se entender, apesar de tudo que houvera entre eles. Ao toque daquela mão, ele levantou os olhos lacrimejantes e a fitou. Viu tal amor em seu rosto que se sentiu vencido, decidindo esquecer o passado para poder aproveitar o que o presente lhe prodigalizava.

Naquele momento eles se abraçaram, enlevados nas emanações de paz do ambiente. Os amigos espirituais que ali estavam sem interferir, deixando que se entendessem livremente, encheram-se de júbilo.

Uma imensa gratidão a Deus me dominou naquele instante ao ver solucionada uma situação que se estendia há séculos.

Envolvendo-os com amor, os amigos espirituais, especialmente a nobre Olívia, abraçaram a ambos, que, sem entender direito o que estava acontecendo, foram levados de volta aos respectivos corpos.

Elisa despertou no leito, tomada de intensa alegria. Olhou o marido, que dormia tranquilo ao seu lado, e teve vontade de ver se o bebê estava bem. Foi até o quarto do pequeno e se debruçou sobre o berço. Ele dormia sereno, mas, naquele instante, Gaspar abriu os olhinhos e sorriu para a mãe. Era um sorriso diferente, de quem estava consciente da situação e feliz.

Elisa deu-lhe um beijo e sussurrou:

— Durma bem, meu anjo. Mamãe ama você.

31

Na favela

Acompanhávamos o desenrolar dos acontecimentos na casa de nossos amigos Oseias e Elisa. Após o último diálogo entre ela e Ferdinando — agora o pequeno Gaspar —, tudo começava a caminhar para dias melhores, provocando relacionamento mais carinhoso entre mãe e filho. Do mundo espiritual, seguíamos com atenção a vida do jovem casal, para evitar que algo negativo viesse a perturbar aquele entendimento tão esperado e felizmente concretizado. Também o fazíamos pela grande afinidade que passamos a sentir pelo casal amigo. Afinal, eles tornaram-se os pais de Francisco — nosso querido Maneco —, e um grande reconhecimento por Elisa e Oseias apossou-se de nosso coração.

Francisco continuava crescendo e se desenvolvendo cada vez mais em nosso plano. Todas as semanas nós o visitávamos no "Lar de Bênçãos", instituição dedicada a receber espíritos que retornavam precocemente ao mundo espiritual, onde ele passou a residir após deixar o veículo carnal, de modo que nossa relação continuava melhorando a cada visita. Quando entrávamos na instituição, ao nos enxergar de longe, vinha sempre correndo ao nosso encontro. Dava-nos a mão e falava o tempo todo, contando as novidades ocorridas após o último encontro. Na última vez, ele me perguntou todo animado:

— *Sabe onde estivemos no início da semana, César?*

Fiz uma careta, mostrando que não, dando a deixa para que ele me contasse, cheio de entusiasmo:

— *Fomos até uma casa onde moram muitas crianças! Fica na Terra, e a região é bem bonita! Sabe onde fica?*

Confirmei a ele minha ignorância, certo de que Francisco ficaria contente pela oportunidade de me esclarecer.

— *O lugar é cercado pelo mar e tem muitas crianças... Mas, não sei por que, César, eu tive a sensação de já ter visto aquele lugar* — explicou Francisco.

Concordei, balançando a cabeça, e mostrei grande interesse:

— *Pode ser que você já tenha estado lá, Francisco! Agora que você já conhece o caminho, quer me levar até lá?* — brinquei.

Ele pensou um pouco e respondeu, chateado:

— *Acho que não vou saber chegar lá! Mas prometo que vou procurar alguém que possa nos levar, está bem?*

— *Ótimo! Ficarei muito agradecido!*

Depois, olhando para o grande prédio, de onde alguém nos chamava, alertei o garoto:

— *Veja! Estão chamando as crianças. Deve estar no horário do lanche!*

Todo feliz, Francisco segurou minha mão e, quase me arrastando, chegamos à porta de acesso ao prédio da Instituição. As crianças procuravam se acomodar, e nós fizemos o mesmo. Servidores da casa passaram com jarras de sucos acompanhadas de pequenos e deliciosos biscoitos, embora eu não soubesse dizer de que eram feitos — além de frutas lindas e suculentas. [30]

De repente, Francisco se lembrou de algo que desejava me contar:

— *César, quase ia me esquecendo de lhe contar! Sabe aonde vamos no próximo passeio?* — perguntou ele, já respondendo: — *Conhecer o Rio de Janeiro!*

Naquele momento eu levava o copo à boca, imaginando um lugar onde a turma poderia fazer um passeio, e parei, segurando o biscoito a meio caminho da boca, entre surpreso e calado. No mesmo instante Francisco perguntou, com os olhos brilhando de satisfação:

— *O que aconteceu, César? Não gostou da novidade?*

— *Gostei. Claro que gostei! Vai ser muito interessante!*

Depois, desculpei-me com Francisco, alegando necessidade de ir embora, pois me lembrara de compromisso importante, e prometi voltar outro dia.

— *Está bem* — respondeu ele um tanto decepcionado.

— *Pensei que fosse ficar mais tempo hoje!*

---

30. Conquanto a condição de desencarnados, no mundo espiritual os espíritos não prescindem da alimentação, que é adaptada à necessidade deles, conforme relata André Luiz. Ver obra *Nosso Lar*, da sua autoria, psicografia de Francisco C. Xavier, Editora FEB.

— *Não posso. Outro dia vamos brincar bastante. Eu lhe prometo!*

Deixei Francisco e corri para falar com a orientadora dele.

A orientadora Zélia me recebeu com um sorriso luminoso e me abraçou com afeto. Sua aparência era a de uma jovem senhora, de semblante calmo e olhos ternos. Certa ocasião ela me contara sua história. Havia desenvolvido um tumor maligno em um dos ovários, que acabou atingindo outros órgãos. Zélia tinha um filho de dois anos quando esse problema de saúde começou, fazendo com que sofresse muito por imaginar como seria difícil deixar o marido e o filho. Acamada em virtude do seu estado, mas possuidora de bastante fé, ela orava a Deus suplicando ajuda não apenas para si à hora da sua morte, como também para o marido e o filhinho, que ficariam sozinhos.

Dotada de coração terno e amoroso, preocupava-se mais com os entes queridos do que com ela própria. Professora, envolvia com o mesmo amor seus alunos da escola, as pessoas necessitadas que visitava sempre e que ajudava com gêneros alimentícios, de limpeza e medicamentos, doando-lhes, inclusive, dinheiro para as contas de água e de energia elétrica, entre outras coisas. Assim, sem conhecimento algum a respeito da vida Além-túmulo — a não ser o que a religião católica ensinava sobre o assunto —, foi bem recebida pelos amigos espirituais e por um grande número de pessoas por ela beneficiadas graças à sua abnegação e devotamento ao próximo. Encantada, livre da enfermidade que a levara ao túmulo, viu-se logo trabalhando ativamente, como sempre gostava de fazer, tendo a alegria de estar em contato com seus familiares terrenos. Nesses mais de vinte anos no mundo espiritual, havia trabalhado com afinco, tornando-se respeitada orientadora do Lar de Bênçãos e uma grande amiga.

Zélia indagou se eu precisava de algo. Respirei fundo e considerei:

— Sim, Zélia. *Conversando com Francisco, fiquei sabendo que o grupo dele irá fazer uma excursão aos morros cariocas. É verdade?*

Eu estava bastante preocupado. "Como Francisco reagiria ao ver os lugares que conhecera e onde habitara tão recentemente?", pensava.

Notando minha preocupação, Zélia me convidou a sentar e calmamente respondeu:

— *Sim, meu amigo. É verdade. Após todos esses anos aqui conosco, Francisco tem apresentado um desenvolvimento superior ao esperado, o que nos permite dar início ao processo de ativação de sua memória pregressa, a fim de recuperar sua condição anterior de adulto responsável e dedicado ao serviço do bem.*

— *Julga, então, Zélia, que ele está pronto para assumir essa condição?*

A senhora fez sinal afirmativo com a cabeça, assegurando:

— *Tudo leva a crer que sim, César. Como você sabe, desde que as crianças estejam preparadas, vamos introduzindo informações sobre imortalidade, reencarnação, lei de causa e efeito, e tudo o mais que precisam saber. Temos conversado bastante com Francisco, que mostra certa preocupação com o seu passado: de onde veio, o que fez, coisas do gênero. Conversei com os demais responsáveis pela instituição, e achamos interessante levá-lo, juntamente com outras crianças, para conhecer o Rio de Janeiro.*

Fiquei olhando-a, parado e pensativo. Zélia tornou:

— *Você gostaria de ir junto conosco, César?*

— *Ah! Adoraria! Francisco e eu sempre fomos muito amigos, desde que o conheci, aqui no mundo espiritual. Se puder, ficaria agradecido.*

— *Pois está combinado. Para um melhor aproveitamento da excursão, iremos junto com vocês, na terça-feira que vem. Assim, veremos como ele reagirá ao vê-los todos reunidos. As lembranças poderão começar nesse momento.*

Despedimo-nos e retornei para casa. Sentei-me na varanda e fiquei esperando a volta dos outros companheiros, que estavam trabalhando. Logo, todos juntos, expliquei-lhes o que estava sendo planejado. Os demais ficaram entusiasmados com a ideia. Afinal, todos nós sentíamos saudade do nosso querido Maneco.

Assim, foi com certa ansiedade que aguardamos o momento tão esperado. No dia e hora combinados, estávamos reunidos aguardando a condução que nos levaria à crosta.

Francisco mostrava-se elétrico e brincalhão, certamente pela oportunidade de visitar o planeta. Porém, ele sentia especial interesse naquela excursão que fariam ao Rio de Janeiro, lugar que ele tinha intenso desejo de conhecer.

Acomodamo-nos e partimos. Junto, seguiam também Zélia e Luiza, outra servidora do Lar de Bênçãos, além de nossos orientadores Samuel, Galeno, Matheus e outros auxiliares.

Enquanto nós, os jovens, conversávamos, as crianças riam e brincavam sob os cuidados da professora Cláudia. Em pouco tempo nosso veículo — "o ônibus espacial" como era chamado — pousou suavemente defronte à instituição espírita. Ainda não eram sete horas da manhã. Descemos e fomos recebidos com carinho pelos trabalhadores espirituais da Casa.

Como havia muito a ser feito em nosso plano de ação, os responsáveis pelas diversas áreas começaram a organizar a reunião da noite, cada um executando a tarefa que lhe competia: alguns cuidavam da higienização da psicosfera do ambiente;

outros, da magnetização das jarras com água que iriam auxiliar no bem-estar dos participantes. Dois jovens foram visitar o lar dos membros da reunião, tomando todo o cuidado para que eles estivessem presentes à noite; no caso de algum imprevisto, tentariam solucionar o impasse. Outros servidores do nosso grupo percorriam a cidade, arrebanhando nas ruas, praças públicas, bares e outros lugares entidades desocupadas, viciosas e sem rumo, levando-as para a Casa Espírita, de modo que pudessem ser socorridas naquela noite ou, pelos menos, recebessem um auxílio inicial. Outros ainda tinham a tarefa de recepcionar parentes e amigos que viessem para ajudar no atendimento aos seus entes queridos. Nossos orientadores iriam supervisionar toda a operação e resolver os problemas inesperados.

Durante o dia, as crianças visitavam os lares programados e aproveitavam para fazer algum passeio, conhecendo lugares interessantes e instrutivos. Assim, após deixarmos o pessoal jovem e seus orientadores na Casa, fomos levados pelo "ônibus espacial" — esse, especialmente, que as crianças adoravam pela possibilidade de poderem enxergar pela janelinha[31] —, para conhecer a cidade do Rio de Janeiro. A finalidade era mostrar-lhes diferentes experiências de vida, a grande diversidade entre ricos e pobres, as consequências da lei de causa e efeito, a qual estabelece necessidades cármicas de cada criatura com as respectivas facilidades ou dificuldades.

---

31. Existem veículos desse tipo que são fechados, sem janelas. Particularmente, já tive oportunidade de viajar em um deles. Acredito que os ocupantes não podiam ver as regiões por onde passavam por serem locais inferiores do umbral, onde o sofrimento, a dor e a revolta campeiam, e não seria bom fixar imagens negativas. (Nota da médium)

As crianças ficaram maravilhadas com as belezas naturais, com o mar e com os morros cravejados de casas, como se fossem uma grande joia sob o brilho do Sol que, incidindo sobre os telhados, iluminava tudo.

Com a permissão de Galeno, Eduardo e eu seguimos com as crianças. Observávamos a reação delas e, especialmente, a de Francisco. Quando o veículo sobrevoou os morros, as crianças se encantaram com aquelas casinhas que ao longe pareciam de brinquedo. Elas queriam descer do veículo e circular. Então, o condutor procurou um local onde pudesse pousar sem problemas. Escolheu perto da praia, em um espaço com vasta vegetação e facilidade de acesso.

A turma desceu alvoroçada, querendo caminhar na praia. Algumas, na última existência, nunca tinham visto o mar, outras estavam com saudade de recantos como aquele, que conheceram e traziam na memória, ligados à presença da família.

Quando chegaram perto dos morros, ficaram surpresos! Olhavam para o alto e só viam casas; para subir, ruas íngremes terminadas em vielas que serpenteavam no alto. Os comentários eram os mais diversos. As crianças pareciam um bando de maritacas, falando e comentando sobre tudo o tempo todo. Mas nós fixamos nossa atenção em Francisco, observando-lhe as reações.

Ali havia muita gente que transitava pelas ruas, moradores dos barracos, crianças que brincavam na rua, vendedores ambulantes, trabalhadores de modo geral, pedreiros, gente consertando fiação elétrica e, certamente, os que não faziam nada, aproveitando o Sol. Além dos encarnados, vimos uma quantidade grande de espíritos desencarnados que permanecia junto dos encarnados, alguns os auxiliando em suas tarefas, outros tentando influenciar negativamente — muitos em bares, aproveitando-se dos encarnados que bebiam, e obsessores justapostos às suas vítimas de hoje, credores no passado.

Troquei um olhar com Eduardo, que entendeu. Como nada puséssemos fazer naquele instante, continuamos caminhando e observando.

Ainda no "ônibus espacial", Francisco olhava para tudo aquilo, mergulhado em lembranças. Conhecia aqueles lugares! Mas como? Estava com oito anos apenas e nunca estivera naquele recanto de litoral. No entanto, seu coraçãozinho batia forte e apressado. Segurava com dificuldade a grande vontade de chorar. Não queria que os demais o vissem daquele jeito.

Entendendo o que lhe passava no íntimo, aproximei-me para lhe dar força e coragem. Ao sentir meus braços envolvendo seus ombros, olhou para mim e sorriu, ainda tentando conter a emoção. Descemos do veículo e começamos a caminhar pelo morro, acompanhando as outras crianças que desejavam chegar ao topo. De repente, vimos um grupo de pessoas que conversavam ali perto. Havia uma senhora que subia, mostrando cansaço sob o peso das compras que fizera. Virei para fazer um comentário qualquer, quando notei a expressão de Francisco.

— *O que está acontecendo, Francisco?*

Ele não me respondeu e continuou de olhos fixos na mulher que subia o morro, indo atrás dela. Acompanhei-o, e a vimos parar diante de um barraco. Em lágrimas, Francisco a observava. Ao entrar também no barraco, diante dos móveis velhos e desconjuntados, dos quadros singelos nas paredes, ele não suportou mais. Caiu de joelhos, murmurando:

— *O que está acontecendo comigo? Eu conheço tudo isso aqui! Esta casa era a minha casa! Aquela senhora é minha mãe! Eu tenho certeza!*

Sentei-me no chão de terra batida e o peguei no colo, também em lágrimas. Quando ele se acalmou um pouco, perguntei:

— *De que mais você se lembra, Francisco?*

— *Não sei... É tanta coisa que me vem à cabeça! Meu pai desencarnou, e minha mãe ficou sozinha comigo e com meus irmãos. Mais velho, eu saía de casa para trabalhar, conseguir comida, dinheiro para comprar remédios... Até que... um dia... tudo acabou... Senti uma dor repentina no peito, e tudo ficou diferente. Como ninguém falasse comigo em casa, ninguém me desse atenção, eu saí pela vida, sem destino. Andei por muitos lugares, porém ninguém falava comigo, até que alguém me ajudou.*

— *Lembra-se do seu nome?* — quis saber, em lágrimas.

— *Ouvi alguém me chamar de Maneco. Maneco Siqueira!*

Sorrindo em meio às lágrimas, estendi os braços para ele e disse:

— *Seja bem-vindo, querido amigo Maneco!* — exclamei, dando-lhe um grande e saudoso abraço.

Zélia e Eduardo se aproximaram, e Francisco, de olhos arregalados, olhava para mim e para Eduardo, e as lembranças voltaram em catadupas à sua memória:

— *"Eu sei" quem são vocês! Você é o César Augusto! E ele é o Eduardo!* — gritou ele.

— *Claro que você nos conhece. Temos ido sempre visitá-lo no "Lar de Bênçãos"!* — respondi, esperando o que ele nos diria.

— *Isso eu sei! O que não sabia é que morei com vocês no abrigo e que somos amigos há muito tempo!*

Agora não era mais o Francisco. Era o Maneco de volta!

Em meio às lágrimas de emoção, Maneco nos abraçou demoradamente. Vendo a senhora que ali estava, também comovida, abraçou-a com amor:

— Tia Zélia! Obrigado por tudo o que fez por mim. O "Lar de Bênçãos" foi muito importante durante esse período. Vou sentir saudade da convivência que tive com todos de lá, porém...

— Agora você precisa seguir seu curso, Maneco. Estarei sempre à disposição quando precisar de mim. Jamais o esquecerei. E não deixe de nos visitar de vez em quando.

Maneco abraçou-a novamente com carinho, afirmando-lhe que nunca se esqueceria dos amigos que fizera no "Lar de Bênçãos" e que sempre que pudesse iria visitá-los.

Maneco, lembrando-se de onde estava, olhou para a dona da casa que, após deixar as sacolas, mesmo cansada, já se preparava para fazer o almoço. E ouvíamos seu pensamento: "Nossa! Já é tarde e preciso adiantar a comida, porque meus filhos vão chegar logo, e eles têm pouco tempo para comer e retornar ao trabalho.".

Emocionado, ele se aproximou da mãezinha, envolvendo-a com seus braços, chorando de emoção. Nesse instante, a senhora parou um pouco o que estava fazendo e, olhando para cima, como se percebendo a presença de alguém muito querido, deixou que as lágrimas corressem de seus olhos, pensando:[32]

"Ah! Que saudade do meu querido Maneco! Não sei por que, mas nesse momento senti como se ele estivesse aqui comigo, em nosso velho barraco. Gostaria tanto de conversar

---

32. Maneco me disse que desencarnou no Rio de Janeiro em 1977. (Nota da médium)

com meu filho, que partiu tão cedo! Se ele estivesse aqui, eu lhe diria: Maneco, graças ao bom Deus nossa vida está melhor, meu filho. Seus irmãos cresceram, estudaram e agora estão trabalhando. Mas sempre nos lembramos de você, meu filho, que se virava para nos trazer comida quando os meninos eram pequenos e eu não podia trabalhar. Muita gente ainda fala de você e se lembra de suas músicas na nossa escola de samba e de como você gostava de cantar e tocar! Ah! Que saudade daquele tempo, meu filho!".

Abraçado à mãezinha, Maneco também chorava. Depois, ele se afastou um pouco para que a mãe pudesse fazer a comida, uma vez que ela estava muito emocionada; o tempo estava passando, e logo os irmãos chegariam para o almoço.

Foi uma alegria quando ele viu os irmãos, agora adultos, alegres e trabalhadores. Maneco, que voltara a ter a aparência de quando o conhecemos, trocou um olhar conosco e entendemos o que ele queria.

— *Amigo, fique aqui por alguns dias revendo sua família. Você precisa aproveitar este momento* — incentivei-o. — *Levaremos a Samuel e Galeno a notícia do seu "retorno". Se precisar de nós, basta pensar, e viremos em seguida.*

Despedimo-nos dele e partimos contentes por tê-lo de volta ao nosso grupo. Estava ansioso para contar a todos que o querido amigo Maneco Siqueira estava de volta ao nosso convívio.

Não conseguiria descrever a emoção que senti naquele momento. Só pude elevar o pensamento ao Alto em gratidão a Jesus pelas bênçãos daquela hora.

32

Conversando sobre reencarnação

Nossa vida no plano espiritual prosseguia entre responsabilidades e alegrias, estudos e reflexões. Agora, porém, tínhamos o amigo Maneco ao nosso lado, contando-nos da vivência na crosta e nos esclarecendo sobre suas percepções e aprendizados. Todos queriam saber como se sentira, o que mais o incomodara e o que o ajudara nesse período.

Na primeira reunião do nosso grupo, após seu retorno, Maneco começou falando sobre a experiência que tivera nessa sua curta existência, e o ouvíamos atentos. Todos estavam ansiosos para saber suas impressões do período de preparação para o renascimento e, depois, sobre a reencarnação propriamente dita. Marcelo, Eduardo, Irineuzinho, Gladstone, Dínio, Padilha, Ana Cláudia, Giovanna, Betão, Paulo, Fátima, Márcio Alberto e tantos outros, além de mim, o ouvíamos atentos. Falou-nos do tempo em que se preparou em nossa colônia, das instruções e orientações que recebera sobre todo o processo, o que lhe fora de grande valia. Passando o olhar pela assistência, sensibilizado, considerou:

— *É realmente uma experiência fascinante e enriquecedora. No início, pelo inusitado dos procedimentos, senti-me preocupado. No entanto, a assistência amorosa e constante dos amigos espirituais e técnicos em encarnação me deixou mais sereno. Mesmo porque nada é feito de repente; o processo, lento e gradual, vai nos envolvendo sem causar sobressaltos. O candidato à reencarnação recebe orientações e explicações sobre o que vai acontecer em cada fase, o que lhe faculta o bem-estar, tranquilizando-o.*

Maneco se calou por alguns segundos, e Fátima, que estava mais ansiosa que os demais por sentir que precisava voltar à carne, aproveitou para perguntar:

— *Como sabe o que precisa fazer na encarnação ou em que você necessita mudar?*

— *Isso vai depender de cada caso em particular, Fátima. Recebemos informações de caráter geral, que se aplicam a todos os processos, mas também recebemos orientações dos benfeitores espirituais encarregados do nosso caso em particular. O passado do Espírito é analisado em minúcias, da mesma maneira quando se faz regressão; assim, ficamos sabendo das nossas necessidades que são mais viáveis ou urgentes de enfrentamento dos conflitos, dependendo das pessoas com as quais vamos conviver. Sempre existem espíritos amigos, simpáticos, com os quais temos afinidades e que irão nos ajudar durante a existência, o que nos acrescenta mais ânimo e serenidade. Por outro lado, encontraremos adversários ou inimigos de outras vidas, que representam benditas oportunidades de refazermos laços afetivos, verdadeiros desafios da existência. Em face de nossas dificuldades anteriores, recebemos tratamento para vencer essas impressões, quer tenhamos sido agressores ou vítimas. Desse modo, nos conscientizamos de como agir ao reencontrá-los, exercitando assim o amor, a paz, a concórdia, a paciência, a tolerância, o desprendimento e, especialmente, o perdão diante das ofensas, entre outras coisas.*

Ainda não satisfeita com a resposta, Fátima continuou perguntando:

— *Tudo bem, Maneco. Porém, como podemos vencer as nossas tendências contra esses irmãos que nos causam mal-estar por termos vivenciado experiências ruins com eles? Mergulhados na carne, sem as lembranças do passado, de que modo podemos reagir à presença deles com vistas a melhorar nossa aceitação?*

Maneco ouviu atentamente. Depois, com um gesto de cabeça, mostrou que tinha entendido e esclareceu:

— *O tempo que permanecemos nos preparando para a encarnação abrange todas as nossas necessidades, pois os orientadores que analisam nosso processo minuciosamente sabem exatamente de que precisamos, uma vez que têm acesso ao nosso prontuário. Dessa forma, somos submetidos a tratamento especial, visando a analisar em detalhes nosso relacionamento com o inimigo com quem iremos conviver, tudo o que ocorreu, as razões do conflito, a nossa maneira de pensar e a dele, entre outras coisas. Assim, percebemos claramente que também erramos muito e que, não raro, fomos nós os causadores do rompimento. Mesmo que tenha sido o outro a cometer delitos, passamos a entender suas razões em nos agredir. E, o que é muito importante, nossa visão sobre "aquele" nosso desafeto se modifica, pois temos a oportunidade de, por meio de imagens projetadas da sua vida, enxergá-lo com outros olhos, não mais como um ser maléfico, mas simplesmente como alguém sujeito a erros, assim como nós, que também erramos. Igualmente é utilizada um tipo de terapia que, também por imagem, condiciona o candidato à encarnação, levando-o a mentalizar seu desafeto e a emitir bons pensamentos, e mesmo a orar por ele, o que se tem mostrado bastante produtivo em termos de melhoria da afinidade entre ambos. Percebem a diferença? De uma forma ou de outra, essas informações são extremamente benéficas, pois nos tornamos propensos à reconciliação.*

Samuel e Galeno, ali presentes, concordaram com um gesto de cabeça, e Galeno, entendendo a dificuldade da nossa companheira, considerou:

— *Fátima, o importante é que, quando estamos tratando de um processo reencarnatório, só damos continuidade quando temos certeza de que o interessado está muito certo do que deseja. Diante de qualquer dúvida quanto ao aproveitamento do Espírito na nova experiência, o planejamento é suspenso por tempo indeterminado, até que as condições do candidato sofram mudança e permitam a retomada do caso.*

Irineuzinho trocou um olhar comigo e comentou:

— *Ainda assim, mesmo quando não há dúvida alguma e o reencarnante está bem preparado, pode ocorrer que, ao chegar ao plano terreno, comece a agir exatamente como no passado, esquecido de tudo o que planejou? Já vimos casos assim, não é, Galeno?*

— *Sem dúvida. Nessa área, não há uma certeza matemática. Não lidamos com números, mas com probabilidades, visto estarmos falando de Espíritos em desenvolvimento, dotados de sentimentos, de razão, mas cuja consciência depende do estágio evolutivo em que estejam. Se assim não fosse, pelo menos os que planejam a reencarnação não teriam problemas, saindo vitoriosos no final da existência, o que nem sempre acontece. Mas isso se dá porque quase todos aqueles que retornam à esfera física perdem tempo precioso e não aproveitam as oportunidades que lhes são concedidas. São espíritos que podem*

ter realizado atos de benevolência ao próximo, socorrido a alguns irmãos encarnados, porém se envolvem muito mais com as futilidades da existência. São raríssimos os casos de vencedores em toda a linha. Costumamos chamar de "completistas"[33] aqueles que cuidaram tão bem do corpo físico, agiram com tanta consciência, que não voltam antes da hora, aproveitando bem o tempo de vida que lhes foi concedido.

Todos nos quedamos pensativos. Olhei para minha amiga Fátima e notei que ela estava de cabeça baixa, imersa em seus pensamentos. Samuel tomou a palavra e explicou, desfazendo, pelo menos em parte, nossa angústia com relação a esse assunto:

— *Queridos companheiros, não se preocupem por antecipação. A verdade é que o ser pensante precisa estar certo do que necessita realizar. Essa é a função do período de preparação por que passa um futuro reencarnante. No fundo, o que todos nós precisamos é de mais amor, compreensão, paciência, desprendimento, perdão. Quando resolvermos nossos problemas íntimos em relação ao próximo, nada temeremos. Então, o que nos é imprescindível em caráter de urgência é o Evangelho de Jesus. Tudo o mais será resolvido na prática, sem qualquer problema.*

Samuel parou de falar por instantes, passando o olhar pela assistência, e prosseguiu:

— *Se interiorizarmos a vivência dos postulados evangélicos, nada irá nos abalar. Ao encontrar um inimigo, usaremos o perdão; se alguém nos ofender, lançaremos mão da tolerância; diante de uma agressão, utilizaremos a paciência; quando traídos, nos valeremos*

---

33. Completista "é o título que designa os raros irmãos que aproveitaram todas as possibilidades construtivas que o corpo terrestre lhes oferecia. Em geral, quase todos nós, em regressando à esfera carnal, perdemos oportunidades muito importantes no desperdício das forças fisiológicas". Texto da obra *Missionários da Luz*, do Espírito André Luiz, através da psicografia de Francisco Cândido Xavier, pág. 156. Editora FEB, 1943.

da compreensão e da piedade. Entendem? Portanto, o que nos falta é condição moral de enfrentar nossos problemas.

Eduardo, que permanecera calado, acrescentou:

— E aqui no mundo espiritual estamos sempre tendo de vivenciar essas qualidades no contato com os recém-chegados, com os adversários ou inimigos declarados que encontramos a fim de exercitarmos novas atitudes. Porque, aqui, nada fica escondido, tudo é exposto às claras! Não é uma boa experiência? Quantos de nós já tivemos que enfrentar desafetos? Quantos de nós já passamos pelo vexame de rever alguém a quem "nós" agredimos no passado?

— Sem dúvida! — aduziu Paulo. — Encontrar agressores é mais cômodo. Estamos em situação melhor, nos consideramos acima deles. Porém, nos depararmos com alguém contra o qual fomos nós os agressores, é bem mais difícil. Necessária grande dose de humildade para se pedir perdão. Eu passei por isso e sei o quanto custa. Enquanto eu me considerava ofendido e com todos os direitos a uma reparação, estava em situação de vantagem. Tempos depois, encontrei um desafeto que me cobrava por tudo que eu fizera contra ele no passado e tive que baixar a cabeça, chorando de vergonha e remorso. Pedi-lhe perdão, mas ele ainda não estava em condição de me perdoar, o que só foi acontecer algum tempo depois. Agora, penso na possibilidade de renascer e recebê-lo como filho, para que possa resgatar meus clamorosos erros.

Paulo enxugou os olhos, depois prosseguiu:

— Assim, meus queridos amigos, nunca nos coloquemos em um pedestal, julgando que somos melhores do que os outros. Somos exatamente iguais, quando não piores. Todos nós temos duas faces, como uma moeda. Precisamos nos esforçar para crescer moralmente e assim a errar menos.

Todos nós concordamos com ele. Aproveitando o momento, Galeno nos convidou ao encerramento da reunião tão proveitosa. Por meio de uma prece, que ele mesmo fez, elevamos o pensamento ao Alto, agradecendo a Jesus pelas oportunidades de aprendizado e pedindo a Ele que nos ajudasse em nossos esforços para errar menos e melhorar continuamente a caminho da transformação moral.

Ainda conversamos um pouco, trocando ideias, depois cada um tomou seu rumo. Fátima seguiu com nosso grupo, pois seu abrigo ficava pouco mais à frente do nosso. Notei-a, bastante pensativa, e puxei conversa.

— *Fátima, você me disse que pretende reencarnar. Como está o processo?*

— *O processo vai bem, César. Eu é que tenho muitas dúvidas.*

— *Nossa reunião, com tudo o que foi dito hoje, não ajudou você?*

— *Ajudou bastante, com certeza. Porém, mesmo assim, tenho medo. Medo do processo de renascimento, medo das condições que vou encontrar no plano físico, medo de não conseguir me adaptar à futura família, agora que penso diferente em assuntos de religião. Ah! Tenho medo de um monte de coisas, mas especialmente de não me lembrar da Fátima que sou agora, do que gosto, do que pretendo fazer. Tudo isso me passa pela cabeça!*

Sorri, vendo repetir-se o que já vira outras vezes.

— *Fátima, então bem-vinda ao grupo! Todos nós cultivamos esses medos. Com Maneco não foi diferente, mas com o tempo ele aprendeu a se controlar.*

Logo chegamos à nossa casa, nos despedimos, e ela prosseguiu, não sem antes ouvir que eu estaria à sua disposição se precisasse de ajuda. Ela me agradeceu e partiu com Ana Cláudia, Giovanna e Melina.

E eu comecei a me lembrar do meu próprio caso, do desejo de renascer na minha família para ajudar meus pais em virtude dos problemas que eles estavam enfrentando e do que lhes reservaria o futuro. Felizmente, porém, entendi que de nada adiantaria meu esforço para retornar ao plano físico. Até chegar à época de poder auxiliar a família, a situação talvez já fosse outra... Talvez meus pais pudessem estar desencarnados, e o propósito de ajudá-los ficaria frustrado.

Deitei-me pensando em tudo que conversáramos naquela noite. Na manhã seguinte, procurei Fátima e reiterei minha disposição para ajudá-la. Ela me respondeu:

— *César Augusto, você já se ofereceu para me ajudar — respondeu enfática, como se eu estivesse sendo redundante.*

— *Eu sei, Fátima. Mas agora estou me oferecendo para ajudá-la na prática. Como fiz com Maneco. Aceita?*

Com um sorriso contrafeito, ela levantou os braços e me respondeu:

— *César, não me pressione!*

— *Não estou pressionando, Fátima. Apenas colocando-me na condição do amigo que deseja lhe oferecer ajuda, nem que seja só o ombro para você chorar!*

Ela me olhou, e seus olhos se encheram de lágrimas:

— É tão evidente assim que estou à beira de desatar em choro?

Naquele momento, ela me pareceu tão frágil, tão insegura, tão sozinha, que me aproximei e a abracei com imenso carinho. Fátima se deixou abraçar e chorou no meu ombro por um bom tempo, enquanto eu lhe dizia frases confortadoras:

— *Tenha confiança, amiga, tudo muda. Apegue-se a Deus, que Ele não deixará de ajudá-la. Confie nos amigos espirituais que temos; eles são tão bondosos conosco! Abra seu coração a alguém, e isso irá* aliviá-la bastante. Lembre-se de que você está numa situação muito boa, privilegiada mesmo. Morar aqui em Céu Azul é uma bênção! E você foi trazida para cá porque certamente merece estar aqui. Acalme-se, lembre-se de todas as coisas boas que já fez, do quanto já aprendeu, das amizades tão importantes que a cercam com muito afeto, dos amigos que se preocupam com você.

Nesse ponto do monólogo — pois não era um diálogo, só eu falava, e ela ouvia —, seu choro foi diminuindo até só permanecerem os soluços. Mais animado, prossegui:

— Não há um só dos nossos amigos que não a ajudarão, se você quiser. Basta estalar os dedos, e logo surgirão vários!

Ela sorriu pela primeira vez desde que começamos a conversar. Depois, levantou a cabeça do meu ombro, olhou para mim e, enxugando os olhos, confessou:

— César, agradeço-lhe pela compreensão e pela ajuda. No entanto, eu preciso mais do que isso. Preciso que minha família, pois pretendo reencarnar nela, seja mais aberta às minhas novas crenças, o que dificilmente acontecerá.

— Para tudo se dá um jeito! Não há o que não possa mudar, desde que assim se deseje. Mantenha sua fé na ajuda que vai ter, na família que a receberá de braços abertos, em tudo...

— Como?! Meus pais são muçulmanos, jamais mudariam de crença, não entende?

— Claro que entendo. Todavia quantos muçulmanos mudaram o modo de pensar ao longo do tempo? Qualquer um pode mudar, quando gosta, respeita e admira muito alguém de outra crença! No começo pode ser difícil, mas não impossível. Devemos confiar em nossos orientadores, que têm grande conhecimento e importantes ligações.

— Acha mesmo?

— Tenho certeza!

Ela sorriu, e eu a acompanhei. Ainda bem que Fátima estava melhorando. Conversamos mais um pouco, e aproveitei para lhe sugerir que procurasse Galeno — com quem sentia mais afinidade —, com o que ela concordou, desde que eu a acompanhasse. Então, combinamos de procurar nosso orientador na manhã seguinte, e fui para casa.

No horário combinado, nos encontramos nas proximidades do prédio onde ficava a sala de Galeno. Ele estava atendendo alguém, mas logo se desocupou. Ao nos ver, sorriu.

— *Bom dia! Entrem. Querem falar comigo?* — indagou, acomodando-se do outro lado da mesa e nos indicando-nos as cadeiras à sua frente.

Fátima olhou para mim, buscando forças, depois se virou, fitando-o:

— *Galeno, como sabe, estou pensando em retornar ao planeta e renascer na mesma família. No entanto, tenho muito medo de não dar certo. Sabe como é, sou de família muçulmana, e meus pais são extremamente rigorosos quanto à religião. Por outro lado, agora tenho outra maneira de pensar, considero-me cristã e temo não conseguir me dar bem no antigo lar. Isto é, se for possível, é o que desejo fazer. Na verdade, nem sei se tenho condição para isso.*

Galeno balançou a cabeça, concordando, depois ponderou:

— *A religião não é um empecilho insuperável, Fátima! Já pensou que, renascendo no meio deles, poderá ser um traço de união entre essas duas crenças? Que poderá, com o tempo, mostrar à família que existem ideias, de fundo moral e religioso, comuns a ambas? E que até com sua presença poderá influenciá-los com sua maneira de pensar?*

— *Será difícil, Galeno. Eles não aceitariam.*

Nesse momento, entrei na conversa, considerando:

— *Galeno, ponderei à Fátima que devem existir pessoas amigas de seus pais que pensem diferente deles. Em caso positivo, elas poderiam, com nossa ajuda, se aproximar da família e ir, aos poucos, abrindo suas mentes para outras reflexões e questionamentos.*

— *Bem lembrado, César. Vou dar alguns dias de licença a vocês. Quero que acompanhe Fátima até onde morava, na crosta. Vou solicitar a Samuel que também vá, sem prejuízo do trabalho que vocês executam.*

Mais animada, Fátima agradeceu a Galeno e indagou:

— *Galeno, será que vai dar certo?*

— *Com boa vontade, sempre dá certo. Só não dará se vocês não tentarem. Confio em vocês. Na volta quero saber o resultado da tentativa.*

— *Sem dúvida. Assim que retornarmos, viremos lhe trazer notícias. Obrigada, Galeno.*

Despedimo-nos e saímos da sala, satisfeitos com o resultado da visita. Tudo se encaminhava bem. Na manhã seguinte, Samuel, Fátima e eu iríamos para Damasco, capital da Síria.

Olhando para Fátima, notei que a fisionomia dela já estava com outra expressão, mais animada, com bonito sorriso que raramente lhe víamos no semblante.

Ela me olhou ainda em dúvida.

— *Vai dar certo, Fátima! Tenha confiança!* — repeti, incutindo-lhe coragem.

— *Obrigada, César. Você é um grande amigo. O melhor que alguém poderia ter.*

— *Assim você vai me deixar envaidecido!* — respondi.

Em seguida, sorrindo, trocamos um abraço em despedida. Depois, nos afastamos cada um para seu lado.

Na manhã seguinte, começaríamos um novo trabalho, e eu estava ansioso para iniciá-lo. Cada oportunidade que recebemos dos nossos orientadores representa sempre etapa de novos relacionamentos, conhecimentos e aprendizados. Sentia-me eufórico.

Mas essa já é outra história!

Olhei para o céu e respirei profundamente; sentia-me muito feliz.

Naquele instante, elevando o pensamento ao Alto, agradeci a Deus pelas dádivas que temos recebido no curso de nossas vidas:

> *Senhor Deus, nosso Pai Maior!*
>
> *Quantas existências vivemos ao longo dos milênios? Ah! Senhor! Quantas oportunidades desprezadas na ignorância em que vivíamos? Em quantas estivemos marcando passo no erro, complicando-nos o futuro de seres imortais? Em vão, devotados* **seres espirituais nos acompanharam, nos sustentaram,** *lamentaram certamente nossas ações indignas. No entanto, Senhor, despertos agora pelo conhecimento da nossa realidade maior, buscamo-vos através da elevação moral e da espiritual que nos auxiliarão na subida da espiral evolutiva. Hoje, a responsabilidade nos dirige os passos, e ansiamos por estender o vosso amor a todos os nossos irmãos em humanidade. E por tudo isso, nós vos agradecemos, Pai.*
>
> *Rogamo-vos, no entanto, algo mais! Ajudai-nos a não mais errar, para que a nossa vida seja sempre, daqui para frente, um hino de amor e de devotamento ao próximo.*
>
> *Obrigado, Senhor!*

Conclusão

Sempre que as atividades permitiam, visitávamos nossos amigos encarnados. Diante da harmonia familiar que víamos agora no lar de Elisa e Oseias, sentíamos imensa satisfação por termos concorrido com nossos esforços para que tudo ficasse em paz.

Não quero dizer com isso que nossos amigos estivessem isentos de problemas e de preocupações, de desentendimentos fortuitos, de discussões por divergirem em determinados assuntos. Não, não é isso. Essas coisas fazem parte da vida na terra, do próprio ato de viver e da maneira de pensar de cada pessoa.

Somos individualidades que, no espaço e no tempo, tivemos existências diferenciadas, cada qual buscando as próprias tendências e se interessando por áreas de atuação distintas. Com experiências reencarnatórias tão diversificadas, é difícil pensarmos e sentirmos do mesmo modo e com a mesma intensidade.

Espíritos imortais, já estagiamos por regiões diferentes do globo terrestre e passamos por experiências opostas uns em relação aos outros. Enquanto uma parcela menor dos encarnados busca a elevação, desenvolvendo os sentimentos, a moralidade, o amor aos semelhantes, a outra parte da população corre atrás de sensações inferiores, ainda muito ligadas à matéria densa e às emoções da libido, aos prazeres; assim, só pensa em aproveitar a vida, possuir, mandar. Para conseguir o que deseja, usa de todos os meios ao seu alcance, inclusive da violência em suas múltiplas expressões. Outra parte ainda permanece morna, vivendo apenas, passando pela vida sem propensão para o mal, mas também sem desejo de fazer o bem; o tempo passa e continua inerte, jogada de um lado para outro, sem tentar fazer algo que mude a condição em que vive.

A humanidade passou por um longo tempo assim; milhares e milhares de anos transcorreram até que a própria repetição das encarnações fosse lapidando os espíritos. Diante da dor e do sofrimento causados pelas situações que lhes são apresentadas exigindo uma tomada de posição, a força motriz que comanda a vida os obriga a aprender e começar lentamente a mostrar alguma melhora para que possam ascender pouco a pouco. Aqueles que estão num grau superior de entendimento servem de modelo para os que se encontram abaixo deles e os ajudam a mudar, a crescer, a melhorar. Aos poucos, a violência vai diminuindo, as ações nobres vão surgindo, e o nível evolutivo da humanidade vai se alterando significativamente para melhor.

E a grande mola para essa mudança chama-se reencarnação. Portanto, por meio das existências sucessivas, ora encarnado, ora no mundo espiritual, o ser imortal vai aprendendo e se transformando à luz do Evangelho do Mestre, bússola norteadora que nos leva ao Alto. As experiências, na terra ou na Verdadeira Vida, irão propiciando as mudanças íntimas de que tanto carecemos.

E nessa espiral ascendente, cada vez mais ganhamos em sabedoria e sentimentos, aprendendo que só seremos felizes quando amarmos o nosso próximo, respeitarmos todas as expressões de vida no planeta e protegermos o meio ambiente, considerando, enfim, que tudo que existe representa, no mundo em que vivemos, manifestação da própria Divindade.

Desse modo, conquanto ainda distantes da perfeição, do alvo a ser atingido, procuramos estar, dia após dia, bem melhores como seres imortais, para ter condição de ajudar aqueles que se encontram abaixo de nós.

Então, na roda da vida, aprendendo continuamente, desejamos nos tornar servidores úteis ao nosso próximo e auxiliares válidos nesta grande escola em que todos estamos matriculados.

A vida não para, e continuaremos trabalhando e servindo onde formos chamados. Nosso grupo vai se alterando sempre: a chegada de novos companheiros ao mundo espiritual compensa a ausência daqueles que partem para outras colônias visando a novos aprendizados ou daqueles que retornam à crosta.

De nossa Colônia Céu Azul, contemplando o céu estrelado, onde as miríades de astros pulsam no espaço cósmico, nosso coração se dilata em amor e paz pelas bênçãos que temos recebido.

A nossa eterna gratidão a todos que nos ajudaram com sua presença; aos orientadores, pelo tempo dispensado em nos instruir nas coisas do Além; a Jesus, Mestre querido, pelo auxílio constante e, por fim, a Deus, Soberano Senhor da Vida e Pai Amantíssimo, pela paciência, compreensão e misericórdia com que acolhe as nossas súplicas.

César Augusto Melero
Rolândia (PR), 22 de abril de 2014.

O Mistério do sobrado

Vera Lúcia Marinzeck de Carvalho ditado por Antônio Carlos
Romance | 16x23 cm | 208 páginas

Por que algumas pessoas – aparentemente sem ligação mas com as outras – foram assassinadas naquela sala, sem que ninguém nada escutasse?
Qual foi a razão que levou as vítimas a reunirem-se justamente na casa de dona Zefa – uma mulher de bem, tão querida por toda a vizinhança?
"O mistério do sobrado" é um romance intrigante, que fala de culpa e arrependimento, de erros e acertos.
Uma narrativa emocionante, onde o mistério e o suspense certamente prenderão a atenção do leitor das primeiras até as últimas páginas – conduzindo-o a um desfecho absolutamente inesperado e surpreendente...

Entre em contato com nossos consultores e confira as condições
Catanduva-SP 17 3531.4444 | boanova@boanova.net

O QUE ELES PERDERAM

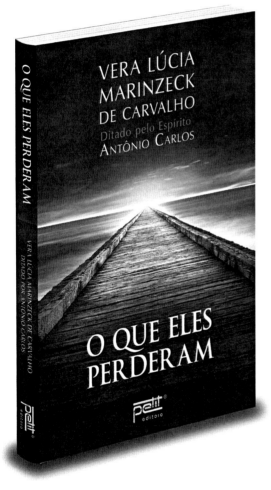

**Vera Lúcia Marinzeck de Carvalho
ditado por Antônio Carlos**

Romance | 16x23 cm | 256 páginas

— Meu Deus! Ajude-me a não perder nada! — rogou Clara.
A aprendiz Clara rogou com sinceridade e de coração no final de um trabalho em que uma equipe de trabalhadores desencarnados, para um estudo, participou de alguns casos em que os envolvidos estavam unidos numa trama obsessiva.
Com riqueza de detalhes, Antônio Carlos, um excelente contador de histórias, transformou em livro alguns relatos de casos que auxiliaram. O que pensam e sentem aqueles que querem se vingar? O obsessor? Tem ele justificativas? Infelizmente, as desculpas não são aceitas. E o obsediado? A vítima naquele momento. Será que é só uma questão de contexto?
Esta leitura ora nos leva a sentir as emoções do obsessor ora as dores do obsediado.
São sete dramas. Que dramas! E os motivos? Paixões não resolvidas, assassinatos, disputas, rivalidades, a não aceitação da desencarnação de alguém que se ama etc.
Por um tempo, ambos, obsessor e obsediado, estiveram unidos. E o que eles perderam? Para saber, terão de ler esta preciosa obra.

boanova@boanova.net | www.boanova.net | 17 3531.4444

Pânico de uma pequena cidade, o que está acontecendo na Gruta das Orquídeas?

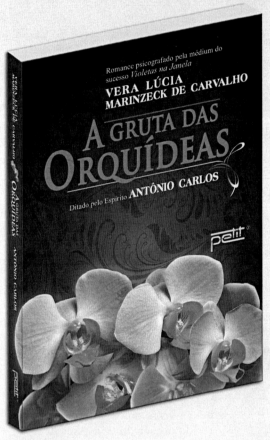

Desvende o mistério na companhia de Luck, um simpático detetive particular

No decorrer de um romance empolgante, no qual o mistério e o suspense andam abraçados, a vida de Nico, um rico fazendeiro, é abalada por atos criminosos atribuídos a um grupo que se reúne para cultuar o mal e praticar a magia negra. Para evitar o pior, Antônio Carlos e Mary tentam de tudo para ajudar a desvendar a trama... Qual o segredo da Gruta das Orquídeas?

Sucesso da Petit Editora!

Livros da Patrícia

Best-seller

Violetas na janela
O livro espírita de maior sucesso dos últimos tempos – mais de 2 milhões de exemplares vendidos! Você também vai se emocionar com este livro incrível. Patrícia – que desencarnou aos 19 anos – escreve do outro lado da vida, desvendando os mistérios do mundo espiritual.

Vivendo no mundo dos espíritos
Depois de nos deslumbrar com *Violetas na janela*, Patrícia nos leva a conhecer um pouco mais do mundo dos espíritos, as colônias, os postos de socorro, o umbral e muito mais informações que descobrimos acompanhando-a nessa incrível viagem.

A Casa do Escritor
Patrícia, neste livro, leva-nos a conhecer uma colônia muito especial: A Casa do Escritor. Nesta colônia estudam espíritos que são preparados para, no futuro, serem médiuns ou escritores. Mostra-nos ainda a grande influência dos espíritos sobre os escritores.

O voo da gaivota
Nesta história, Patrícia nos mostra o triste destino daqueles que se envolvem no trágico mundo das drogas, do suicídio e dos vícios em geral. Retrata também o poder do amor em benefício dos que sofrem.

Leia e divulgue!
À venda nas boas livrarias espíritas e não espíritas

Psicografados por Vera Lúcia Marinzeck de Carvalho

Av. Porto Ferreira, 1031 - Parque Iracema
CEP 15809-020 - Catanduva-SP
17 3531.4444

www.petit.com.br | petit@petit.com.br
www.boanova.net | boanova@boanova.net